Alexander Stahlberg

Als Preußen noch Preußen war

Alexander Stahlberg

Als Preußen noch Preußen war

Erinnerungen

Ullstein

Satz: Fotosatz-Service Weihrauch, Würzburg
Druck und Verarbeitung: Wiener Verlag, Himberg
Printed in Austria 1992
ISBN 3-550-07516-2

Gedruckt auf Papier mit chlorfrei gebleichtem Zellstoff

Die Deutsche Bibliothek - CIP-Einheitsaufnahme

Stahlberg, Alexander:
Als Preussen noch Preussen war : Erinnerungen / Alexander Stahlberg. - Berlin ; Frankfurt/Main : Ullstein, 1992
ISBN 3-550-07516-2

Meiner Großmutter

Ruth von Kleist-Retzow,

einer der letzten großen Frauengestalten Preußens,

zum Gedenken

Ich danke allen, die mir bei der Arbeit an diesem Buch halfen, Erinnerungslücken zu schließen: Meiner Schwester Ruth-Roberta, meinen Cousinen Valerie Wedel, Ruth Pourtalès, Luitgarde Schlabrendorff und Ruth-Alice Bismarck, meinen Vettern Konstantin und Heinrich Kleist-Retzow.
Herrn Christian Seeger, Lektor des Ullstein Verlages, danke ich für seine verständnisvolle und kritische Hilfe. Frau Dorothee Hammerstein-Equord und Frau Dr. Iselin Gundermann, Wissenschaftliche Direktorin am Geheimen Staatsarchiv Preußischer Kulturbesitz in Berlin, danke ich für wichtige Hinweise.
Unseren Freunden Andreas und Anna Bernstorff in Gartow danke ich für das uns zur Verfügung gestellte Dorado, das zur Voraussetzung für das Entstehen dieses Buches wurde. Ohne die Hilfe meiner lieben Frau, der unermüdlichen Wächterin über meine Gesundheit, wäre es nicht entstanden.

Gartow, im Juli 1992 Alexander Stahlberg

Inhalt

Kindheit in Kieckow

Grießbrei 13
Kieckower Dorfleben 14
Tante Maria 20
Das erste Flugzeug 23
Die Gouvernanten 29
Urgroßvater Kleist-Retzow 33
Die Jungen aus dem Rettungshaus 39
Fahrt im großen Reiseschlitten 42
Stettiner Gesellschaft 45
Eine Reise nach Berlin 52
Ihre Majestät und Friedrich, der Diener 55
Alfred Nöll, der Berufsverbrecher 58
Berliner Sehenswürdigkeiten 60
Das Palais des Barons Vernezobre 64
Hohenfinow 74
Der andere Urgroßvater 76
Besuch beim Reichskanzler Bismarck 81
Eine preußische Karriere 84
Steckrübenwinter 88
Zwei junge Damen zur Wahl 91
Der Schimmelreiter 95
Gänse 97

Jugend in Berlin

Das Staatliche Kaiserin-Augusta-Gymnasium 103
Die Geige 106
Joseph Joachim 109
Staatsangehörigkeit Preußen 111
Die letzte Kaiserin 115
Die »goldenen« Zwanziger Jahre 118
Berliner Musikleben 120
Mutters »Festspiele« 123
In Berlins Strafanstalten 127
Ferdinande 128
Ein »skandalöses« Buch 131
Dorfrichter Adam 134
Der Onkel aus Amerika 139
Das Faltboot 141
Der Rosenkavalier 145
Moderne Lyrik 149
Polizeigewahrsam 151
Baldur 155
Beatrice Bentz 157
»Der Reichskanzler bittet« 161

Soldat in Schwedt

Im 6. (Preußischen) Reiter-Regiment 167
Zu Pferde durch die Elbe 170
Fehrbellin 173
Abschied von Schwedt 176
Generalfeldmarschall von Mackensen 179

Anastasia

Ein großfürstlicher Pflegefall 187
Erste Begegnung mit Anastasia 190
Die Anwälte 192
Harriet von Rathlef-Keilmann 195
Ärztliche Gutachten 198
Zeugen 206
Das Wolga-Lied 210
In der Narkose 213
Das Gruppenbild 215
»Ihre Kaiserliche Hoheit« 217
Der Eklat 223
Epilog auf Anastasia 231
Personenregister 239

Maikäfer flieg!
Dein Vater ist im Krieg!
Die Mutter ist in Pommerland,
Pommerland ist abgebrannt.
Maikäfer flieg!

Kindheit in Kieckow

Grießbrei

Meine früheste Erinnerung reicht zurück in die Zeit, als wir Kinder unsere Mahlzeiten noch nicht zusammen mit den Erwachsenen einnahmen, sondern in der Kinderstube abgefüttert wurden. Da ich im Jahre 1912 geboren bin, muß das, was ich erzählen will, im Kriegswinter 1915/16 gewesen sein. Wir Kinder – meine beiden Geschwister, die beiden kleinen Cousinen und ich – saßen an einem alten Tisch, ich selbst in einem hohen Kinderstuhl mit dem Rücken zur Wand. Mutter und ihre jüngere Schwester, Tante Maria, sorgten für Ordnung.

Zwei Petroleumlampen gaben ein spärliches Licht. Die eine hing

Das Gutshaus in Kieckow

über dem Tisch, die andere über mir an der Wand. Kieckow, das Gut meines Onkels in Hinterpommern, hatte noch keine Elektrizität. In der Mitte der rohen Tischplatte stand eine riesige Porzellanschüssel mit dem einzigen Essen des Abends: Grießbrei.

Irgendwann war ich wohl als erstes der Kinder satt. Da geschah es, und alles ging ganz schnell: Ich erhob mich in meinem Kinderstuhl, um hinunterzuklettern; dabei stieß ich mit dem Kopf so heftig gegen den Glasbehälter der Petroleumlampe über mir, daß dieser zerbrach und die Lampe auf mich herabfiel. Blitzschnell war ich vom Kopf bis zu den Füßen in Flammen gehüllt.

Mutter reagierte als erste. Sie ergriff die noch halbvolle Schüssel und goß den Grießbrei über meinen Kopf. Dann riß sie mich aus dem Stuhl und legte mich auf den Fußboden. Tante Maria war es, die irgendwo eine wollene Decke fand, mich darin einwickelte und so die letzten Flammen erstickte. Das ganze Drama, das ich verständlicherweise mit größtem Zetermordio untermalte, hatte nur Sekunden gedauert, doch ist es mir noch heute in so lebhafter Erinnerung, als wäre es erst gestern geschehen.

Kieckower Dorfleben

Seit dem frühen dreizehnten Jahrhundert befand sich das Gut im Besitz der Kleists, einem pommerschen Uradelsgeschlecht, das seit dem Mittelalter in Hinterpommern weit verbreitet war. Kieckow, mit dem Nebengut Klein-Krössin, war so alt wie die Familie. Mutter entstammte den Kleists.

Während des Ersten Weltkriegs lebten im Kieckower Gutshaus drei Familien. Mutter und ihre nächstjüngere Schwester, Tante Maria von Bismarck, hatten ihren Haushalt in der Stadt geschlossen, als der Krieg im August 1914 ausbrach. Ihre Männer standen als Reserveoffiziere im Felde, so auch der Besitzer von Kieckow, Mutters Bruder Hans-Jürgen Kleist-Retzow. Daß sich ein gesunder Mann in

Großmutter Ruth von Kleist-Retzow, geb. Gräfin Zedlitz-Trützschler, in ihrem Garten in Klein-Krössin

Kriegszeiten seinem Vaterland als Soldat zur Verfügung stellte, war eine Selbstverständlichkeit. Außerdem lebte Mutters jüngste Schwester Ruth in Kieckow und führte die Gutshofbuchhaltung.

So regierten in Kieckow also die Frauen, drei Schwestern, eine Schwägerin und vor allem unsere Großmutter, die dominierende Persönlichkeit. Man muß sich fragen, wie das gutgehen konnte: von 1914 bis 1918 mehr als vier Jahre »Weiberregiment« unter einem Dach! Nun, es muß erstaunlich gutgegangen sein. Ich kann mich keiner ernsthaften Disharmonie erinnern.

Mutter, die älteste der Schwestern, übernahm die Stelle des zu den Soldaten eingezogenen Dorfschullehrers. Manchmal nahm sie mich, der ich drei oder vier Jahre alt war, mit zur Schule. Die Schülerzahl der einklassigen Volksschule betrug etwa dreißig Jungen und Mädchen. Die Ältesten saßen hinten, die Jüngsten vorne in der ersten Reihe. Beim Eintreten meiner Mutter in das Klassenzimmer hatten sich die Kinder zu erheben und im Chor aufzusagen: »Guten Morgen, Frau Stahlberg!« Danach meine Mutter: »Danke, liebe Kinder«, und dann wieder die Schüler im Chor: »Ooh, nichts als uns're Pflicht und Schuldigkeit«, wobei die letzte Silbe von »Schuldigkeit« als Glissando in eine möglichst hohe Tonlage überging. Mutter hatte sich dieses Zeremoniell ausgedacht und mit den Kindern eingeübt. Es machte ihnen Spaß und funktionierte prächtig.

Neben dem Dienst als Dorfschullehrerin versah Mutter auch den einer Kantorin, denn es gab während des Krieges in Kieckow niemanden sonst, der die Musik in der Kirche hätte besorgen können. Später wurde mir klar, daß Mutter noch einen anderen Grund für ihr musikalisches Engagement gehabt hatte: nicht im erhöhten Patronatsgestühl rechts neben dem Altar sitzen zu müssen, konnte doch die ganze Gemeinde - rechts vom Mittelgang die weiblichen, links die männlichen Mitglieder - sehen, wer von der Patronatsfamilie während der Predigt von Pastor Daske eingeschlafen war.

Mich nahm Mutter in der Regel mit auf die Empore, wo das Harmonium stand. Während der Predigt pflegte sie sich in die dort liegenden Notenbücher zu vertiefen und darin stumm und zufrieden zu lesen. Mitunter war sie dann so versunken, daß sie nicht merkte, wenn Pastor Daske seine Predigt beendet hatte und auf das Einsetzen des Vorspiels zum nächsten Choral wartete. Ich stieß sie dann an, worauf sie mir ein »Danke« zuflüsterte und sofort einsetzte. Mutter hatte nichts gegen Pastor Daske, der an jedem zweiten Sonntag mit Pferd und Wagen aus Groß-Tychow geholt wurde. Sie hatte aber eine Abneigung gegen Pastoren überhaupt, denn sie fand es unerträglich, deren »Salbaderei« zuzuhören.

In der Kieckower Dorfkirche geschahen mitunter die seltsamsten Dinge. Ich entsinne mich eines Gottesdienstes an einem glühendheißen Tag, wie es sie im Hochsommer in Hinterpommern häufig gab. Man hatte die Kirchentür offengelassen, um etwas von der Wärme in die kühle Kirche gelangen zu lassen. Ich stand auf der Empore und bemühte mich, der Predigt von Pastor Daske zu folgen, als im Mittelgang plötzlich ein Hund erschien. Sein Fell war buntgescheckt, seine Gestalt ließ keinen Schluß zu, welche der zahlreichen Hunderassen sich in ihm vererbt hatten. Er war das, was man einen »Dorfköter« nennt. Ohne jeden Respekt vor der Würde des Ortes schnupperte er mal rechts bei den Frauen, mal links bei den Männern, vermutlich auf der Suche nach seinem Herrn. Bis er vor dem Altar landete und an der rechten Ecke des Allerheiligsten das Bein hob, um seine Marke zu hinterlassen.

Pastor Daske hatte den Köter erst spät bemerkt. Nun aber unterbrach er seine Predigt, und nach einer Pause des Entsetzens ob dieser Ungeheuerlichkeit hob er seine Stimme und rief, wie ich ihn noch nie hatte rufen hören: »Kirchendiener, entfernen Sie den Hund!« Der Kirchendiener indes, der auf der hintersten Bank zu sitzen pflegte – ein alter Mann, den man nicht eingezogen hatte –, erschien nicht im Altarraum. Entweder war er während der Predigt eingeschlafen, oder er war nach draußen gegangen, um sich die Beine zu vertreten. So übernahm ein anderer die Aufgabe, die Heiligkeit des Raumes wiederherzustellen, mit dem Erfolg, daß der Dorfköter laut kläffend ausriß.

Wie man sieht, hatte Kieckow ein sehr lebendiges Gemeindeleben. Das kam wohl daher, daß Kieckow erst im neunzehnten Jahrhundert eine Kirche bekommen hatte. Vorher war es nur eines der zahlreichen Kleistschen Nebengüter gewesen. Erst mein Urgroßvater, Hans-Hugo Kleist-Retzow, hatte diese Kirche errichten lassen. Unter ihr befand sich eine Krypta, die einen eigenen Zugang hatte. Hier wurden seit meinen Urgroßeltern alle Mitglieder der Familie in einfachen Särgen beigesetzt. Aus begreiflichen Gründen war es uns Kindern streng verboten, die Gruft zu betreten. Meine Schwester hatte jedoch eines Tages in der Garderobe des Gutshauses den Schlüssel entdeckt. Natürlich konnte ich ihrer heimlichen Aufforderung nicht widerstehen, war sie doch fast drei Jahre älter als ich und mir bei so abenteuerlichen Vorschlägen weit voraus.

Zu passender Gelegenheit begaben wir uns also zur Kirche, stiegen die paar Stufen hinunter und öffneten die schwere Tür. Wir mußten auch den anderen Türflügel öffnen, damit der fensterlose Raum wenigstens von einem Schimmer Tageslicht erhellt wurde. Was sich uns nun bot, war mehr als unheimlich. Die beiden Särge unserer Urgroßeltern standen gegenüber der Tür im mittleren Gewölbe. Sie waren höher und prächtiger als die anderen, die rechts und links in der Reihe standen. Zwei große verdorrte Kränze mit breiten weißen Seidenschleifen lagen vor ihnen auf dem Boden. Ehrfürchtig lasen wir die Aufschrift: Wilhelm II. Nie hatte uns jemand gesagt, daß der Kaiser unseren Urgroßeltern eine solche Ehrung hatte zukommen lassen.

Ein Sarg auf der linken Seite der Gruft fand noch unser Interesse, denn wir hatten einmal erzählen hören, daß eine unserer Großtanten aus Angst vor einem möglichen Scheintod angeordnet hatte, ihren Sarg mit einem Fenster zu versehen und neben dieses einen Hammer zu legen, damit sie gegebenenfalls das Glas einschlagen und um Hilfe rufen könne. Tatsächlich fanden wir den Sarg mit dem Glasfenster. Doch waren wir inzwischen von der Schauerlichkeit des Ortes so bewegt, daß wir ihn schnellstens verließen, sorgfältig die Tür abschlossen und den Schlüssel an seinen Platz zurückbrachten.

In Kieckow war der regelmäßige Kirchgang eine Selbstverständlichkeit. Beim Aufbruch der Familie wurden regelmäßig die Dinge memoriert, die man als fleißiger Kirchgänger keinesfalls vergessen durfte: Brille, Gebiß, Gesangbuch, Regenschirm, Portemonnaie. Dann ging es los.

Deutlich erinnere ich mich noch des Weges: vorbei an dem großen Pferdestall mit dem Dunghaufen, dann linker Hand das frühere Pächterhaus und jetzige Wohnhaus von Herrn Sumpf, dem Gutsverwalter, rechts gegenüber der Dorfteich, auf dem wir, da er nicht tief war, in Waschtrögen paddeln durften, daneben die Stellmacherei – alle Kieckower Ackerwagen wurden dort gebaut, nur die Kutschwagen waren »gekauft« –, dann zur Linken die Tagelöhnerhäuser aus Fachwerk, zur Rechten der große Backofen, der zweimal wöchentlich geheizt wurde und für die Brotversorgung des ganzen Dorfes reichte, daneben die Schmiede. Hier lernten wir, beim Hufbeschlag das Bein des Pferdes zu halten und später, einen Hufnagel

Als Vierjähriger in Kieckow

zu schmieden; das größte Abenteuer aber war es, beim Aufziehen der weißglühenden Reifen auf das vom Stellmacher angefertigte Wagenrad zu helfen. Ob in der Stellmacherei oder der Schmiede: Alle Arbeiten wurden von Handwerkern des Gutsbetriebes in Handarbeit ausgeführt.

Tante Maria

Wie anders ging es im Gutshaus zu! Hier sorgten Mutter und Tante Maria von Bismarck für das Musische. Tante Maria war die nächstjüngere Schwester meiner Mutter, doch die beiden waren einander nicht sehr ähnlich. Großmutter meinte, in ihrer zweiten Tochter habe sich unsere Vorfahrin Ulrike Vernezobre, die schöne Hugenottin, zurückgemeldet. Als die kleinste der drei Schwestern, zierlich, dunkelhaarig und voller Charme, hätte man sie für eine Französin halten können. Wir nannten sie »Tamee«, und sie nannte mich sehr liebevoll ihren »Schäfer«. Ich weiß nicht, wie sie darauf gekommen war, aber ich gestehe: Sie war mein erster Schwarm und blieb es ihr Leben lang.

Tamee hätte eigentlich Schauspielerin oder Sängerin werden müssen, denn sie war für alles Sprachliche und Darstellerische ungewöhnlich begabt. Da sie eine glockenreine Sopranstimme besaß, hatte sie als junges Mädchen in ihrer Stettiner Zeit Gesangunterricht erhalten. In meiner Mutter hatte sie von Anfang an eine ideale Begleiterin am Klavier.

Ich profitierte davon. Zuerst lernte ich das Umblättern der Noten. Da ich noch nicht lesen konnte, entwickelte Mutter eine höchst simple Methode, die sie an Beethovens Mondschein-Sonate erprobte. Da der erste Satz sehr langsam zu spielen ist, unterbrach sie schon auf der ersten Seite und ließ mich die Stelle zeigen, an der sie abgebrochen hatte. Nach ein paar Tagen war ich imstande, auch im zweiten, schnellen Satz zu folgen. So lernte ich das Notenlesen, ehe ich lesen und schreiben konnte.

Dann und wann prüfte Mutter, am Flügel sitzend, alle Kinder auf ihre rhythmische Begabung. Rhythmisches Gefühl, sagte sie, sei wichtiger als Musikalität und die Voraussetzung dafür, Musikunterricht zu nehmen. Ich entsinne mich, daß sie Schuberts »Militärmarsch« spielte und wir im Takt dazu um den Eßtisch laufen mußten. Dann wechselte sie das Tempo, mal schneller, mal langsamer. Mein Bruder und ich hatten keine Schwierigkeiten zu folgen, doch die Mädchen schienen für die Veränderungen taub. Mutters musikalische Phantasie war unerschöpflich; sie variierte zum Beispiel Schuberts Marsch zum Walzer. Hans-Conrad und ich fanden das herrlich. Also würden wir beide demnächst ein Instrument in die Hand bekommen, die Mädchen aber nicht.

Tante Maria und Mutter entwickelten damals ein umfangreiches Repertoire, vor allem mit Liedern von Schubert, Schumann, Brahms und Hugo Wolf. Bald verblüfften sie ihr Publikum damit, daß sie neben allem Können auch noch auswendig musizierten. Dabei konnte es geschehen, daß Tante Maria je nach Disposition darum bat, in eine andere Tonart zu transponieren. Mutter konnte das spielend. Leider endete die künstlerische Karriere der beiden Schwestern, bevor sie richtig begonnen hatte – mit ihrer Heirat. Doch kann ich mich zahlreicher familiärer Festlichkeiten erinnern, bei denen die beiden, selbst in vorgeschrittenem Alter, noch an den Flügel gingen, um aus ihrem Repertoire vorzutragen.

Ein höchst kompetentes Urteil über sie erhielt ich noch in den fünfziger Jahren von dem unvergleichlichen Liedersänger Dietrich Fischer-Dieskau. Bei einem Liederabend in Bonn saßen, so erzählte er mir, in der ersten Reihe zwei alte Damen, die so intensiv zuhörten, daß er es auf dem Podium förmlich spüren konnte. Ihren Gesichtern sei anzumerken gewesen, daß sie sein ganzes Schubert-Programm genau kannten. Er sei in ihren Bann geraten. Nach Ende des Konzerts seien sie zu ihm in das Künstlerzimmer gekommen und hätten ihre Namen genannt. Und da Fischer-Dieskau und ich uns gut kannten, landete die Geschichte bald bei mir.

Tante Maria war nicht nur musikalisch, sondern besaß auch ein unglaubliches Gedächtnis. Besonders liebte sie die köstlichen Bildergeschichten von Wilhelm Busch. Wie oft haben wir sie gebeten, uns »Max und Moritz«, »Tobias Knopp« oder »Die fromme Helene« vorzutragen. Sie konnte sie alle auswendig und verstand es, sie so großartig zu deklamieren, daß wir die Bilder im Geiste vor uns sahen.

Während des Krieges hatte Tante Maria eine höchst wichtige Aufgabe übernommen: die Betreuung und Pflege der Alten und Kran-

Maria von Bismarck, geb. von Kleist-Retzow, Mutters jüngere Schwester. Tante Maria war mein erster Schwarm, und sie blieb es ein Leben lang.

ken im Dorf. Täglich machte sie einen Rundgang von Haus zu Haus, um nach dem Wohl und Wehe der Familien zu sehen. Was heute in jeder Ortschaft, selbst der kleinsten, eine Aufgabe staatlicher Fürsorge ist, das besorgte Tante Maria in eigener Verantwortung. Man muß bedenken, daß es damals in Kieckow keinen Arzt gab. Der mußte, wenn man ihn eilig brauchte, mit Pferd und Wagen aus Groß-Tychow geholt werden, und bis er zur Stelle war, konnte schon alles zu spät sein.

Die Einstellung der Menschen zum Tod war jedoch in einem hinterpommerschen Dorf jener Zeit eine ganz andere, als wir sie heute kennen. Ich entsinne mich eines Krankenbesuchs - Tante Maria hatte mich »zur Aufheiterung« eines todkranken Mannes mitgenommen. Als sie dem Alten gut zuredete und ihm gute Besserung wünschte, unterbrach sie seine Ehefrau und wandte sich in breitestem pommerschen Platt an ihn: »Mann, mach Dir nichts vor, Du wirst nicht mehr.« Es wäre ein Irrtum zu denken, die alte Frau sei herzlos gewesen. Ihre Äußerung war nur charakteristisch für die naturgebundene Schlichtheit der einfachen pommerschen Menschen.

Das erste Flugzeug

Mehr als fünfundsiebzig Jahre ist es her, doch dieser Tag im März des Kriegsjahres 1916 steht noch deutlich vor meinen Augen. Die Einwohner von Kieckow waren in heller Aufregung. Wie ein Lauffeuer hatte sich die Nachricht herumgesprochen: Konstantin, Mutters jüngerer Bruder, mein Patenonkel, würde noch heute mit dem Flugzeug nach Kieckow kommen. Auf der Weide neben den Karpfenteichen und der Ziegelei, kaum zwei Kilometer vom Dorf entfernt, würde er landen.

Niemand von uns hatte jemals zuvor ein Flugzeug am Himmel, geschweige denn am Boden gesehen. Vom Gutshaus, vom Hof, von den Feldern, von den Werkstätten und Tagelöhnerhäusern strömten die Kieckower über die Dorfstraße hinaus zum angekündigten Landeplatz. Es war wie ein Pilgerzug, der sich da auf den Weg machte. Kaum einer, der sich nicht angeschlossen hätte, um dieses Spektakel mitzuerleben. Man solle sich unter den Bäumen halten und nicht den Weg verlassen, hieß es immer wieder; nur die Bäume könnten vor einem landenden Flugzeug Schutz bieten.

Aus Posen hatte Onkel Konstantin in Kieckow angerufen, er würde also aus südlicher Richtung kommen. Es dauerte einige Zeit, dann war tatsächlich Motorengeräusch zu hören, und schon erschien dicht über dem nahen Wald die Silhouette eines Doppeldekkers. Noch setzte er nicht zur Landung an, sondern schwebte in Baumhöhe über die Weide hinweg. Deutlich sah man zwei Menschen hintereinander in dem Flugzeug sitzen. Dann zog es eine große Schleife über das Dorf und entschwand unseren Augen. Nach wenigen Minuten aber erschien es zum zweitenmal über dem Wald, und diesmal landete es wirklich. Zuerst hoppelte es über die Weide, dann ging der Motor aus, und es kam nur wenige Meter von uns entfernt zum Stehen.

Jetzt gab es kein Halten mehr. Groß und klein lief hinüber und umringte die Maschine. Die beiden Flieger kletterten heraus, und Onkel Konstantin nahm mich auf den Arm und zeigte mir das Ungetüm.

Als Leutnant der Reserve bei den Schwedter Dragonern hatte er sich freiwillig zur Fliegerei gemeldet, weil bei der Kavallerie nichts mehr zu erleben sei. Posen war eine der Stationen seiner fliegerischen Ausbildung. Dieses Flugzeug sei ein Schulflugzeug, erklärte er mir. Der Fluglehrer sitze vorne, sein Schüler hinten. In der Welle des Motors sei ein Maschinengewehr eingebaut. Der Pilot ziele also auf den Feind, indem er die ganze Maschine auf ihn richte.

Wohl eine Stunde dauerte der spektakuläre Besuch. Dann mußten die Zuschauer zurück unter die schützenden Bäume. Der Fluglehrer stieg ein, und Onkel Konstantin ging vor die Maschine, zog sich Lederhandschuhe an und drehte den Propeller, bis der Motor ansprang. Es war ungeheuer aufregend. Schnell kletterte Onkel Konstantin auf den hinteren Sitz, und schon rollte das Flugzeug langsam zurück zum Waldrand. Dann heulte der Motor laut auf, und die Maschine sauste an uns vorbei in Richtung Dorf. Als sie vom Boden abhob, winkten uns die beiden Insassen einen Abschiedsgruß zu.

Kein Wunder, daß Onkel Konstantin für mich kleinen Stift zum Idol wurde. Wer hatte schon einen Flieger zum Patenonkel! Wenn Großmutter von nun an abends aus seinen Briefen vorlas, hörte ich gebannt zu. Seine Intelligenz und seine hervorragende Beobachtungsgabe mögen wohl die Voraussetzung dafür gewesen sein, daß man ihn nicht zum Jagdflieger, sondern zum Aufklärungsflieger ausbildete. Mit einem neuen Flugzeug des Typs »Taube« von Rumpler, einem starken und schnellen Eindecker, hat er 1917 von Belgien aus außergewöhnliche Aufklärungsflüge unternommen. Jahre später sah ich einige seiner Fotografien; Freunde hatten sie meiner Großmutter geschickt. Bis nach Paris hat er sich vorgewagt. Er mußte in großer Höhe fliegen, weil die Franzosen und Engländer schnellere Maschinen hatten als die Deutschen. Sauerstoffmasken gab es noch nicht. Die Deutschen flogen bei der Fernaufklärung in Höhen zwischen fünf- und sechstausend Metern. Nicht jeder Flieger hielt das durch. In den Briefen an seine Mutter verschwieg er, was er am 6. Juni 1917 einem Freund schrieb, als er noch mit einem älteren Doppeldecker flog:

> »Ich war neulich in Bar le Duc und einmal in St. Dizier-Joinville, was natürlich zur Hälfte Motoren-, zur anderen Hälfte Glückssache ist. Sind zufällig Franzosen hoch, um einem den Rückzug zu verlegen, so ist man unangenehm dran, weil sie schneller sind; im übrigen ist's ein Kinderspiel. Wir hoffen jetzt sehr auf die 260er Rumpler, die wegen ihrer Schnelligkeit und ihres Steigvermögens auf bequem 6000 m *die* Fernaufklärungsmaschinen sind. Im übrigen darf man mit der Rumpler-Taube keinen Luftkampf bekommen, da sie in jeder Motorkurve rettungslos abrutscht, ohne sich mit den Steuerorganen wieder fangen zu lassen . . . Sonst habe ich innerhalb der Armee eine ganz angenehme, wegen meiner geraden Schnauze mehr gefürchtete als angesehene Position und fühle mich sauwohl. Ich denke auch das Fliegen weiterhin auszuhalten. Die Höhenluft, speziell die langen Fernaufträge, strengen ja ordentlich an. Aber wenn man häufig fliegt, gewöhnt man sich an die dünne Luft . . .«

Mit dem Fliegen in fünf- bis sechstausend Metern Höhe ruinierte Onkel Konstantin seine Gesundheit. Im Juli 1917 schickte man ihn für drei Wochen zur Erholung nach Hause. Als er wieder an die

Front zurückkehrte, fand er die Rumpler-Taube vor, die »wie ein Fahrstuhl klettert und sehr schnell ist«. Seine Aufklärungsergebnisse wurden jetzt für den Generalstab so aufschlußreich, daß ihn Kronprinz Wilhelm, der Befehlshaber der »Heeresgruppe Kronprinz«, mit dem Hausorden der Hohenzollern auszeichnete.

Großmutter Ruth von Kleist-Retzow sammelte seine zahlreichen Briefe und ließ sie im Jahre 1935 veröffentlichen. Sie sind noch heute eine ergiebige Lektüre. Zwei Briefe sind mir in besonderer Erinnerung, die 1935 nicht publiziert werden konnten, weil die Nazis böse reagiert hätten. Der eine ist ein Zeugnis tiefer Trauer über den Tod seines verehrten Chefs, des Gründers der Metallgesellschaft und bedeutenden Sozialpolitikers Wilhelm Merton. Er war Jude. Konstantin arbeitete bis zum Ausbruch des Krieges als sein Privatsekretär. Zwischen den beiden muß wohl ein Vater-Sohn-Verhältnis bestanden haben. Merton hatte das Weltbild seines jungen Mitarbeiters stark beeinflußt.

Der zweite Brief entbehrte nicht einer gehörigen Portion politischer Pikanterie. Konstantin schrieb darin, bei den Jagdfliegern verstärke sich das Gerangel um die Zahl der von ihnen gemeldeten Feind-Abschüsse. Seit kurzem sei auch Hermann Göring in seiner Staffel. Nach jedem Flug melde er mehr Abschüsse, als vom Boden aus beobachtet worden seien. »Genauso wie mancherorts auf der Hasenjagd, wenn nach dem Treiben die Strecke gezählt wird.« Trotzdem habe Göring schließlich den preußischen Tapferkeitsorden »pour le mérite« bekommen. Seitdem sei er nicht mehr zu brauchen. Der Kommandeur lasse ihn deshalb nur noch »Queue«, also am Ende einer Staffel fliegen. »Nur im Casino ist er immer noch der Größte!«

Dann kam es, wie es kommen mußte – dicht vor Verdun, wo sich Deutsche und Franzosen erbitterte Kämpfe lieferten. Am 7. Oktober 1917 traf das Telegramm in Kieckow ein, das seinen Tod meldete. Ein paar Tage später folgte der Brief des Kommandeurs: »Am Sonntag morgen um 10 Uhr startete er mit seinem Flugzeugführer, dem Gefreiten Weisert, um die vorderen deutschen Gräben am Ostufer der Maas bei Ornes zu fotografieren. Ein Flugzeug von einer ande-

Mit einem solchen Rumpler-Doppeldecker landete Onkel Konstantin 1916 in Kieckow.

ren Abteilung hat beobachtet, wie die beiden plötzlich in engen Kurven abstürzten . . .« Noch gab es keine rettenden Fallschirme.

Am Sonntag, den 14. Oktober 1917, wurden in Kieckow die Wagen angespannt. Groß und klein fuhr zum sieben Kilometer entfernten Bahnhof Groß-Tychow. Auf einem Nebengleis stand der Güterwagen mit dem Sarg. Dieser wurde auf einen mit Herbstlaub geschmückten Ackerwagen gesetzt. Vier Pferde zogen ihn nach Kieckow, dort zuerst über die Auffahrtrampe des Gutshauses und dann durch das Dorf hindurch zur Kirche.

Im Leben von Onkel Konstantin waren die wichtigsten Tage Sonntage gewesen, so auch der 21. Oktober, der Tag der Beisetzung. Ich als Fünfjähriger und meine beiden dreijährigen Cousinen Ferdinande Kleist und Luitgarde Bismarck gerieten von einer Aufregung in die andere. Es begann wieder mit einem Doppeldecker – vermutlich der, mit dem Onkel Konstantin uns vor einem Jahr besucht hatte. Diesmal flog er so niedrig über das Gutshaus, daß man meinen konnte, er streife die Fahnenstange auf dem Dach, an der die schwarzweißrote Fahne auf halbmast stand.

Unvorstellbar dann die Anfahrt der Wagen aus den benachbarten

Dörfern! Aus dem Umkreis, den Pferde an einem Tag gehen können, kamen alle, und mindestens die Hälfte der Hunderte von Trauergästen war miteinander verwandt oder befreundet. Hier zeigte sich die Verbundenheit der alten pommerschen Familien.

Die Pferde wurden ausgespannt und in den Tennen der Scheunen untergestellt. Die beiden Gutshöfe Kieckows bekamen das Gesicht von Feldlagern. Dann zog man zu Fuß die Dorfstraße entlang zur Kirche. Sie reichte nicht annähernd für die vielen Menschen. Aber Mutter entschädigte die Draußengebliebenen mit ihrer einzigartigen Improvisationskunst an der kleinen Orgel.

Ich entsinne mich noch der Szene auf dem Familienfriedhof, zum erstenmal mit dem schauerlichen Blick in eine offene Gruft. Plötzlich hörte man das Brummen eines Flugzeuges, gerade als Pastor Daske das Vaterunser begonnen hatte. Was dann geschah, unterbrach jäh die triste Stimmung und bescherte der Trauerfeier einen fast heiteren Abschluß. Wieder erschien mit lautem Motorenlärm das Flugzeug, das wir schon am Vormittag über dem Gutshaus erlebt hatten, wieder flog es beängstigend niedrig. Aus dem Doppeldecker wurde ein grüner Kranz abgeworfen. Aber an Bord der Maschine hatte man sich verschätzt. Statt beim offenen Grab landete der Kranz jenseits des Friedhofszaunes auf dem Acker. Wie auf Kommando stürmte die Dorfjugend den Zaun, überkletterte ihn in ganzer Breite und lief im Wettlauf auf den wohl hundert Meter entfernt liegenden Kranz zu. Pastor Daske hatte sein Gebet unterbrochen und beendete seine Sprachlosigkeit erst, als die Dorfjugend mit dem Kranz zurückkehrte; zwei Buben trugen ihn gemeinsam und mit sichtbarem Stolz. Doch diesmal kletterten sie nicht über den Zaun, sondern gingen korrekt, wie es sich gehörte, um die Kirche herum. Die Trauergemeinde öffnete den kleinen Burschen eine Gasse, und wie selbstverständlich legten sie ihre Trophäe neben die offene Gruft.

In Pommern war es nicht üblich, daß man bei einem Begräbnis den Friedhof verließ, bevor die Sargträger das Grab zugeschaufelt und den frischen Grabhügel sorgfältig mit ihren Schippen glattgeklopft hatten. Dann erst legten die nächsten Angehörigen ihre Kränze und Blumensträuße auf das Grab, selbstverständlich in der Reihenfolge nach Rang und Würden. Diese letzte Geste wollte man nicht den entlohnten Totengräbern überlassen.

Anschließend fuhr man nicht sofort nach Hause. Wer eine verwandtschaftliche oder freundschaftliche Beziehung zu dem Verstorbenen hatte, begab sich unaufgefordert in das Trauerhaus und wurde dort großzügig bewirtet. Eine Beerdigung war in Pommern zugleich ein großes Wiedersehensfest. Und wo es gut und reichlich zu essen und zu trinken gab, da entstand auch bald eine fröhliche Atmosphäre. War das denn nicht im Geiste des Verstorbenen?

Die Gouvernanten

1916 bekamen wir in Kieckow eine Gouvernante. Ich glaube, diese Dame wäre niemals engagiert worden, wenn es nur darum gegangen wäre, für uns Kinder eine Erzieherin oder Hauslehrerin zu finden. Eine solche Stelle hätte man schließlich auch in der Kreuzzeitung ausschreiben können, die in Kieckow gelesen wurde, weil der Urgroßvater zu ihren Gründern gehört hatte. Doch bei Miss Scandred lag die Sache anders. Ihre Einstellung war eine Tat christlicher Nächstenliebe gewesen, denn sie war, wie ihr Name vermuten läßt, Engländerin, und mit England lag das Deutsche Reich seit zwei Jahren im Krieg.

Miss Scandred hatte es, wie man uns Kindern erklärte, bei Kriegsausbruch im August 1914 versäumt, sich sofort bei der englischen Botschaft in der Wilhelmstraße in Berlin einzufinden, um mit dem Botschaftspersonal den letzten Zug in Richtung Heimat zu nehmen. Eigentlich hätte sie für die Dauer des Krieges also in ein Internierungslager gemußt. Es wurde uns jedoch verschwiegen, wo sie sich während der ersten beiden Kriegsjahre aufgehalten hatte. Ich nehme an, daß sie in der Verwandtschaft bereits als Gouvernante gearbeitet hatte und dort Umstände eingetreten waren, die die Einweisung in ein Internierungslager zur Folge gehabt hätten. So hatte man sie kurzerhand in Kieckow versteckt, denn das Dorf lag sehr einsam, und alle seine Bewohner standen im Dienste der »Gutsherrschaft«.

In Kieckow gab es keine Polizei, keine Gastwirtschaft, keinen »Tante-Emma-Laden«, ja nicht einmal eine Poststelle. Die ausgehende Post nahm der Milchwagen nach Groß-Tychow mit, die eingehende Post verteilte sein Fahrer während des Krieges sogar eigenhändig im Dorf. Auch gab es nur ein einziges Telefon in Kieckow. Es war nicht unbedingt als »öffentlich« zu bezeichnen, denn es hing im Herrenzimmer des Gutshauses gleich links von der Zimmertür an der Wand. Und das Postamt in Groß-Tychow meldete sich, wenn man die Kurbel am Apparat drehte, nur während der amtlichen Dienststunden.

Miss Scandred war also in Kieckow aufs beste versteckt. Sie war eine höchst originelle Person, die mich an die Gouvernante in Wilhelm Buschs »Tobias Knopp« erinnerte. Mit großer Strenge achtete sie vor allem auf unsere Tischmanieren. Das war ohne Zweifel berechtigt, denn bevor sie nach Kieckow kam, benahmen wir uns bei Tisch – mit Ausnahme der beiden kleinen Cousinen Luitgarde und Ferdinande – einfach miserabel.

Im übrigen sprach Miss Scandred kein Wort Deutsch. Das war für uns Kinder von unschätzbarem Wert. Leider war sie völlig humorlos, was ihre Position uns gegenüber erschwerte. Wenn mein Bruder oder ich zum Beispiel bei Tisch nicht aufrecht und gerade saßen, mußten wir uns aus der Garderobe einen Spazierstock holen. Den steckte sie uns durch die nach hinten angewinkelten Arme, und wir mußten in dieser fatalen Stellung dann hinter unserem Stuhl stehen und zusehen, wie die anderen ihre Mahlzeit verzehrten.

Im November 1918, am Ende des Krieges also, verschwand Miss Scandred aus Kieckow ebenso plötzlich, wie sie 1916 aufgetaucht war. Niemand bei uns hatte sie geliebt, niemand trauerte ihr nach. Und doch behalte ich sie in dankbarer Erinnerung.

Nach Miss Scandred erschien Sophie Braun in Kieckow. Fräulein Braun kam aus Kolberg, und das sagte damals in Hinterpommern einiges. Sie war eine »typische Kolbergerin« und litt als solche ständig darunter, daß das Kieckower Haus gemessen an ihren Vorstellungen nicht »fein« war. Die Bürger von Kolberg hielten sich nämlich für etwas Besonderes. Immer noch waren sie stolz darauf, daß ihre Stadt vor mehr als hundert Jahren den Truppen des französischen Kaisers Napoleon I. Paroli geboten und nicht kapituliert hatte, während die Franzosen bis nach Ostpreußen hin fast ganz Preußen überwältigen konnten.

Fräulein Braun erwies sich als schwärmerisch und romantisch. So erzählte sie uns mit Hingabe, wie sie in der Ostsee vor Kolberg beim Baden in stürmischer See »ertrunken« sei. Das sei herrlich gewesen. Ihr ganzes Leben sei vor ihrem »inneren Auge« noch einmal an ihr vorbeigezogen. Der Höhepunkt aber sei der Augenblick gewesen, als sie beim Wiedererwachen in die großen blauen Augen ihres über sie gebeugten Retters geschaut habe. Stark und blond sei er gewesen. Meine ältere Schwester Ruth-Roberta, die wir Raba nannten, fand das aufregend schön, ich weniger. Beide erhielten wir nun regulären Unterricht. Raba lernte spielend. Bald glänzte sie damit, daß sie weite Teile von Schillers »Glocke« auswendig herunterrasseln konnte.

1920, als Mutter mit uns drei Kindern nach Berlin zog, um uns aufs Gymnasium zu schicken, fand Fräulein Braun bald eine neue Stellung, die zweifellos besser zu ihr paßte als das in ihren Augen so wenig feine Kieckow. Ein paar Jahre später las Mutter uns einen Brief von ihr vor. Sie lebte nun in Haus Doorn in Holland und war Erzieherin eines Mädchens, das die zweite Frau des verwitweten ehemaligen Kaisers Wilhelm II. mit in die Ehe gebracht hatte. »Seine Majestät hat mich«, so schrieb sie, »nach eingehender Prüfung für würdig befunden, an den kaiserlichen Mahlzeiten teilzunehmen«, und die Tochter der »Kaiserin Hermine« sei eine wunderbare Schülerin und ein mimosenhaftes Kind. Wir fanden das ungeheuer beeindruckend und rätselten, was wohl unter »mimosenhaft« zu verstehen sei.

Doch zurück nach Kieckow. Ich sprach von unseren Tischmanieren. Dazu muß man wissen, daß sich zu den vier Mahlzeiten des Tages in der Regel etwa zwanzig Personen am lang ausgezogenen Eßtisch versammelten. Oberstes Gebot war Pünktlichkeit. Da Kinder damals noch keine Uhr besaßen, wurde vor jeder Mahlzeit zweimal geläutet. Die Glocke hing links neben dem Hauseingang unter einem kleinen Dach. Man hörte sie im Park, auf dem Hof, ja fast im ganzen Dorf. Beim ersten Läuten wußte jeder, daß die Mahlzeit in zehn Minuten beginnen würde. Dann war es höchste Zeit, sich sofort auf den Heimweg zu machen. Denn da wir Kinder von Frühling bis Herbst draußen stets barfuß liefen und es uns grundsätzlich streng verboten war, im Innern des Hauses mit nackten Füßen zu erscheinen, mußten wir uns vor der Mahlzeit nicht nur die Hände, sondern auch die Füße waschen, um in sauberen Strümpfen und Schuhen zum Essen zu erscheinen. Beim zweiten Läuten hatte jeder hinter seinem Stuhl zu stehen. Wer zu spät kam, mußte sich bei Tante Mieze, die als Ehefrau des Gutsbesitzers am Kopfende der langen Tafel saß, unter Angabe des Grundes entschuldigen. Tante Mieze quittierte das mit einem kurzen »Hm«.

Selbstverständlich hatten sich die Kinder bei Tisch ruhig zu verhalten. Wir sollten lernen, zuzuhören, und hatten uns in den Gesprächspausen auf Fragen zu beschränken. Wurden am oberen Ende des Tisches Dinge diskutiert, die wir nicht hören sollten, dann wurde dort französisch gesprochen. Das hatte Großmutter eingeführt, die als kleines Kind eine französische »Bonne« gehabt hatte. Nicht Deutsch, sondern Französisch war ihre erste Sprache gewesen.

Wenn Großmutter aus ihrer Jugend erzählte, hörten wir gebannt zu. 1867 geboren, hatte sie in ihrem Elternhaus in Schlesien noch die Zeit erlebt, als in Preußen die ersten Badewannen eingeführt wurden. Vor dem Bad zog die Bonne dem kleinen Mädchen ein Badehemd über; so gehörte sich das! Wir dagegen wurden in Kieckow vor dem Schlafengehen in eine große, flache Zinkwanne gestellt und bekamen eine Kanne kalten Wassers über den Kopf gegossen – »zur Abhärtung«! Danach mußte das Zimmer jedesmal aufgewischt werden.

Urgroßvater Kleist-Retzow

So anschaulich Großmutter aus ihrem Leben erzählen konnte, so wortkarg wurde sie, wenn ich sie bat, mir über ihren Schwiegervater, meinen Urgroßvater Hans-Hugo Kleist-Retzow, zu erzählen. Mehrmals wiederholte ich meine Bitte. Sie entzog sich meinem Wunsch, indem sie mir mit ihrem breiten Füllfederhalter eine Ahnentafel meiner Mutter aufschrieb. Ehrfürchtig betrachtete ich sie, denn nun wußte ich endlich, mit wem wir in Hinterpommern verwandt waren. Kaum eine der Familien, die hier vom dreizehnten Jahrhundert an gesiedelt hatten, fehlte. Doch mein Urgroßvater Kleist-Retzow hatte sich seine Frau aus der Familie Stolberg-Wernigerode geholt. Jahre später erst wurde mir bewußt, daß diese Verbindung von der Familie Stolberg fast als Mesalliance betrachtet worden sein mußte, denn Pommern war in deren Augen ein kümmerliches, armes Stück Land. Wie arm Pommern in der Tat war, sollte mir erst später deutlich werden. Damals fehlte uns Kieckower Kindern dafür der Maßstab.

Jahre danach las ich in Meyers Konversationslexikon aus dem Jahre 1896 den Artikel über meinen Urgroßvater. Für mich war er so aufschlußreich, daß ich ihn hier zitieren möchte:

> »*Kleist-Retzow,* Hans-Hugo von, deutscher Politiker, geb. 25.11.1814 in Kieckow bei Belgard in Hinterpommern, gest. daselbst 20.5.1892, ward in Schulpforta erzogen, studierte in Göttingen und Berlin die Rechte, trat sodann als Auskultator* in den Staatsjustizdienst, ward 1844 Landrat des Kreises Belgard, trat 1848 an die Spitze der streng konservativen Junkerpartei und war einer der Begründer der ›Kreuzzeitung‹**, 1849–52 gehörte er der

* Gerichtsreferendar

** Kreuzzeitung (Neue Preußische Zeitung), so genannt nach dem Eisernen Kreuz im Titelkopf; Berliner Zeitung der Konservativen, gegründet 1848, 1939 eingestellt.

reaktionären Partei im Abgeordnetenhaus an, war 1850 auch Mitglied des Staatenhauses in Erfurt und ward 1851 nach dem Siege der Reaktion zum Oberpräsidenten der Rheinprovinz ernannt, wo er mit der rücksichtslosesten Polizeiwillkür gegen den Liberalismus einschritt und sich zugleich zu dem Hofe des Prinzen von Preußen in Koblenz in schroffste Opposition setzte. Nach Einsetzung der Regentschaft* 1858 sofort entlassen, zog er sich auf sein Rittergut Kieckow zurück und beteiligte sich, obwohl als Vertreter der Familie v. Kleist ins Herrenhaus berufen, wenig an den öffentlichen Ereignissen zur Zeit der neuen Ära. Erst in der Konfliktszeit trat er wieder hervor und stellte sich nach dem Umschwung in Bismarcks innerer Politik nach 1886 an die Spitze der Streng- oder Altkonservativen Partei. Besonders die kirchliche Politik der Regierung seit 1871 bekämpfte er im Herrenhaus mit Scharfsinn und rhetorischer Gewandtheit, und in der Generalsynode 1879 war er einer der Führer der Strengkonfessionellen. Nach der Reorganisation der konservativen Partei 1876 trat er an die Spitze des äußersten rechten Flügels der Deutschkonservativen im Reichstag, dem er seit 1877 angehörte, betrieb eine Vereinigung mit dem Zentrum zu gemeinschaftlicher kirchlicher Politik und war ein Haupturheber des Zedlitzschen Volksschulgesetzentwurfes von 1891**. 1883 ward er zum Wirklichen Geheimen Rat mit dem Prädikat Exzellenz ernannt.«

Dieser Urgroßvater war also alles andere als ein bequemer und ruhiger Geist. Als ich immer wieder bei Großmutter darauf drang, mir mehr von ihrem Schwiegervater zu berichten, gelang es mir schließlich doch, einige bemerkenswerte Einzelheiten über ihn zu erfahren.

* Infolge einer Erkrankung des Königs Friedrich Wilhelm IV. wurde dessen Bruder Prinz Wilhelm (1871 Kaiser Wilhelm I.) zum Regenten eingesetzt.

** Robert Graf Zedlitz und Trützschler, Kultusminister in Preußen, versuchte vergeblich, ein strengkirchliches Volksschulgesetz einzuführen, und nahm daraufhin seinen Abschied.

Urgroßvater Hans-Hugo von Kleist-Retzow; Vorskizze zu Anton von Werners Gemälde »Reichstagseröffnung im Weißen Saal des Berliner Schlosses«

Hans-Hugo Kleist war als Student in Göttingen mit seinem Kommilitonen Otto von Bismarck befreundet. Da beide von ihren Vätern finanziell kurzgehalten wurden, beschlossen sie, bei einer Zimmervermieterin mehrere möblierte Zimmer zu nehmen – für jeden ein Schlaf- und Arbeitszimmer, einen weiteren Raum für den gemeinsamen Leibdiener. Damit war der Lohn für einen Diener eingespart. Dann jedoch tat sich eine Schwierigkeit auf: Ihre Mahlzeiten nahmen die beiden Jurastudenten im Eßzimmer der Zimmervermieterin ein. Kleist sprach, wie es in Kieckow selbstverständlich war, vor dem Essen ein Tischgebet. Doch damit nicht genug. Vor dem Frühstück und nach dem Abendbrot wurde nicht nur gebetet, sondern

Hans-Hugo Kleist hielt, auch hierin den Kieckower Gepflogenheiten folgend, mit Gesang, Bibellesung und Vaterunser Andacht. Otto von Bismarck hat das offenbar eine Zeitlang respektiert und seinen Freund gewähren lassen. Dann aber kam es, wie mir Großmutter erzählte, zur Explosion. Bismarck habe Kleist die Bibel an den Kopf geworfen, und die fromme Gemeinsamkeit zerbrach sozusagen »ohne Einhalt einer Kündigungsfrist«.

Den Tagebuch-Aufzeichnungen der Baronin Spitzemberg verdanken wir eine aufschlußreiche Äußerung des Fürsten Bismarck über die Persönlichkeit von Hans-Hugo Kleist-Retzow. Am 11. April 1887 notierte sie: »[Bismarck] sprach über ihn und sagte, Kleist-Retzow sei ›betrunken geboren‹, deshalb brauche er nicht zu trinken, um trunken zu sein; er komme ihm wie ein vierjähriges Kind vor, das in seiner Taprigkeit überall hineinlange ...«* Und am 7. August 1907 schrieb Frau von Spitzemberg nach der Lektüre der Kleist-Retzow-Biographie von Hermann von Petersdorff:

> »... Diesen alten Recken habe ich vielfach bei Bismarck gesehen, und auch die andern ›Junker‹ tauchen greifbar lebendig durch dies Buch wieder vor mir auf... Was für tüchtige, ernste, ehrliche, tapfere Menschen es aber waren, diese christlichen Junker, und wie brennend interessant ist es zu sehen, wie Bismarck, der erst ganz zu ihnen gehörte, allmählich durch seine großen Ziele ihnen fremd und fremder wurde und sie meilenweit hinter sich ließ. Aber daß er aus diesem harten, knorrigen Holze geschnitzt war, hat doch allein es ermöglicht, daß er leistete, was er tat. Und doch – wie tragisch die Entfremdung, die Mißverständnisse, die gegen Ende des Lebens aufkamen zwischen diesen intimen Jugendfreunden ...«**

Großmutter schwankte in der Beurteilung ihres Schwiegervaters, zumal sie selbst von tiefer Frömmigkeit erfüllt war. Ihr Leben lang

* *Das Tagebuch der Baronin Spitzemberg,* Göttingen 1960, S. 231
** ebd., S. 474

hat es gewiß keinen Tag gegeben, an dem sie nicht zur Bibel, zum Gesangbuch und zu den Losungen der Herrnhuter Brüdergemeine gegriffen und darin gelesen hätte. So war die eheliche Verbindung der Tochter Zedlitz-Trützschler mit einer der angesehensten pommerschen Pietistenfamilien eine ganz folgerichtige Angelegenheit gewesen. Und so fiel es ihr auch nicht leicht, mir von dem »schrecklichen Zerwürfnis in Koblenz« zu erzählen.

Von 1851 bis 1858 war der Urgroßvater Oberpräsident der preußischen Rheinprovinz gewesen. Man muß sich das vergegenwärtigen: Der ultrakonservative Pietist aus Pommern wird Oberpräsident der überwiegend katholischen Rheinprovinz. Seine Wohnung bezieht er in der obersten Etage des ehemals kurfürstlichen Residenzschlosses in Koblenz. Der ausgemachte Gegner jedweder liberaler Gedanken, der seine ersten Erfahrungen im preußischen Verwaltungsdienst als »Königlich Preußischer Landrat« in Pommern gesammelt hat, beginnt in Koblenz »mit der rücksichtslosesten Polizeiwillkür« zu regieren. Erst drei Jahre sind es her, daß in Frankfurt der Versuch scheiterte, ein einiges Deutschland zu schaffen. Und damit nicht genug: In der Beletage des Koblenzer Schlosses, direkt unter der Wohnung des pommerschen Oberpräsidenten, nimmt der damals in Berlin bei der Bevölkerung höchst unbeliebte »Kartätschenprinz« Wilhelm, der spätere Kaiser Wilhelm I., mit seiner Frau Augusta aus dem Hause Sachsen-Weimar-Eisenach Quartier und »hält Hof«. Im März 1848 hatte er in Berlin auf liberale Demonstranten schießen lassen und mußte zu den englischen Verwandten fliehen. Nun ist er wieder in Preußen und soll sich in die Praxis preußischer Provinzialverwaltung einarbeiten. Und das ausgerechnet in der katholischen Rheinprovinz. Die Rheinländer sollen endlich preußisch werden!

Und nun wird es fast banal: Das königliche Paar in der Beletage liebte es, morgens etwas länger zu schlafen. Der Oberpräsident in der Wohnung darüber war jedoch schon früh auf den Beinen und begann den Tag schon vor dem Frühstück mit Gebet und frommen Liedern – gemeinsam mit seinem gesamten Hausstand, wie es in Kieckow üblich war. Aus eigener Erfahrung kann ich versichern, daß in unseren pietistischen Familien nicht nur viel, sondern auch laut gesungen wurde. Was Wunder, wenn solches dem künftigen deutschen Kaiserpaar eine Treppe tiefer nicht behagte. Als Prinz Wilhelm dann 1858 zur Vertretung seines gemütskranken Bruders Friedrich Wilhelm IV. zum Prinzregenten des Königreichs Preußen bestellt wurde, verschwand auch Hans-Hugo von Kleist-Retzow zunächst einmal von der politischen Bühne. Wie damals für einen vom Lande stammenden Politiker üblich, zog er sich auf seine pommerschen Güter zurück. Diese versprachen indes mehr, als sie hielten. Kieckow mit dem Nebengut Klein-Krössin umfaßte zwar mehr als sechstausend Morgen Äcker, Weiden, Wiesen und Wald, doch der Boden war leicht, seine Erträge karg. Ich erinnere mich, daß in trokkenen Jahren manchmal weniger als sechs Zentner Roggen pro Morgen geerntet wurden.

Trotzdem begann der Urgroßvater in Kieckow zu bauen. Wie das finanziert wurde, habe ich nie erfahren. Aber er hatte ja »reich geheiratet« - es ist nicht anzunehmen, daß Urgroßmutter Stolberg-Wernigerode mit leeren Händen nach Kieckow gekommen war. Mit Holz aus dem eigenen Wald und Ziegelsteinen aus der eigenen Ziegelei wurde eine stattliche Dorfkirche gebaut, und es entstanden die ersten Pläne für den Neubau eines größeren Gutshauses. Erst sein Enkel Hans-Jürgen vollendete den Bau. Die Leute im Dorf nannten ihn »das Schloß«, was im Vergleich zu wirklichen Schlössern weit übertrieben war. Aus Gründen der Sparsamkeit wurde er auf den Fundamenten des alten Gutshauses errichtet, doch um eine Etage höher.

Überall im Königreich Preußen entstanden zu jener Zeit auf den Gutshöfen Spiritusbrennereien zur gewinnbringenden Verwertung der eigenen Ernte, vor allem der Kartoffeln. Die Flüssigkeit, die nach Abdestillieren des Weingeists übrigblieb, die Schlempe, war ein wertvolles Futtermittel. Aus Spiritus aber läßt sich bekanntlich Alkohol gewinnen, und Alkohol fördert mitunter die Trunksucht. Diese aber war im neunzehnten Jahrhundert, der Zeit der Industrialisierung, eines der großen sozialen Probleme. Also wurde in Kieckow keine Brennerei gebaut.

Die pommerschen Nachbarn lächelten über den Kieckower Verzicht. Doch das Lächeln verging ihnen, als sich herumsprach, was Kieckow statt dessen erhielt: ein »Rettungshaus«. Am jenseitigen Ende des Dorfes, so weit wie möglich vom Gutshaus entfernt, sollte es entstehen.

Die Jungen aus dem Rettungshaus

Die Rettungshäuser in Preußen waren ein Produkt des neunzehnten Jahrhunderts. Sie waren, schlicht ausgedrückt, geschlossene Besserungsanstalten für verwahrloste Jugendliche. Es gab in den preußischen Provinzen etwa hundertachtzig solcher Anstalten mit insgesamt rund neuntausend Zöglingen. Im Durchschnitt hatte ein Rettungshaus also etwa fünfzig Jungen in seinen Mauern. Mit den Rettungshäusern war kein Geld zu verdienen. Sie waren vielmehr auf Dauer nur in Verbindung mit dem Diakonischen Werk der Evangelischen Kirche zu halten. Die Gutshöfe zogen nur geringe Vorteile aus ihnen: Bei der Ernte wie bei der Behebung von Sturmschäden im Walde waren Helfer verfügbar. Im übrigen wurde hinter den Mauern der Rettungshäuser ein hartes Erziehungs- und Besserungssystem praktiziert.

Uns Kindern war der Kontakt mit den Zöglingen streng verboten. Trotzdem gelangten dann und wann Nachrichten durch die Mauern. Zum Beispiel folgende schreckliche Geschichte, die uns sehr erregt hat: Um der Rattenplage zu begegnen, hatten die Zöglinge unter Anleitung eine Falle gebaut. Mit der ersten so gefangenen Ratte wollte der Anstaltsleiter eine Mutprobe veranstalten. Die Jungen rüsteten sich mit Geräten aus, die zum Zuschlagen geeignet schienen, wie Schaufeln und Spaten. Dann bildeten sie im abgeschlossenen Hof einen großen Kreis, in dessen Mitte das Tier freigelassen wurde. Auf der Suche nach einem Schlupfloch lief die Ratte kreuz und quer um ihr Leben, und die Zöglinge wehrten sie mit ihren Geräten ab. Schließlich flüchtete sich das Tier ins Hosenbein eines Jungen und verbiß sich in dessen Unterleib. Er erlag seinen Verletzungen.

Im Park hinter dem Gutshaus gab es einen wunderschönen Kinderspielplatz mit Sandkasten, Schaukel, einem Balken zum Balancieren, einem Turnreck und anderem mehr. Meine beiden Cousinen Luitgarde und Ferdinande waren meine häufigsten Spielgefährtinnen. Eines Tages erschien Großmutter auf ihrem täglichen Spaziergang, schaute uns eine Zeitlang zu und meinte schließlich, es sei eigentlich an der Zeit, daß der Sandkasten wieder einmal frischen Sand erhalte. Das war für mich Anlaß, vorzuschlagen, den neuen Sand mit Pferd und Wagen selbst aus der Sandgrube im Wald zu holen. Ich erhielt die Erlaubnis, den Hofmeister zu fragen, ob das Milchwagenpferd, ein alter und ruhiger Gaul, der jeden Morgen den Milchwagen nach Groß-Tychow zur Molkerei zog, am Nachmittag frei sei. Das war der Fall, und so spannte ich nach dem Essen das Pferd vor einen Ackerwagen. Das war für uns Landkinder nichts Besonderes, denn wir wuchsen von frühester Kindheit an mit Pferden auf.

Ich sehe mich noch, stolz auf den mir erteilten Auftrag, die Dorfstraße hinunterfahren. Vor der Kirche bog ich rechts ab in den Landweg nach Döbel. Vor mir sah ich zwei Jungen aus dem Rettungshaus. Ich ließ mein Milchwagenpferd antraben und hatte sie bald eingeholt. Obwohl uns der Kontakt verboten war, hielt ich neben ihnen an und fragte, ob sie aufsitzen wollten. Ich fühlte mich dazu verpflichtet, weil die beiden allerhand schweres Gerät wie Sägen und Äxte bei sich trugen. Schon saßen sie hinter mir, dankbar für meine Einladung. Sie sollten im Wald Holz schlagen, erzählten sie.

Am Waldrand trennten sich unsere Wege. Ich bog nach links zu der mir wohlbekannten Sandgrube ein, die ich unter vielen rund um Kieckow ausgesucht hatte, weil es dort den schönsten, strahlend weißen Sand gab. Die Sandhänge waren mindestens zehn Meter hoch. Ich fuhr an den Rand der Grube und hielt dort dicht an einem frischen Sandhang. Wie ich es gelernt hatte, befestigte ich die Zügel etwas verkürzt am Wagen und löste beide Zugstränge des Geschirrs. Nun konnte die Arbeit beginnen. Ich nahm eine Schippe und fing an, den Wagen zu beladen. Plötzlich begann die Wand über mir zu rutschen, langsam, aber beständig. Eine Sekunde lang erstarrte ich, und schon war alles zu spät. Ich wollte vor dem Ungetüm, das da auf mich zukam, fliehen, doch mit Entsetzen stellte ich fest, daß meine Füße nicht mehr reagierten. Schon umklammerte der Sand meine Beine bis zu den Knien, und noch immer rutschte die Wand auf mich zu. Einen Augenblick überlegte ich, ob ich um Hilfe schreien sollte, doch ließ ich es, um das Pferd nicht zu erschrecken. Hätte es trotz der gelösten Stränge angezogen, wäre ich vom linken Hinterrad des Wagens überfahren worden. Als ich dann aber zur Hälfte im Sand steckte, entschloß ich mich doch zum Hilfeschrei. Es war das erste Mal in meinem Leben und ist bis zum heutigen Tag das einzige Mal geblieben. Unter verzweifelter Kraftanstrengung holte ich Luft und schrie so laut ich konnte.

Nichts regte sich. Wer sollte mich schon hören? Mit jedem Hilferuf fiel es mir schwerer, Luft zu holen. Ich weiß nicht mehr, wie lange ich um Hilfe gerufen habe. Ich weiß nur, daß mein Rufen schwächer wurde und ich das Ende vor mir sah. Doch plötzlich hörte ich über mir Stimmen. Ich schaute nach oben und erblickte am Grubenrand die beiden struppigen Köpfe der Zöglinge aus dem Rettungshaus. Dann verschwanden sie, tauchten aber kurz darauf wieder auf und sprangen nun den Hang herab. Das letzte Stück rutschten sie, wodurch weiterer Sand in Bewegung geriet. Doch dann standen sie neben mir, ergriffen die Schippe und einen auf dem Wagen liegenden Spaten und schaufelten wie die Berserker.

Ich wurde bewußtlos. Als ich wieder zu mir kam, lag ich in einiger Entfernung vom Ort des Geschehens auf dem Rücken. Einer meiner Retter kümmerte sich um mich, der andere war mit Pferd und Wagen beschäftigt. Ich muß einen schweren Schock gehabt haben. Ich entsinne mich noch, daß die beiden mich zum Wagen trugen und auf den Sand legten. Dann führten sie das Pferd zum Ausgang der Sandgrube und auf den Weg zurück nach Kieckow. Die Zügel hatten sie am Wagen befestigt. Der alte Milchwagengaul ging in ruhigem Schritt, ohne jede Zügelführung, die paar Kilometer nach Kieckow allein zurück. Als wir auf dem Gutshof vor dem großen

Stall ankamen, wurde ich sofort zum »Schloß« getragen und dort abgeliefert. Ich wurde mit Fragen überhäuft, doch ich gab keine Antwort, denn ich schämte mich. Und so hielt man mich für krank und steckte mich ins Bett.

Fahrt im großen Reiseschlitten

Der Winter 1917/18 war bitterkalt und sehr schneereich. Eines Tages sagte man uns, alle Kinder seien nach Damen zu einer Kindergesellschaft eingeladen. Alle Kinder, das waren wir drei Stahlbergs und die beiden Cousinen Luitgarde und Ferdinande. Da tiefer Schnee lag, wurde der große Reiseschlitten aus der Wagenremise geholt, und die beiden Pferdegeschirre erhielten das Schellengeläut. So eine Schlittenfahrt über Land von Dorf zu Dorf war ein einzigartiges Erlebnis. Mit dem alten Kutscher und Miss Scandred waren wir sieben Personen. Alle steckten in pelzgefütterten Fußsäcken, die Kleinen so tief, daß nur noch der Kopf zu sehen war.

Der Ort Damen liegt nur etwa acht Kilometer Luftlinie von Kieckow entfernt, doch mögen es zehn Kilometer gewesen sein, wenn man die feste Straße nahm. Auch das Gut Damen war seit vielen Jahrhunderten Kleist-Retzowscher Besitz. Die Familie gehörte jedoch zur gräflichen Linie.

Von der wie üblich turbulenten Kindergesellschaft will ich nicht berichten, doch erlebte ich am Rande etwas, was mich ziemlich irritierte. Aus irgendeinem Grund landete ich in dem mir fremden Haus in einem Zimmer, in dem nur eine schwache Lampe eingeschaltet war. Immerhin hatte man in Damen bereits Elektrizität. Im Halbdunkel saßen einige ältere Damen um einen runden Tisch herum, die mir stumm signalisierten, leise zu sein und zu ihnen zu kommen. Ahnungslos näherte ich mich und erfuhr, daß ich sie durch mein Erscheinen sehr gestört habe. Gerade hätten sie Kontakt zu einem vor kurzem an der Kriegsfront gefallenen Vetter gehabt. Ich wurde aufgefordert, mich zu ihnen zu setzen und mit ihnen zusammen einen neuen Versuch zu machen. Alle legten die Hände flach auf den Tisch, wobei sich Daumen und kleine Finger berührten. Die so hergestellte Kette sei geeignet, die Seele eines Verstorbenen herbeizurufen, wurde mir erklärt. Bei Erfolg werde sich der Tisch bewegen; ja, man habe sogar schon von einem Fall gehört, wo er mit Urgewalt emporgestiegen sei und einen über ihm hängenden Kristallüster beschädigt habe.

Obwohl mir kleinem Knirps die ganze Sache als Humbug erschien, machte ich doch mit. Natürlich geschah nicht das Geringste, und der Tisch blieb so stehen, wie ein Tisch eben zu stehen pflegt. Die Sitzung wurde beendet, und man erklärte mir die Unwirksamkeit der Kette mit meinem Unglauben. Ich entfernte mich so schnell wie möglich und beteiligte mich lieber an den Spielen meiner Altersgenossen. Für spiritistische Sitzungen war ich eben schon damals völlig ungeeignet.

Über die Schlittenfahrt nach Damen ist noch etwas zu berichten. Es betrifft die Rückfahrt nach Kieckow. Ich hatte von Miss Scandred die Erlaubnis bekommen, mich zu dem alten Kutscher auf den Bock zu setzen. Bei tiefer Dunkelheit verließen wir Damen. Die Kerzen in den beiden Seitenlaternen gaben nur wenig Licht. Die Chaussee führte über die Persante, die durch die Kreisstadt Belgard fließt und in Kolberg in die Ostsee mündet. Es war so dunkel, daß man kaum noch etwas sehen konnte. Der alte Kutscher ließ die Pferde trotzdem im zügigen Trab gehen, denn noch fuhren wir ja auf der festen Straße und konnten zumindest andeutungsweise die mächtigen Straßenbäume sehen. Die Stimmung einer solchen nächtlichen Fahrt mit dem Schellengeläut der trabenden Pferde ist unvergleichlich. Niemand sprach ein Wort. Vielleicht waren die dick vermummt hinter mir sitzenden Geschwister und Cousinen schon eingeschlafen.

Nach einigen Minuten bemerkte der Kutscher, man fahre heute nacht so gut, daß er eine Abkürzung nehmen wolle; der Feldweg über Muttrin sei um einige Kilometer kürzer. Erstaunlicherweise fand er auch gleich die Abfahrt von der Chaussee, doch hatte er offenbar nicht daran gedacht, daß dieser Feldweg keine Baumbegrenzung besaß. Die Pferde gingen nun im Schritt, und der alte Kutscher meinte, in solcher Lage dürfe man sie nicht mit dem Zügel stören, sondern müsse sie ganz ruhig ihren Weg selbst nehmen lassen.

Kaum hatte er das gesagt, als die Pferde vor uns plötzlich bis über den Bauch im Tiefschnee versanken. Der Schlitten neigte sich wie von Geisterhand bewegt im Zeitlupentempo zur Seite und entledigte sich seines Inhalts – fünf Kinder und zwei Erwachsene. Wir waren in einem tiefen, durch Schneeverwehungen unsichtbaren Graben gelandet. Der alte Kutscher ließ die Zügel nicht aus den Händen und redete in schönstem pommerschen Platt unentwegt beruhigend auf seine Pferde ein. Die Geschwister und Cousinen hinter mir quietschten vor Vergnügen. Nur Miss Scandreds Nerven waren der ungewohnten Lage nicht gewachsen: »Oh my God, oh my dear . . .« jammerte sie immerzu.

Das in solch verquerer Lage Notwendige ging dann in großer Ruhe vonstatten. Ich bekam vom Kutscher die Zügel in die Hand gedrückt, und der Alte spannte die beiden Pferde aus und führte sie auf den Weg zurück. Dann rief er mich zu sich. Ich hatte einige Mühe, mich durch den tiefen Schnee bis zu ihm vorzuarbeiten. Er übergab mir die Pferde und ging hinunter zu dem umgekippten Schlitten, um die Insassen aus ihrer bedauerlichen Lage zu befreien – steckten sie doch wie gefesselt in ihren Fußsäcken. Einen nach dem anderen brachte er wieder auf die Beine, zuerst die »English miss«, die immer noch schrecklich jammerte, obwohl sie keinerlei Schaden genommen hatte. Meine Schwester hatte sich inzwischen selbst befreit und half, die drei Kleinen zu bergen. Hans-Conrad und Ferdinande waren bald aus dem tiefen Graben befreit. Doch plötzlich durchfuhr uns ein Schreck: Die kleine Luitgarde fehlte! Wo war sie? Nach bangen Minuten und hektischem Hin- und Hergerufe in stockfinsterer Nacht hörte endlich jemand ein leises Wimmern. Das kleine Mädchen lag tatsächlich tief im Schnee auf der Sohle des Grabens. Welch ein Glück, daß er trocken war!

Jetzt galt es, den Schlitten nach oben auf den Weg zurückzubringen. Der alte Kutscher besorgte das ganz ohne unsere Hilfe. Er spannte die Pferde an die Deichsel, und unter lauten Anfeuerungsrufen zogen sie das schwere Gefährt aus dem Graben heraus. Währenddessen geschah etwas Wunderbares: Am Horizont ging der Mond auf. In seinem hellen Schein konnten wir die so jäh unterbrochene Reise durchnäßt, aber erleichtert fortsetzen.

In Kieckow hatte uns trotz unserer erheblichen Verspätung noch niemand vermißt. Ein Segen, daß es zwischen Kieckow und Damen »nach Dienstschluß« noch keine Telefonverbindung gab!

Stettiner Gesellschaft

Mein Großvater, Jürgen von Kleist-Retzow, in dritter Generation Königlich Preußischer Landrat im Kreis Belgard, starb im Jahre 1897 im Alter von nur dreiundvierzig Jahren nach elfjähriger glücklicher Ehe an einem Leiden, das heute für die ärztliche Kunst kein Problem mehr ist. Er hinterließ seine einunddreißig Jahre alte Frau, die er an ihrem neunzehnten Geburtstag geheiratet hatte, mit fünf unmündigen Kindern, zwei Jungen und drei Mädchen. Der Grundbesitz der Familie, die im Kreis Belgard gelegenen Güter Kieckow und Klein-Krössin, war verpachtet, und so zog Großmutter mit den Kindern nach Stettin, der pommerschen Provinzhauptstadt. Hier mietete sie in der Deutschen Straße eine Etagenwohnung.

In Belgard und Umgebung hatte sie Verwandte und Freunde im Überfluß; bis zu ihrem Tod im Jahre 1945 blieb sie dort »Frau Landrat« oder »Tante Ruth«. In Stettin aber kannte sie so gut wie niemanden. Doch von ihrem Vater hatte sie gelernt, wie man es anstellt, in einer fremden Stadt einen neuen Freundeskreis aufzubauen. Wo immer sie jemanden kennenlernte, der ihr gefiel, notierte sie sich Namen und Adresse, und ihre Kinder hielt sie an, das gleiche zu tun. Als genug Adressen beisammen waren, mietete sie für einen Tag eine Kutsche und einen Lohndiener und fuhr kreuz und quer durch die Stadt und ihre Vororte. Vor jedem in ihrem Adreßbuch vermerkten Haus ließ sie anhalten und den Diener zwei Visitenkarten abgeben – eine für die Hausfrau, die zweite für den Herrn Gemahl. In der Regel genügte das, um bald eingeladen zu werden.

Ihr Vater, mein Urgroßvater, fühlte sich verantwortlich für seine so früh verwitwete Tochter und ihre fünf Kinder. Gelegentlich kam er zu Besuch nach Stettin und half mit Rat und Tat. Für die älteste der drei Töchter, meine Mutter, wurde er zuerst tätig. Das schöne, attraktive und höchst temperamentvolle junge Mädchen mit seiner herausragenden Begabung für Musik sollte, so beschloß er insgeheim, einmal das einbringen, was der Kieckower Familie in seinen Augen fehlte: Vermögen, Reichtum, Geld.

Urgroßvater war damals Oberpräsident der Provinz Schlesien. Während Pommern bis auf wenige Ausnahmen eine karge Provinz war, blühte und gedieh das »Schlesier Land«. Der Ackerboden war um vieles ertragreicher als der pommersche, und Schlesien hatte eine prosperierende mittelständische Industrie und besaß vor allem erhebliche Bodenschätze. Urgroßvater liebte es, Empfänge, Diners und Bälle zu geben. Bei solchen Anlässen lernte man die Menschen, mit denen man etwas im Sinn hatte, kennen. Das erleichterte die Alltagsarbeit. So erhielt Mutter, seine damals achtzehnjährige Enkelin, ihre erste Einladung zu einem großen Fest mit Essen, Musik und Ball nach Breslau. Urgroßvater hatte die Liste der Eingeladenen selbst zusammengestellt und die Tischordnung festgelegt. Zum Tischherrn bekam Mutter den ältesten Sohn aus einer sehr begüterten gräflichen Familie.

Und so geschah, was der Urgroßvater vorprogrammiert hatte: Die beiden jungen Leute fanden sich durchaus sympathisch, genossen den Abend, und Mutter erlebte ihren ersten kleinen Flirt. Das wenige, was sie mir Jahrzehnte später über diesen Abend erzählte, betraf ihren eigenen Auftritt als angehende Pianistin, auch er vom Großvater geplant. Und begeistert erzählte sie mir, wie der Ball um Mitternacht unterbrochen wurde und eine Brigade von Kellnern aufmarschiert sei, um nach dem Ende eines Walzers den auf dem Parkett stehenden Tänzern in großen Terrinen heißes Sauerkraut und eiskalte Austern zu servieren. Eine solche Delikatesse hatte die junge Spes, wie Mutter mit Vornamen hieß, noch nie gegessen. Offenbar hatte sie einen eleganten und vergnüglichen Abend erlebt. Mehr nicht.

Am nächsten Tag war sie wieder in Stettin, saß am Flügel und übte die Zweite Ungarische Rhapsodie von Franz Liszt. Ihr erstes öffentliches Konzert, eine Wohltätigkeitsveranstaltung mit dem Orchester des Stettiner Opernhauses, stand bevor. Zwei oder drei Tage später klingelte es an Großmutters Wohnungstür. Der junge Kavalier aus Breslau, den Zylinderhut in der Hand, ließ sich melden und hielt um die Hand der ältesten Tochter an. Großmutter war völlig überrascht, denn diese hatte zwar von dem glanzvollen Abend und dem netten Tischherrn erzählt, aber nicht von einer innigeren Begegnung. Großmutter dankte also dem Antragsteller und bat um einen Tag Geduld, denn sie müsse zuerst mit ihrer Tochter sprechen.

Der so unerwartet erschienene Bewerber logierte im Hotel Preußenhof, das in Pommern eine gewisse Berühmtheit besaß, weil dort der junge Otto von Bismarck einen Brautwerbebrief an seinen späteren Schwiegervater von Puttkamer geschrieben hatte. In vierundzwanzig Stunden wollte der junge Graf wieder an Großmutters Wohnungstür klingeln.

Inzwischen saßen Mutter und Tochter zusammen, und das achtzehnjährige Mädchen stand zum erstenmal in seinem Leben vor einer so folgenschweren Entscheidung. Nach dem wenigen, was ich später darüber erfuhr, scheint Großmutter bei dem Gespräch sehr geschäftsmäßig gewesen zu sein. Eine bessere Partie, sagte sie, sei zur Zeit in Schlesien kaum zu finden. Selbst aus Schlesien stammend, könne sie das zweifellos beurteilen. Jedoch müsse ein wichtiger Punkt bedacht werden: Die Familie des potentiellen Bräutigams habe in ihren Adern jüdisches Blut; in der Ahnentafel von Spes finde sich solches nicht.

Mutter hat mir die Geschichte selbst erzählt. Ihre Mutter habe vom Verantwortungsbewußtsein in den uradligen Familien gesprochen. Es muß ein sehr ernstes Gespräch gewesen sein, und ich glaube, es sind dabei einige Tränen geflossen, vielleicht sogar auf beiden Seiten. Wie auch immer, der Entschluß wurde dann doch recht

Meine Mutter Spes Stahlberg, geb. von Kleist-Retzow, etwa 1912

Mein Vater Walter Stahlberg als Reserveoffizier im »Kürassier-Regiment Königin«, etwa 1909

schnell gefaßt. Am nächsten Tag erschien der junge Bewerber wie vereinbart bei Großmutter und holte sich, ohne die Hauptperson noch einmal gesehen zu haben, einen »Korb«. Womit die Sache erledigt war.

Doch in der gutbürgerlichen Stettiner Gesellschaft der Kaufleute, Reeder und Industriellen war Großmutter mit ihren drei attraktiven Töchtern zum Gesprächsthema geworden. Vor allem die beiden ältesten, Spes und Maria, sorgten für Bewegung am »Heiratsmarkt« – mit achtzehn beziehungsweise siebzehn Jahren galten junge Mädchen damals als »heiratsfähig«. Spes feierte mit Liszts Rhapsodie einen glänzenden Erfolg. Sie mußte sogar eine Zugabe spielen und wählte einen Walzer von Chopin. Anstelle eines Honorars wurde ihr im Auftrag Ihrer Majestät, der Kaiserin Auguste Viktoria, eine sehr edle handgemalte Kaffeetasse aus der Berliner Porzellanmanufaktur überreicht, die sich noch heute im Besitz unserer Familie befindet. Der Reeder Rudolf Christian Gribel, dessen Passagier- und Frachtschiffe damals von Stettin aus alle Ostseehäfen anliefen, lud sie ein, sein nächstes, auf der Stettiner Vulkan-Werft vom Stapel laufendes Schiff auf den Namen »Spes« zu taufen. Sie brauchte dabei nicht mehr zu tun, als in ihrem besten weißen Kleid auf der Taufkanzel zu erscheinen, eine Flasche Champagner an den Steven des Schiffes zu katapultieren und dabei laut und vernehmlich zu rufen: »Schiff, ich taufe Dich auf den Namen ›Spes‹!«

Und so begab es sich, daß eines Tages der junge Walter Stahlberg im Blickfeld der Familie auftauchte. Er war Besitzer der von seinem Großvater Paul-Julius Stahlberg ererbten, an der Oder gelegenen Ölfabrik. Außerdem war er das, was man früher eine »brillante Erscheinung« nannte. Schlank und hundertvierundneunzig Zentimeter groß, war er für junge Damen und ihre Mütter einfach unübersehbar. Und er war bereits Oberleutnant der Reserve bei einem der »feinsten« Kavallerie-Regimenter des Königreichs Preußen, den »Pasewalker Kürassieren«. Deren Chefin war schon die legendäre Königin Luise von Preußen gewesen, weshalb das Symbol des Regiments ein sehr dekoratives goldenes »L« mit der königlichen Krone war. Man nannte die »Pasewalker« deshalb die »Königin-Kürassiere«. Ihr Regimentsmarsch war der »Hohenfriedberger«, einer der schönsten alten Kavalleriemärsche.

Was dem gräflichen Bewerber aus Schlesien nicht gelungen war, gelang dem gutbürgerlichen Stettiner auf Anhieb. Je näher sich die beiden kennenlernten, desto mehr wurde es »die große Liebe«. Auch Großmutter war, wie sie mir später erzählte, entzückt, einen höchst liebenswerten, charmanten und noch dazu wohlhabenden Schwiegersohn zu bekommen. Zwar hatte er nicht das, was man damals »Familie« nannte, denn seine Eltern waren früh gestorben. Aber der Großvater des Bräutigams, Paul-Julius Stahlberg, hatte sich mit Fleiß und unternehmerischem Weitblick bis zum Rang eines Kommerzienrats hochgearbeitet.

Als Walter Stahlberg seine Verlobung mit der Kleist-Retzow-Tochter bekanntgab, meinten einige seiner Stettiner Freunde, er solle sich doch nun auch adeln lassen. Wenn genügend Geld und Vermögen vorhanden war, dann war dies im Königreich Preußen schon immer möglich gewesen. Doch er lehnte den Freundesrat entrüstet ab, denn er war stolz auf seinen bürgerlichen Namen. Und Mutter sagte mir später einmal, daß auch sie es als höchst stillos und peinlich empfunden hätte, sich dereinst »Frau von Stahlberg« nennen zu sollen. Darin waren sich die beiden Brautleute also einig.

Übrigens gab es im Kieckower Freundeskreis zu diesem Problem ein interessantes Gegenbeispiel. Der sehr angesehene Besitzer des Ritterguts Leckow im Nachbarkreis von Belgard mit dem alten Namen von Cleve hatte Ende des neunzehnten Jahrhunderts an den Kaiser in seiner Eigenschaft als König von Preußen einen Brief geschrieben und darum gebeten, sein Adelsprädikat ablegen zu dürfen, weil er sich keine außerordentlichen Verdienste zuschreiben könne, die die Aufrechterhaltung seiner Nobilitierung rechtfertigen würden. Der Kaiser hatte dem Wunsch entsprochen, und dieser Zweig der Familie hieß fortan schlicht Cleve.

In Stettin gaben die Freunde Walter Stahlbergs dem jungen Bräutigam wenige Tage vor seiner Hochzeit ein Essen zum Abschied vom Junggesellentum. Sie nannten das einen »Ehrenpraß«, dem sich mein Vater, dem ein aufwendiger Lebensstil verhaßt war, nicht entziehen konnte. Aus dem Nachlaß des damaligen Direktors der Stettiner Vulkan-Werft, Paul Stahl, hat mir dessen Familie die Menükarte dieses Abends geschenkt. Zehn Gänge waren von den Teilnehmern zu bewältigen. Dazu gab es Champagner und nicht weniger als sechs Sorten französischer Weine, darunter zum Dessert 1883er Château d'Yquem, die absolute Spitze französischer Weißweine. Eine Musikkapelle intonierte Salonmusik, von Richard Wagner bis zur seichten Operette. Die Speisenfolge scheint nach heutigen Vorstellungen fast kurios:

Holländische Austern
Welsh rarebits
–
Klare Schildkrötensuppe
–
Southdown Hammelrücken
mit Gemüse umlegt
–
Filet von Seezungen
mit frischen Edelpilzen
–
Böhmischer Fasan und Wachteln
Salat
–
Parfait von Gänseleber
–
Artischocken, Sauce Mousseline
Bleichsellerie mit Rindermark
–
Pfirsich à la Melba
–
Käse und Butter
–
Nachtisch

Zum 26. Oktober 1908, dem fünfunddreißigsten Geburtstag ihres ersten Schwiegersohns, lud Großmutter nach Stettin zur Hochzeit ein. Die Trauung fand in der schlichten Kapelle des Evangelischen Diakonie-Krankenhauses Bethanien statt. Der Bräutigam trug die prachtvolle weiße Uniform der Pasewalker Kürassiere. Stettins Superintendent Salzwedel vollzog die Eheschließung. Die Verwandtschaft der Braut, angeführt von Großvater Zedlitz-Trützschler, dem ehemaligen preußischen Kultusminister, war in hellen Scharen erschienen. Von der Seite des Bräutigams kamen nur die Stettiner Freunde. Walter Stahlberg hatte eben keine »Familie«. Im Hotel Preußenhof gab es Kieckower Rehrücken, und das junge Paar trat bald darauf seine Hochzeitsreise nach Venedig an.

Und doch wurde es keine glückliche Ehe. Sie hielt nicht einmal die berühmten »sieben Jahre«. Mir scheint, daß der Kriegsausbruch 1914 mit der Einberufung meines Vaters zum Militär die Trennung der Eltern fast erleichtert hat. Die endgültige richterliche Scheidung ging – welch ein Unding – durch drei Instanzen. Die erste »gewann« Mutter, die zweite Vater. Erst im Jahre 1922 erklärte das Reichsgericht in Leipzig die Ehe endgültig für geschieden.

Eine Reise nach Berlin

In Kriegszeiten mache man eigentlich keine Reise, sagte Mutter. Doch sie hatte eine gerichtliche Vorladung erhalten; als Zeugin sollte sie in Berlin im Strafverfahren »gegen Alfred Nöll« aussagen.

Wer war dieser Alfred Nöll? Was hatte er Böses getan? Da Mutter im Zuge der Ermittlungen bereits vor dem Amtsgericht in Belgard gehört worden war, konnte sie uns die Vorgeschichte erzählen: Alfred Nöll war ein »Berufsverbrecher«. Zusammen mit mehreren Kumpanen war er kurz nach Kriegsbeginn in die unbewohnte Villa unserer Eltern in Stettin-Neuwestend eingebrochen. Was sie in dem verlassenen Haus vorgefunden hatten, war offenbar so verlockend gewesen, daß sie dort nicht nur eine Nacht verbracht, sondern sich fast eine Woche lang aufgehalten und an Eingemachtem, vor allem aber am Weinkeller gütlich getan hatten. Schließlich hatten sie das Tafelsilber mitgehen lassen, wohlverwahrt in einem soliden Mahagoni-Kasten. Der Silberkasten war gefunden worden, und Frau Stahlberg war nun nach Berlin geladen worden, um den Kasten samt Inhalt in der Hauptverhandlung gegen den inzwischen gefaßten Führer der Bande zu identifizieren.

Mutter nahm meine Schwester und mich auf ihre Reise mit. Wir sollten bei der Urgroßmutter in Charlottenburg logieren, deren Wohnung in der Bismarckstraße 67, Ecke Schloßstraße, groß genug für drei Gäste war. Es sei ohnehin geboten, erklärte Mutter, der alten Urgroßmutter einen Besuch abzustatten.

In Berlin kamen meine Schwester und ich aus dem Staunen nicht heraus. Alles war anders als in Kieckow. Urgroßmutter wohnte nicht in einem eigenen Haus, sondern in einer Stadtwohnung. Am Hauseingang war ein weißes Emailleschild befestigt: »Eingang nur für Herrschaften!« Mutter drückte auf einen Klingelknopf neben der Haustür, worauf es merkwürdig knarrte. Kaum standen wir in dem prächtig ausgestatteten Foyer, als aus einer Tür neben dem Fahrstuhl eine Frau erschien, die in mürrischem Ton von Mutter zu wissen begehrte, wohin wir wollten. Wahrscheinlich war sie angesichts der vielen Lebensmittelpakete, die wir mit uns schleppten, mißtrauisch geworden. Erst als Mutter erwiderte, wir wollten zur Gräfin Zedlitz, bekam ihre Stimme einen freundlicheren Klang; ja, sie schloß uns sogar die Fahrstuhltür auf, obwohl Urgroßmutter doch nur im Hochparterre wohnte.

Im »HP«, wie es im Fahrstuhl hieß, angekommen, standen wir zum zweitenmal vor einer verschlossenen Tür. In Kieckow waren die Türen bei Tage nie verschlossen! Diesmal öffnete uns ein livrierter Diener, den Mutter wie einen alten Bekannten begrüßte. Friedrich hieß er. Obwohl vom Alter gebückt, war er eine eindrucksvolle Erscheinung. Vor allem sein schneeweißer Bart, wundervoll gepflegt und gezwirbelt, nötigte mir sofort besonderen Respekt ab. Friedrich sprach so leise, als dürfe kein Ungebetener mithören.

»Ihre Exzellenz wartet schon auf die gnädige Frau«, sagte er, führte uns aber zuerst in die Gästezimmer. Nach wenigen Minuten klopfte er an: »Exzellenz läßt bitten.«

Urgroßmutter saß in ihrem Rollstuhl. Sie trug ein schwarzes Kleid mit hohem Kragen, ihren Kopf zierte ein schwarzes Spitzenhäubchen. Niemals habe ich sie später anders gekleidet gesehen. Ja, sie sah wirklich aus wie eine Urgroßmutter, und ich hatte, anders als bei den sonstigen Begrüßungszeremonien, die man uns gelehrt hatte, keine Hemmung, ihr die Hand zu küssen. Wie zum Lohn strich sie mir liebevoll über den Kopf.

Schweigend hörten meine Schwester und ich zu, was Urgroßmutter alles von Mutter wissen wollte. Für jeden einzelnen Kieckower schien sie sich zu interessieren. Plötzlich erscholl von der Bismarckstraße her ein Trompetensignal. Mit dem Ruf »Der Kaiser!« sprang Mutter auf und eilte ans Fenster, meine Schwester und ich ihr nach. Zwei große Automobile rollten stadtauswärts an uns vorbei, und Mutter rief: »Im zweiten Wagen sitzt er!« Tatsächlich: Für ein paar Sekunden sahen wir den Kaiser. Er trug einen feldgrauen Umhang, auf dem Kopf saß die preußische Pickelhaube, auch sie mit feldgrauem Stoff bezogen.

Mutter erklärte uns das Fanfarensignal, das ein vorausfahrender Trompeter stets blies, um die Straße für den Kaiser frei zu machen:

Die Berliner würden dieses Signal mit den Worten begleiten:

Der Kai-ser kommt!

oder, bei mehrfacher Wiederholung:

Der Kai-ser ist
bald hier, bald da!

Nun wollte ich natürlich wissen, warum denn der Kaiser nicht im Felde, sondern in Berlin sei. Die Antwort blieb Mutter mir schuldig, aber Urgroßmutter wußte es genau: Der Kaiser müsse nicht nur Krieg führen, sondern auch zu Hause regieren. Das schien plausibel. Doch Mutter konnte sich eine Spitze nicht verkneifen, und zum erstenmal hörte ich das böse Wort vom »Reisekaiser«, das offenbar weitverbreitet war. Urgroßmutter schimpfte, so dürfe man nicht über den Kaiser sprechen.

Dann erinnerte sich Urgroßmutter einer Begebenheit, die sie in späteren Jahren noch öfter erzählen sollte. Sie betraf die Verleihung des Schwarzen Adlerordens, des höchsten preußischen Ordens, an den Urgroßvater. Urgroßmutter hatte die prachtvolle Feier der Investition im Weißen Saal des kaiserlichen Schlosses in Berlin miterlebt. Der Urgroßvater sei in seinem langen Mantel aus rotem Samt der Stattlichste aller zum Ritter Geschlagenen gewesen. Doch sei dem Protokoll ein unverzeihlicher Fehler unterlaufen. Die Kandidaten seien paarweise aufgerufen worden, und man habe den Urgroßvater, den größten der Geehrten, zusammen mit dem Historienmaler Adolph von Menzel, dem kleinsten, vor den königlichen Thron treten lassen. Menzel sei gewiß ein wunderbarer Künstler, aber von Wuchs doch fast ein Zwerg gewesen. Urgroßmutter vermutete dahinter ein Intrigenspiel der »Kamarilla«, der so umstrittenen Clique am Kaiserhof.

Ihre Majestät und Friedrich, der Diener

Es sei erst wenige Wochen her, erzählte Urgroßmutter, daß Ihre Majestät, die Kaiserin Auguste Viktoria, zu einer Teestunde bei ihr gewesen sei. Das sei natürlich eine hohe Ehre für sie gewesen, doch habe es ein großes Mißgeschick gegeben: Die Kaiserin sei zusammen mit Friedrich, dem Diener, im Fahrstuhl steckengeblieben. Urgroßmutter nahm eine kleine silberne Tischklingel und läutete kurz.

Sofort erschien Friedrich, und Urgroßmutter bat ihn, er möge uns von dem Vorfall mit Ihrer Majestät berichten. Friedrich tat das mit offensichtlichem Vergnügen, denn ohne Zweifel war sein Erlebnis ein Höhepunkt seines bisherigen Dienerdaseins.

Da Ihre Exzellenz doch an den Rollstuhl gefesselt sei, so begann Friedrich seine Geschichte, sei er, angetan mit seiner besten Livree und weißen Handschuhen, auf die Straße gegangen und habe an der Ecke Bismarckstraße/Schloßstraße Posten bezogen. Sofort habe sich ein Menschenauflauf gebildet, wohl neugierig geworden wegen seiner guten Livree mit den goldenen Knöpfen. Auf die Minute genau zur angekündigten Zeit sei dann das große Auto mit Ihrer Majestät eingetroffen und habe exakt vor ihm angehalten. Ihre Majestät sei sehr gnädig gewesen und habe ihm die Hand gegeben. Auf dem Weg zum Hauseingang seien sie durch ein Spalier von Menschen gegangen. Die Männer hätten den Hut gezogen, und einige Damen hätten sogar einen Knicks gemacht. Die Portiersfrau habe die Tür aufgehalten, auch die Fahrstuhltür habe schon offengestanden, und soweit sei alles gutgegangen.

Aber eine Stunde später, nachdem Ihre Majestät sich bei Ihrer Exzellenz verabschiedet habe, sei es dann schlimm gekommen. Wieder habe er Ihre Majestät in den Fahrstuhl begleitet. Doch gleich nachdem das Ding auf seinen Knopfdruck hin angefahren sei, habe es ein merkwürdiges Geräusch gegeben, und der Fahrstuhl sei stehengeblieben. Nichts habe sich mehr bewegt. Die Portiersfrau habe als erste gemerkt, daß Ihre Majestät steckengeblieben war. Sie habe sofort die Feuerwehr benachrichtigt. Doch deren Erscheinen habe eine Ewigkeit gedauert, obwohl die neue Wache in der Suarezstraße nur wenige hundert Meter entfernt sei. Nun gab es in der Fahrstuhlkabine ein gepolstertes Sitzbrett. Friedrich berichtete weiter, er habe Ihre Majestät darauf aufmerksam gemacht, und sie habe auch Platz genommen. Nach einiger Zeit habe sie ihn gebeten, sich neben sie zu setzen, was er entschieden abgelehnt habe. Darauf habe die Kaiserin gefragt, wie alt er denn sei. Er habe wahrheitsgemäß geantwortet, woraufhin Ihre Majestät bemerkt habe, dann müsse er doch den letzten Krieg gegen Frankreich mitgemacht haben. Kaum habe er

Kaiserin Auguste Viktoria, Gemahlin Kaiser Wilhelms II., im Jahre 1916

das bestätigt, habe Ihre Majestät ihm den ausdrücklichen Befehl gegeben, sich neben sie zu setzen. Sehr widerstrebend habe er sich daraufhin auf der äußersten Kante des Sitzes niedergelassen. Das sei ihm sehr peinlich gewesen, denn Ihre Majestät habe doch mehr als die Hälfte des Bretts für sich benötigt.

Endlich sei dann die Glocke der Feuerwehr zu hören gewesen, und bald seien zahlreiche Feuerwehrleute im Treppenhaus erschienen. Auch ein hoher Polizist aus dem gegenüberliegenden Charlottenburger Polizeipräsidium habe sich »gehorsamst« zur Stelle gemeldet. Es habe noch eine ganze Zeit gedauert, bis der Fahrstuhl endlich vom Keller aus in zahllosen kurzen Rucken bis ins Parterre bewegt worden sei. Dieses Gerucke sei ihm so peinlich gewesen, daß er beschlossen habe, sich entgegen dem Befehl Ihrer Majestät wieder zu erheben und den Rest der Zeit stehend zu verbringen.

Draußen vor dem Haus sei inzwischen eine riesige Menschenmenge versammelt gewesen, wie man es immer erlebe, wenn in Berlin die Feuerwehr im Einsatz sei. Der ganze Sophie-Charlotte-Platz sei abgesperrt und alles sei sehr aufgeregt gewesen. Als er sich bei Ihrer Majestät zum Abschied für das große Mißgeschick habe entschuldigen wollen, da habe sie ihm erneut die Hand gereicht und erwidert, für sie sei das ein wundervolles Erlebnis gewesen.

Alfred Nöll, der Berufsverbrecher

An einem der folgenden Tage fuhr Mutter mit einer Pferdedroschke nach Moabit, um in der Sache gegen Alfred Nöll vor Gericht auszusagen. Leider durften wir sie nicht begleiten. Das sei nichts für Kinder, erklärte Mutter, und damit basta! Aber unvergeßlich ist mir Mutters Bericht über die Gerichtsverhandlung. An zwei Polizisten gefesselt, habe der Angeklagte den Gerichtssaal betreten. Ein gutaussehender Mann sei er gewesen. Ja, sie habe sogar ganz spontan ein wenig Sympathie für ihn empfunden. Sie sei als erste Zeugin aufgerufen worden. Auf dem Richtertisch habe der Stahlbergsche Mahagoni-Silberkasten gestanden, dessen Politur ganz offensichtlich gelitten habe. Dann habe sie vortreten müssen, um das vermißte Silber zu beschreiben. Da alle Stücke graviert gewesen seien, habe ihr die Identifizierung nicht die geringsten Schwierigkeiten bereitet, und der Zweck ihrer Reise nach Berlin sei eigentlich erfüllt gewesen.

Doch der Richter habe erklärt, die Zeugin könne Platz nehmen und dem weiteren Verlauf der Verhandlung zuhören.

Natürlich machte Mutter von dem Angebot Gebrauch, war es doch das erste Strafverfahren, das sie miterlebte. Alfred Nöll entpuppte sich als ein vielfach vorbestrafter Ganove, sozusagen mit allen Wassern gewaschen. Aber je mehr von seinen Verbrechen in der Verhandlung zutage trat, desto mehr imponierte der Mann meiner Mutter. Nöll war wohl so etwas wie eine »Führerpersönlichkeit«, jedenfalls in seinem Milieu. Mit Stolz bekannte er sich zu seinen Taten, und gerade das war es, was Mutter beeindruckte. Er hatte nicht nur alle möglichen Verbrechen begangen, sondern er war auch ein Ausbrecherkönig. Am abenteuerlichsten war wohl die Geschichte, wie er in der Gefängniszelle einen Löffel verschluckte. Die darauf einsetzenden Magenschmerzen waren also nicht simuliert, so daß Nöll in ein Krankenhaus gebracht wurde, wo die Ärzte auf dem Wege einer Operation den Löffel wieder ans Tageslicht beförderten. Die Zeit der Rekonvaleszenz benutzte der Patient dazu, unter Einsatz aller Register seines männlichen Charmes die Krankenschwestern für sich einzunehmen, so daß ihm, noch bevor die Operationsfäden gezogen waren, der Ausbruch aus dem Krankenhaus gelang. Mutter war tief beeindruckt von diesem Mann!

Aber zurück zum Stahlbergschen Silberkasten: Wie und wo war er gefunden worden? Alfred Nöll hatte ihn, als Reisegepäck getarnt, von Stettin nach Berlin befördert. Dort hatte er ihn auf geradezu geniale Weise versteckt. Auf einem der berühmtesten Plätze der Stadt, dem Gendarmenmarkt, war der Bau der Untergrundbahn bei Kriegsbeginn 1914 unterbrochen worden. Große Sandaufwürfe bedeckten einen Teil des Platzes, und die gesamte Baustelle war mit einem Bretterzaun umgeben. Als Nöll im Zuge der polizeilichen Vernehmungen erkannt hatte, daß sein Spiel verloren war, führte er die Kriminalbeamten zum Gendarmenmarkt und zeigte ihnen die Bretter des Zaunes, die sie zu entfernen hatten. Tief im Sand vergraben lag der schöne Mahagonikasten samt Inhalt. Alfred Nöll hatte allen Grund, stolz zu sein.

Als Mutter vom Ende der Gerichtsverhandlung berichtete, erschraken wir. Und je mehr die Familie, auch später in Kieckow, ihr Erstaunen zum Ausdruck brachte, desto häufiger und ausführlicher berichtete Mutter davon. Ja, sie gefiel sich wohl sogar in ihrer Rolle. Das Gericht hatte bereits die Beweisaufnahme für geschlossen erklärt, als die Zeugin Spes Stahlberg sich von der Zuhörerbank erhob, zum Richtertisch schritt und dem Gericht erklärte, sie wünsche noch etwas zu sagen. Der vorsitzende Richter ließ sie gewähren, und Mutter setzte zu einer Art Plädoyer an: Sie halte den Alfred Nöll im Grunde für einen anständigen Menschen. Ohne Zweifel müsse er für seine Tat bestraft werden, aber sie halte ihn für besserungsfähig und bitte um eine milde Strafe für ihn. Darüber hinaus wünsche sie zu erklären, daß sie bereit sei, den Angeklagten nach Verbüßung seiner zu erwartenden Haftstrafe als Bediensteten in ihrem Haus aufzunehmen. Und zu Nöll gewandt sagte sie, er möge ihr, sooft er wolle, brieflich mitteilen, wie es ihm gehe, ja, sie wünsche sich ihn dereinst als »Silberdiener« in ihrem Hause!

Da die Beweisaufnahme bereits geschlossen war, nehme ich nicht an, daß Mutters Worte in das Gerichtsprotokoll Eingang gefunden haben. Auch weiß ich nichts über die Reaktion des Gerichts. Doch hat Mutter des öfteren erwähnt, Alfred Nöll habe ihr wieder einen Brief geschrieben. Wir alle waren froh, daß es nicht zu einem Engagement Nölls gekommen ist. Welch ein Glück, daß Mutter gar nicht in der Lage war, einen Diener zu halten!

Berliner Sehenswürdigkeiten

Urgroßmutter hatte Mutter gebeten, noch ein paar Tage länger in Berlin zu bleiben. Was hätte es für uns Kinder Schöneres geben können! Tag für Tag erlebten wir Neues und Aufregendes. Einmal hatte sich Urgroßmutter von mir in ein anderes Zimmer schieben lassen. Dort stand auf einem kleinen runden Tisch etwas mir völlig Unbekanntes: ein Grammophon! Es hatte einen herrlichen, riesengroßen

Schalltrichter. Urgroßmutter wies mich an, das Gerät mit der Kurbel aufzuziehen und eine neue Nadel in den Tonabnehmer einzuschrauben. Dann wählte sie Platten aus, die ich auflegen durfte. Ich lauschte fasziniert. Zum erstenmal hörte ich Enrico Caruso, den weltberühmten italienischen Tenor, und Fedor Schaljapin, den großen russischen Bassisten. Urgroßmutter hatte beide zusammen in der Königlichen Oper Unter den Linden gehört. Als ich Platten mit den großartigen Arien von Verdi und Puccini auflegte, kamen ihr die Tränen. Für mich war es die erste Begegnung mit der großen Konzert- und Opernmusik.

Eines Tages fuhr Mutter mit meiner Schwester und mir »in die Stadt«. Das sagte man damals, wenn man von Charlottenburg nach Berlin fuhr. Wir nahmen die »Elektrische«. So nannte man eine Straßenbahn, die nicht von Pferden gezogen wurde. Die Linie »75« verkehrte zwischen Berlin und Spandau und hielt direkt vor unserer Haustür. Mit ihr fuhren wir bis zur Kreuzung Charlottenburger Chaussee/Siegesallee, der letzten Haltestelle vor dem Brandenburger Tor.

An der Siegesallee standen keine Häuser; sie war ausschließlich von weißen Marmorstatuen aller brandenburgischen Kurfürsten und preußischen Könige gesäumt. An ihrem Nordende stand die Siegessäule mit den vergoldeten Kanonenrohren der in den deutschen Einigungskriegen von 1866 und 1870/71 eroberten Geschütze. Sie war damals übrigens niedriger als heute. Ihre heutige Höhe verdankt sie dem Größenwahn Hitlers, der ihr auch ihren heutigen Platz auf dem Großen Stern zuwies.

Damals also bestaunten Mutter und wir Kinder noch die »alte« Siegessäule. An ihrer Südseite entdeckten wir ein sehr merkwürdiges Denkmal – eine riesige, martialisch wirkende Statue des Generalfeldmarschalls Paul von Hindenburg. Der Oberste Feldherr des Krieges stand in der Achse der Siegesallee, als beabsichtige er, die marmorne Front der brandenburgischen und preußischen Herrscher zu inspizieren. Die Statue war aber nicht aus Marmor, sondern aus – Holz! Noch war dieses ungewöhnliche Kunstwerk offenbar nicht vollendet, denn es war vom Kopf bis zu den Füßen von einem

Gerüst umgeben. Erst als wir uns näherten, kamen wir der Sache auf den Grund: Auf einem großen Schild war zu lesen, das Publikum sei eingeladen, einen oder mehrere Nägel als Spende zur Finanzierung des Krieges käuflich zu erwerben und eigenhändig in den hölzernen Hindenburg einzuschlagen. Im Angebot waren die verschiedensten Nägel - kleine, mittlere und große, billige und sehr teure, schwarze, graue, silberne und sogar goldene, vermutlich für die Generalsknöpfe an Hindenburgs Mantel oder für die Orden am Halse des großen Feldherrn.

Mutter war entsetzt und wollte weitergehen. Wir Kinder aber waren begeistert und bettelten so lange, bis Mutter jedem von uns einen Nagel der billigsten Sorte spendierte. Leider durften wir unsere Nägel nur in den Saum von Hindenburgs Mantel einschlagen.

Von der Siegessäule aus gingen wir zum Bismarck-Denkmal. Wie der hölzerne Hindenburg stand auch Bismarck mit dem Rücken zur Siegessäule. Er blickte auf den Reichstag, und er war nicht aus Holz, sondern, wie es sich für ein richtiges Denkmal gehört, aus Bronze. Hinter ihm stand, ebenfalls aus Bronze, ein bärenstarker, halbnackter Schmied an seinem Amboß, der mit kühnem Hammerschwung ein Schwert schmiedete. Wir kannten das aus der Dorfschmiede in Kieckow, nur daß der Kieckower Schmied bekleidet war - wegen des Funkenflugs. Und natürlich wurden in Kieckow keine Schwerter gefertigt.

Dann kamen wir zum Brandenburger Tor. Meine Schwester und ich wären gerne mitten hindurchgegangen, doch Mutter erklärte uns, die mittlere Durchfahrt sei allein dem Kaiser vorbehalten. Das leuchtete uns ein. Hinter dem Brandenburger Tor, am Pariser Platz, begann die Bebauung. Über viele Gebäude wußte Mutter genau Bescheid. Da war das Haus des großen Malers Max Liebermann, da waren die französische und amerikanische Botschaft, die Preußische Akademie der Künste und das Hotel Adlon, in dem die Eltern einmal abgestiegen waren. Wir kreuzten die Wilhelmstraße und wechselten auf die Südseite der Prachtstraße Unter den Linden, auf der aber, wie wir erstaunt feststellten, gar keine Linden, sondern Platanen standen. Nach wenigen Metern blieb Mutter vor einem un-

Der »Eiserne Hindenburg« vor dem Reichstagsgebäude in Berlin im Kriegsjahr 1915. In die aus Holz gefertigte Statue wurden Tausende von Nägeln eingeschlagen, deren Erwerb als Beitrag zur Finanzierung des Krieges gedacht war.

scheinbaren alten Gebäude stehen. Hier habe unser Urgroßvater seinen Dienstsitz gehabt, erklärte sie uns. Wir standen vor dem Preußischen Kultusministerium. Gleich nebenan war die russische Botschaft.

Kurz vor der Kreuzung Friedrichstraße führte uns Mutter in das »Panoptikum«, das Berliner Wachsfigurenkabinett. Ehrfürchtig standen wir den Kaisern, Königen und Präsidenten aus aller Welt gegenüber. Doch noch aufregender fanden wir die berühmtesten Kapitalverbrecher. Alfred Nöll suchten wir vergebens, so weit hatte er es also noch nicht gebracht. Vom Panoptikum waren es nur wenige Schritte bis zum Gendarmenmarkt mit den beiden eindrucksvollen Zwillingskirchen, dem Deutschen und dem Französischen Dom, und dazwischen - welch preußische Kuriosität! - dem Großen Schauspielhaus. Natürlich interessierte sich Mutter für die Baustelle, an der Alfred Nöll unser Silber vergraben hatte. Aber sie fand die Einstiegsstelle im Zaun nicht. Durch die Friedrichstraße, »Berlins Hauptgeschäftsstraße«, wie Mutter bemerkte, ging es dann weiter zur Leipziger Straße, wo wir unseren Stadtrundgang im Restaurant Kempinski unterbrachen. Das kriegsbedingt einfache Mittagessen schmeckte uns ausgezeichnet, denn die karge Kieckower Küche hatte uns nicht verwöhnt.

Das Palais des Barons Vernezobre

Nach dem Essen setzten wir unseren Rundgang durch das alte Berlin fort und gelangten in die Wilhelmstraße. Hier blieb Mutter plötzlich vor einem palastartigen Gebäude stehen und bemerkte, der Bauherr dieses Hauses, ein Hugenotte namens Baron Vernezobre de Laurieux, sei unser Vorfahr. Er habe das Haus im achtzehnten Jahrhundert gebaut, um eine seiner Töchter freizukaufen.

Das klang so, als ob diese Tochter in Haft oder Gefangenschaft gewesen sei. Nein, sagte Mutter, das sei nicht der Fall gewesen, aber der damalige König von Preußen, Friedrich Wilhelm I., sei so kühn gewesen, den Lebensweg des jungen Mädchens nach seinen Wünschen bestimmen zu wollen. In der Familie bestehe sogar der Verdacht, daß der junge Offizier, dessen Verehelichung mit der Baronesse Vernezobre der König wünschte, in Wirklichkeit nur ein »Strohmann« gewesen sei, hinter dem sich das höchsteigene Begehren des Königs verborgen habe. Eine schlimme, eine haarsträubende Geschichte sei das gewesen.

Wir verstanden das immer noch nicht. Wie sollten wir auch eine so mysteriöse Andeutung verstehen. Mutter erwähnte ein Theaterstück von Charlotte Bircher-Pfeiffer mit dem Titel »Wie man Häuser baut«, das vor Jahren in einem Berliner Boulevardtheater mit großem Erfolg aufgeführt worden sei. Das Stück sei frech und lustig, und da sein Inhalt eine Anspielung auf eben diese Geschichte der Familie Vernezobre sei, hätten sie es auf der Goldenen Hochzeit unserer Urgroßeltern Zedlitz am 24. Oktober 1912 in Großenborau aufgeführt. Denn die Mutter des Urgroßvaters sei doch »die schöne Ulrike« Vernezobre gewesen.

Damit beendete Mutter dieses Thema und meinte, wir würden das alles erfahren, wenn wir erst größer seien. Ich habe später Jahre hindurch versucht, dieser von Mutter nur andeutungsweise erzählten Geschichte auf den Grund zu gehen. Schließlich verdanke ich es einem Hinweis des Grafen Karl C. von Rothkirch-Trach, daß mir eine Dokumentation über die Entstehung des Palais Vernezobre in die Hände fiel.* Im Zuge weiterer Nachforschungen stieß ich in der Berliner Staatsbibliothek auf ein Werk von Hugo Rachel und Paul Wallich über Berliner »Großkaufleute«.** Auf beide Werke stützt sich die folgende Darstellung.

Die Vorgeschichte des Palais ist reichlich abenteuerlich. Allein die Wahl des Grundstücks, das damals, in der ersten Hälfte des acht-

* Johannes Sievers, *Bauten für die Prinzen August, Friedrich und Albrecht von Preußen,* Berlin 1954

** Hugo Rachel und Paul Wallich, *Berliner Großkaufleute und Kapitalisten,* 2. Band: Die Zeit des Merkantilismus 1648–1806, Berlin 1938, S. 89ff.

zehnten Jahrhunderts, im südlichen Teil der Wilhelmstraße recht weit von den Wohnsitzen der vornehmen Welt entfernt lag, ist erstaunlich. Die Wilhelmstraße war eine persönliche Schöpfung König Friedrich Wilhelms I., dem bei aller Sparsamkeit eine möglichst glänzende Entwicklung seiner Residenz- und Landeshauptstadt am Herzen lag. Am Ende seiner Regierungszeit (1740) sah er seine Pläne insofern erfüllt, als sich im nördlichen Teil der Wilhelmstraße, zwischen der damaligen Potsdamer (und späteren Leipziger) Straße und der Straße Unter den Linden, eine Reihe wohlhabender Privatleute angesiedelt hatte. Um so kleinbürgerlicher sah es im südlichen, sich jenseits der Potsdamer Straße fortsetzenden Teil aus. Es mußten ganz und gar außergewöhnliche Voraussetzungen bestehen, um dort zwischen den kleinen Katen der meist böhmischen Weber, Gärtner und Viehmäster ein Haus oder gar ein stattliches Palais zu erbauen.

Im Mittelpunkt der Geschichte vom Palais Vernezobre steht neben dem zielbewußten König Friedrich Wilhelm I. die höchst merkwürdige Gestalt des Bauherrn, dessen pompöser Name François Matthieu Baron Vernezobre de Laurieux auf ein Mitglied des ältesten französischen Adels schließen läßt. Das aber war keineswegs der Fall. Infolge der 1685 verfügten Aufhebung des Edikts von Nantes, das seit 1598 den Reformierten in Frankreich die bürgerliche Gleichstellung mit den Katholiken und eine wenn auch beschränkte Glaubensfreiheit gewährte, waren die drei Söhne eines Kaufmanns aus Villemagne im Languedoc mit dem bürgerlichen Namen Salomon Vernezobre nach England, Amerika und - der jüngste, Matthieu - nach Preußen ausgewandert. Seit 1688 mit einer Emigrantin namens Anne Fournier verheiratet, ließ er sich in Königsberg als Seidenhändler nieder. Dort wurde ihm 1690 ein Sohn, François Matthieu, geboren. Auch er wurde Kaufmann. Doch offenbar gingen die Seidengeschäfte in Königsberg nicht mehr zu seiner Zufriedenheit, weshalb er sich entschloß, mit seiner Familie nach Frankreich zurückzukehren. In Paris trat er in das Bankgeschäft des Franzosen schottischer Herkunft John Law (1671-1729) ein, eines Wirtschaftstheoretikers und genialen Spekulanten. François Matthieu scheint in einen Aktienschwindel verwickelt gewesen zu sein. Bevor dieser 1721 aufflog, hat er sich heimlich aus Paris entfernt. Die Herkunft des Vermögens, das er 1720 nach Berlin mitbrachte, blieb stets im dunkeln. Es wurde auf eine halbe bis eine Million Taler geschätzt.

In Berlin kaufte sich François Matthieu das Haus Burgstraße 25, auf dessen Boden später die Berliner Börse errichtet wurde. 1721 erwarb er das Rittergut Hohenfinow an der Oder und das Gut Tornow für zusammen 90000 Taler. In den folgenden Jahren erwarb er das Gut Sommerfelde für 4000 Taler, das Rittergut Polssen in der Uckermark für 50000 Taler sowie die Güter Krieschow, Briesen, Brahmow und Milckersdorf. Keines dieser Güter bewirtschaftete er selbst, sondern er verpachtete sie zu stetig steigendem Pachtzins. Seine Aktivitäten brachten ihm und seiner Ehefrau Marie Henriette, einer Cousine, die er schon in Paris geheiratet hatte, mancherlei Ehrungen. König Friedrich Wilhelm I. erhob ihn und seine Familie am 7. Januar 1721 in den erblichen Freiherrnstand und verlieh ihm den »Ordre de la Générosité«.

Unannehmlichkeiten erwuchsen dem preußischen Freiherrn jedoch aus einem Betrag von 5000 Talern, den er im Jahre 1730 dem Kronprinzen Friedrich kurz vor dessen gescheiterter Flucht vor seinem Vater geliehen hatte. Der König ließ ihm den Wechsel abfordern und ihn in Hohenfinow militärisch bewachen. Es gelang ihm jedoch zu beweisen, daß er von dem Fluchtplan des Kronprinzen nichts gewußt hatte. Als der Kronprinz 1740 als Friedrich II. die Nachfolge seines strengen Vaters antrat, zahlte er den »Vorschuß« zuzüglich aufgelaufener Zinsen - insgesamt 9500 Taler - zurück, allerdings erst im Jahre 1748.

Ohne Zweifel hatten sich die Erwartungen Friedrich Wilhelms I., in Vernezobre einen überaus reichen und zahlungskräftigen Untertan zu gewinnen, erfüllt. Aber die Wünsche des Königs gingen weiter: Er wollte das große Vermögen des neuen Freiherrn auch Personen seines Wohlwollens zuteil werden lassen, und zu diesen zählten vor allem die wenig begüterten Offiziere seiner Armee. So erreichte im November 1736 den ahnungslosen Vernezobre ein Schreiben seines Landesvaters, das den Empfänger in arge Verlegenheit brachte. Es lautete:

»Da es mir zum Vergnügen gereicht, Euch einen Beweis zu Gunsten der Etablierung Euerer Kinder zu geben, so habe ich die untertänigste Bitte meines Kapitäns von Forçade genehmigt, welcher mit Euch alliiert zu werden wünscht durch die Hand von einer Euerer Töchter. Es wird mir angenehm sein, wenn Ihr dazu Euere Einwilligung gebt, und werde ich Euch jederzeit zu erkennen geben, daß ich bin Euer wohlaffektionierter König

Friedrich Wilhelm.«

Die unmittelbar darauf aus Hohenfinow an den König gerichtete Antwort ließ an Deutlichkeit nichts zu wünschen übrig:

»Euer Kgl. Majestät fühle ich mich zu Dank für die Gnade verpflichtet, sich für meine Tochter zu interessieren. Ich habe meiner Tochter sogleich den Kapitän von Forçade vorgeschlagen, aber dieselbe hat nicht die geringste Neigung für denselben, ebensowenig meine andere Tochter, für welche der nämliche Forçade sich schon früher durch den gnädigen Markgrafen von Schwedt verwendet hat. Ich halte mich überzeugt, Euere Kgl. Majestät werden hiernach meiner Tochter die Wahl ihres Etablissements selbst überlassen, indem ich mit dem höchsten Respekt verharre als

Euer Majestät untertänigster und treugehorsamer
Vernezobre Baron von Laurieux.«

Es ist hier nicht der Ort, den noch eine ganze Zeitlang geführten Briefwechsel zu dokumentieren, in dem es weder der König an sanften Drohungen noch der Baron an fester Haltung fehlen ließ. Auch die vom König zur Verheiratung mit dem Kapitän von Forçade ausersehene dritte Tochter Vernezobres, Maria Henriette, lehnte den ihr zugedachten Bräutigam ab. Der mutige Herr Papa brachte in seinem Antwortschreiben an den König zum Ausdruck, er hoffe, Seine

Majestät werde seiner Tochter trotzdem »eben die Gnade und den Schutz angedeihen lassen, welche Allerhöchstdieselbe mir einst bewilligten, als Euere Kgl. Majestät wünschten, daß ich mich in dero Staaten etablieren möchte«.

Das war unmißverständlich, aber bei der strikten Abfuhr ließ es Vernezobre nicht bewenden, sondern er suchte und fand einen diplomatischen Ausweg, verfügte er doch über vielfache Beziehungen am Hofe, insbesondere zum Kriegsminister von Marschall. So lernte er die schwache Stelle kennen, an der sein Souverän zu treffen war, nämlich dessen brennenden Wunsch, der Wilhelmstraße durch stattliche Bauten ein glanzvolles Aussehen zu verleihen. Vernezobre erklärte sich bereit, ein Palais in der Wilhelmstraße zu erbauen, sofern der König seinen Töchtern hinsichtlich der Wahl ihrer Ehegatten freie Hand ließe. Vorsichtig, wie der König war, begnügte er sich nicht mit der bloßen Zusicherung eines Palaisbaus, sondern machte zur Bedingung, das ihm vorzulegende Projekt dürfe dem Haus des Staatsministers von Happe nicht nachstehen. Bezeichnend war die Begründung des Königs: »Denn was hilft dem Vernezobre das viele Geld, wenn er es nicht will mit zur Zierde der Stadt anwenden.«

Begreiflicherweise ließ es Vernezobre nun nicht daran fehlen, allen königlichen Ansprüchen gerecht zu werden. Er nahm auf den Wunsch Friedrich Wilhelms Bezug und schrieb:

> »Euer Kgl. Majestät Minister von Marschall hat mir mitgeteilt, daß es Allerhöchstdemselben vieles Vergnügen machen würde, wenn ich auf der Friedrichstadt ein Haus bauen wollte, und dies will ich sehr gern tun, um Euer Kgl. Majestät meinen Eifer und meinen Gehorsam zu zeigen, was nur irgend von mir abhängig ist. Ich gebe mir auch alle Mühe, meine Kinder in gleichen Grundsätzen zu erziehen, damit sie künftig Euer Kgl. Majestät nützliche Dienste leisten können, schmeichle mir dagegen, daß Allerhöchstdieselben die Gnade haben werden, aus Rücksicht einer unwiderstehlichen Abneigung gegen den Hauptmann von Forçade meiner Tochter freie Wahl zu lassen.«

Das Palais Vernezobre in der Wilhelmstraße in Berlin, Wohnsitz der Prinzessin Amalie, der Schwester Friedrichs des Großen; Ansicht um 1750

Man wird dem Schreiber dieser Worte, der es meisterhaft verstand, zwischen Bereitwilligkeit und Widerstand die Waage zu halten, Bewunderung für sein diplomatisches Geschick nicht versagen können. Am 15. Dezember 1736 schrieb er erneut an den König: »Ich wünsche dagegen, daß Eure Kgl. Majestät meiner Tochter die Freiheit lassen mögen, sich nach eigener Neigung einen Mann zu wählen, wobei Allerhöchstdieselben versichert sein können, daß sie wohl nie auf jemand fallen wird, der Euer Majestät unangenehm wäre.«

Das half. Der gewiß nicht an Widerspruch gewöhnte König gab nach, und schon wenige Tage später, am 18. Dezember 1736, ließ er den unerbittlichen Verfechter seiner Familienrechte wissen: »In Erwiderung Eueres Schreibens vom 15. d.M. bin ich mit dem Plan einverstanden zu dem Hause, welches Ihr da auf der Friedrichstadt bauen wollt. Auch lasse ich Euerer Tochter die Freiheit, sich einen Mann zu wählen.«

So konnte Vernezobre seinen Bauplan verwirklichen und Maria Henriette ihren erwählten Bräutigam, Joachim Berndt von der Osten, heiraten. Die Beendigung des Baus kann für das Jahr 1739, der Einzug in das neue Haus für 1740 angenommen werden. Es gab in Berlin eine Anekdote, wonach Vernezobre bei der Einweihung den König gefragt habe, ob noch etwas fehle. Der König habe erwidert: »Rien qu'une potence, mon cher, pour Vous y pendre!« (Nichts als ein Galgen, mein Lieber, um Sie daran aufzuhängen!)

Das Besitzerglück des François Matthieu Freiherr von Vernezobre de Laurieux war nicht von langer Dauer, denn er starb am 20. Oktober 1748 im Alter von knapp achtundfünfzig Jahren. Er hinterließ seinen Kindern ein auf 570 925 Taler geschätztes Vermögen. Das Palais in der Wilhelmstraße traten die Erben dem ältesten Bruder gegen eine Abfindung von 20 000 Reichstalern ab. Der verkaufte es im Jahre 1760 an den Bankier Werstler mit Verlust für 16 000 Taler. Auch Werstler behielt das Palais Vernezobre nicht lange, sondern verkaufte es für nur noch 12 600 Taler an den preußischen Kriegsminister Freiherr von Hagen. Im Januar 1772 ging es dann in den Besitz der ältesten Schwester Friedrichs des Großen über. Sie kaufte das Haus mit Möbeln für 21 500 Taler.

Prinzessin Amalie, die nominell die Würde einer Äbtissin von Quedlinburg bekleidete, war eine gelehrte Dame. Sie spielte Orgel und komponierte Choräle. Im Gegensatz zu ihrem Bruder, dem König, war sie eine große Verehrerin der Kunst Johann Sebastian Bachs. Das Palais Vernezobre diente ihr als Sommeraufenthalt. Über die Jahre, die Amalie in der damals noch fast ländlich anmutenden Einsamkeit ihres Besitzes verlebte, ist wenig bekannt. Doch gibt es die bewegende Schilderung einer Szene aus dem Leben Friedrichs des Großen, die im Mai 1785 vor dem Palais Vernezobre spielt und die wir dem Leser nicht vorenthalten wollen. Sie findet sich in den Erinnerungen des damals achtjährigen Friedrich August Ludwig von der Marwitz:

»Der König ritt ganz allein vorn und grüßte, indem er fortwährend den Hut abnahm. Er beobachtete dabei eine sehr merkwürdige Stufenfolge, je nachdem die aus den Fenstern sich verneigenden Zuschauer es zu verdienen schienen. Bald lüftete er den Hut nur wenig; bald nahm er ihn vom Haupte und hielt ihn eine Zeitlang neben demselben, bald senkte er ihn bis zur Höhe des Ellenbogens herab. Aber diese Bewegung dauerte fortwährend, und sowie er sich bedeckt hatte, sah er schon wieder andere Leute und nahm den Hut wieder ab. Er hat ihn vom Halleschen Tor bis zur Kochstraße gewiß 200mal abgenommen . . .

Bei dem Palais der Prinzessin Amalie angekommen (welches, in der Wilhelmstraße gelegen, an die Kochstraße stößt), war die Menge noch dichter, denn sie erwarteten ihn da; der Vorhof war gedrängt voll, doch in der Mitte, ohne Anwesenheit irgendeiner Polizei, war geräumiger Platz für ihn und seine Begleiter. Er lenkte in den Hof hinein; die Flügeltüren gingen auf, und die alte, lahme Prinzessin Amalie, auf zwei Damen gestützt, die Oberhofmeisterin hinter ihr her, wankte die flachen Stiegen hinab ihm entgegen. Sowie er sie gewahr wurde, setzte er sich in Galopp, hielt, sprang rasch vom Pferde, zog den Hut, den er nun aber mit herabhängendem Arm ganz unten hielt, umarmte sie, bot ihr den Arm und führte sie die Treppe wieder hinauf. Die Flügeltüren gingen zu; alles war verschwunden, und noch stand die Menge, entblößten Hauptes, schweigend, alle Augen auf den Fleck gerichtet, wo er verschwunden war; und es dauerte eine Weile, bis ein jeder sich sammelte und ruhig seines Weges ging.

Und doch war nichts geschehen! Keine Pracht, kein Feuerwerk, keine Kanonenschüsse, kein Trommeln und Pfeifen, keine Musik, kein vorangegangenes Ereignis! Nein, nur ein dreiundsiebzigjähriger Mann, schlecht gekleidet, staubbedeckt, kehrte von seinem mühsamen Tagewerk zurück. Aber jedermann wußte, daß dieser Alte auch für ihn arbeitete, daß er sein ganzes Leben an diese Arbeit gesetzt und sie seit fünfundvierzig Jahren noch nicht einen einzigen Tag versäumt hatte! Jedermann sah auch die Früchte seiner Arbeit, nah und fern, rund um sich her, und wenn man auf ihn blickte, so regten sich Ehrfurcht, Bewunderung, Stolz, Vertrauen, kurz alle edlen Gefühle des Menschen.«

Im folgenden Jahr starb Friedrich der Große und ein Jahr darauf, 1787, auch Prinzessin Amalie. Ihr Palais blieb einige Jahre ungenutzt. Im Jahre 1812 teilte Staatskanzler Graf von Hardenberg dem Vorstand der Luisenstiftung, einer zum Andenken an die Königin Luise von Preußen im Jahre 1810 gegründeten Anstalt zur Erziehung junger Mädchen, den Inhalt einer Kabinettsorder mit, wonach die Stiftung in das Amalien-Palais übersiedeln könne. Auch betrieb dort der Kammermusikus Tausch, ein Mitbewohner des Palais, eine Musikschule. So bot das einst so vornehme und architektonisch zu den schönsten Bauten der Berliner Residenz gehörende Vernezobre-Palais bald das trübselige Bild eines vernachlässigten Mietshauses. Erst Ende der 1820er Jahre fand sich wieder eine würdige Zweckbestimmung, als Prinz Albrecht, der jüngste der vier Prinzenbrüder, heiratete. Das Palais wurde zu seinem Wohnsitz bestimmt, und Preußens großer Baumeister Karl Friedrich Schinkel erhielt den Auftrag zur Restauration und Neugestaltung. Seitdem führte das Haus den Namen Prinz-Albrecht-Palais.

Nach der Abdankung der Hohenzollern-Monarchie kam das Gebäude in den Besitz des Deutschen Reiches und wurde 1933 Dienstsitz der Reichsleitung der SS und Zentrale der Geheimen Staatspolizei. Seine Keller gelangten in der Folgezeit als Folterkammern und Exekutionsräume zu beschämender Berühmtheit, bis am Ende des Zweiten Weltkriegs Bomben und Granaten aus einem der einstmals nobelsten und historisch bedeutendsten Häuser Berlins eine Ruine machten. Unverstand und Mangel an Geschichtsbewußtsein sorgten dafür, daß auch noch die Ruine der Spitzhacke zum Opfer fiel.

Hohenfinow

Das Gut Hohenfinow blieb bis 1827 im Besitz der Familie Vernezobre und wurde 1833 von Felix von Bethmann Hollweg erworben. Etwa im Jahre 1927 unternahm Mutter mit uns drei Kindern von Berlin aus eine Reise nach Hohenfinow; wir sollten wenigstens einmal das Schloß und den Park eines unserer Vorfahren gesehen haben. Wahrscheinlich kam die Anregung zu der Fahrt von dem mit uns befreundeten Maler und Professor an der Akademie der Künste, Heinrich Boese. Er hatte von der Familie Bethmann Hollweg den Auftrag bekommen, in einem der Zimmer des Schlosses ein Deckengemälde zu schaffen. Wir wurden auf das herzlichste empfangen und zur Besichtigung des im siebzehnten Jahrhundert vom Kurfürstlich Brandenburgischen Oberbaudirektor Johann Arnold Nering erbauten Schlosses eingeladen. Man zeigte uns auch die an das Schloß angebaute Gruft, in der noch immer die Särge der Vernezobre-Familie standen.

Es mag ungefähr im Jahre 1965 gewesen sein, als ich in Berlin bei den Behörden der damaligen DDR den Antrag stellte, als »Tourist« nach Hohenfinow zu fahren. Nach Ablauf der damals üblichen Wartezeit erhielt ich die Genehmigung. Um mit dem Auto von West-Berlin in die östliche Mark Brandenburg zu gelangen, mußte man in jenen unseligen Zeiten zuerst in Richtung Magdeburg, also in westliche Richtung fahren. Erst hinter Potsdam konnte man auf den Berliner Ring abbiegen und um Berlin herum in Richtung Nordosten fahren. Das gehörte zu den unzählbaren Schikanen der kommunistischen Diktatur.

In Hohenfinow sahen wir die Dorfkirche und die Allee, die von ihr zum Schloß führte. Doch von dem Schloß der Vernezobres und Bethmann Hollwegs war nichts mehr zu sehen. Nur der Park, einstmals eine Sehenswürdigkeit mit erlesenen Pflanzen und Bäumen, war noch vorhanden. Aber er war mangels Pflege zu einem Urwald geworden. Wie auf der Pirsch begannen wir auf einem schmalen Pfad unseren Rundgang. An einem kleinen See inmitten zauberhaft

Schloß Hohenfinow

romantischer Wildnis trafen wir einen einsamen Angler. Wir fragten ihn nach dem Schicksal des Schlosses.

Im Frühjahr 1945, so erzählte er, sei das im Kriege unbeschädigt gebliebene Schloß zur Flüchtlingskaserne geworden. Hunderte von Familien aus den östlichen Provinzen, die bei Niederfinow über die Oder gelangten, hätten in den Zimmern und Sälen, Kopf an Kopf auf dem Fußboden liegend, dahinvegetiert. Eines Tages sei ein kommunistischer Funktionär erschienen und habe die Bewohner gezwungen, innerhalb von einer Stunde das Schloß zu verlassen. Eine Kolonne russischer Lastwagen sei vorgefahren und habe die Menschen aufgeladen. Am nächsten Tage habe der Abriß begonnen.

Der andere Urgroßvater

Als wir während des Ersten Weltkriegs unsere Urgroßmutter Zedlitz in Berlin besuchten, führte Mutter uns eines Tages in das Arbeitszimmer des verstorbenen Urgroßvaters. Der Raum mit Blick auf den Sophie-Charlotte-Platz war normalerweise abgeschlossen, und Mutter mußte sich den Schlüssel von Friedrich, dem Diener, geben lassen. In dem Zimmer stand noch alles so, als habe es der Urgroßvater erst gestern verlassen. Die schweren gelben Gardinen waren zugezogen. Der Raum strahlte eine fast feierliche, aber doch freundliche Atmosphäre aus. Urgroßvater sei ein Frühaufsteher gewesen, erzählte Mutter mit bedeutungsvoller Miene. Hier in diesem Zimmer habe er jeden Morgen, schon Stunden vor dem Frühstück, seine Arbeit begonnen.

Mutter zog die Vorhänge beiseite, und nun fiel das Sonnenlicht auf einen riesigen Diplomatenschreibtisch. Noch nie hatte ich einen so großen Schreibtisch gesehen. Neben ihm stand ein Papierkorb von gleichfalls enormen Ausmaßen. Aus der Erinnerung schätze ich seinen Durchmesser auf mindestens sechzig Zentimeter. Urgroßvater habe ihn extra für sich flechten lassen, sagte Mutter. An der Wand gegenüber der Fensterfront hing ein großes Gemälde: Urgroßvater im Frack, geschmückt mit dem Stern und dem orangefarbenen Schulterband des höchsten preußischen Ordens, des Schwarzen Adlers.

Ich habe immer bedauert, diesen Urgroßvater nicht mehr persönlich gekannt zu haben. Zwar nahmen meine Eltern mich im Oktober 1912 zu seiner goldenen Hochzeit nach Großenborau in Schlesien mit, doch daran kann ich mich beim besten Willen nicht erinnern. Ich war erst sechs Wochen alt, weshalb auch eine Wochenpflegerin in dem reservierten Eisenbahnabteil von Stettin nach Breslau mit von der Partie war. Alles, was ich über diesen »anderen« Urgroßvater mein Leben lang hörte und las, war so ungewöhnlich, daß ich aufhorchte, wann immer in der Familie über ihn gesprochen wurde. So will ich versuchen, ihn hier zu schildern. Ich verdanke die biographi-

Urgroßvater Robert Graf von Zedlitz und Trützschler, etwa 1912

schen Details den Aufzeichnungen der Familie Zedlitz.* Seine Persönlichkeit jedoch haben mir vor allem seine Tochter, meine Großmutter Ruth von Kleist-Retzow, seine Enkelin, meine Cousine Valerie von Wedel, geb. Zedlitz-Trützschler, und mein unvergeßlicher Vetter Henning von Tresckow nahegebracht.** Sie alle, und auch meine Eltern, haben den Urgroßvater noch persönlich erlebt.

Robert Graf von Zedlitz und Trützschler wurde am 6. Dezember 1837 als sechstes Kind des damaligen Landrats des Kreises Nieder-Barnim, Eduard Graf Zedlitz-Trützschler, und seiner Frau Ulrike, geb. Freiin von Vernezobre de Laurieux aus dem Hause Hohenfinow, in Freienwalde an der Oder geboren. Freienwalde liegt nur wenige Kilometer von Hohenfinow entfernt; so war es nur natürlich, daß sich die Familien Vernezobre und Zedlitz auch freundschaftlich nahegekommen waren.

Und eine weitere Familie spielte in diesem Freundeskreis eine bedeutende Rolle: die des Fürsten Radziwill, eines der ältesten und ausgezeichnetsten litauischen Fürstengeschlechter mit großen Besitzungen in Litauen, Polen und Posen. Die Radziwills hatten sich seit Generationen politisch nach Westen hin orientiert. Fürst Anton Radziwill hatte 1796 Luise, die Tochter des preußischen Prinzen Ferdinand und der Luise Markgräfin von Schwedt und Enkelin des Königs Friedrich Wilhelm I., geheiratet. Jetzt war er preußischer Statthalter in Posen. Und Freienwalde liegt schließlich auf dem Weg von Posen nach Berlin.

Zwischen der Tochter Radziwills, Prinzessin Elisa, und der fast gleichaltrigen Tochter Vernezobres, der »schönen Ulrike«, war eine enge Freundschaft entstanden. Beide hatten bei einem Fest am Berliner Hof im Stadtschloß an einer Theateraufführung des romantischen Stücks »Das Paradies und die Peri« mitgewirkt; die schöne und begabte Elisa Radziwill hatte die Hauptrolle gespielt, und Prinz

* Helene Gräfin v. Zedlitz-Trützschler, *Lose Blätter;* Helene Gräfin v. Bassewitz, geb. Gräfin Zedlitz-Trützschler, *Das Leben meines Großvaters Robert Graf Zedlitz-Trützschler,* Schweidnitz 1934

** Valerie Wedel und Henning Tresckow sind eigentlich für mich Tante und Onkel, doch betrachteten wir uns stets als Vetter bzw. Cousine.

Wilhelm, der Kronprinz und spätere König von Preußen und Kaiser Wilhelm I., hatte sich unsterblich in sie verliebt. Die königliche Familie hatte die Radziwill-Tochter mit offenen Armen aufgenommen. Es wurde sogar die Verlobung der beiden gefeiert. Doch der preußische Kronrat meldete Bedenken an. Eine »polnische Prinzessin« dereinst auf Preußens Thron? Und obwohl Elisa durch ihre preußische Mutter doch schon zur Hälfte preußisch war, wurde die »Ebenbürtigkeit« in Frage gestellt. Es folgten Gutachten und Gegengutachten von prominenten Wissenschaftlern und Juristen, und nach jahrelangem Gezerre versagte der Vater des Kronprinzen, der schwächliche König Friedrich Wilhelm III., den Konsens.

Die beiden Verlobten gehorchten der Staatsraison und verzichteten auf ihr Lebensglück. Elisa blieb unverheiratet, Prinz Wilhelm folgte dem Familienrat und heiratete Prinzessin Augusta, eine Tochter des Großherzogs Karl August von Sachsen-Weimar, der sich als Gönner und Förderer Goethes hervortat.

Elisa lebte noch acht Jahre. Sie erkrankte an der Schwindsucht, der damals noch unheilbaren Lungentuberkulose, und ihre beste Freundin Ulrike Vernezobre pflegte sie bis zu ihrem Tode. In ihren Armen starb sie. Ulrike erlebte, wie der Kronprinz an der Bahre der Geliebten kniete.

Ulrike starb, als ihr Sohn Robert vier Jahre alt war. Wahrscheinlich hatte sie sich bei Elisa Radziwill angesteckt. Robert ging zuerst in Liegnitz zur Schule, wo sein Vater Regierungspräsident geworden war. Als der Vater nach Breslau versetzt wurde, besuchte sein Sohn dort das Königliche Friedrich-Gymnasium. Als nur mittelmäßiger Schüler verließ er die Schule mit Einverständnis seines Vaters im Alter von sechzehn Jahren mit dem Zeugnis der Prima-Reife und trat als Junker in das 6. Kürassier-Regiment in Brandenburg an der Havel ein.

Mit seiner Beförderung zum Leutnant im Alter von neunzehn Jahren begann eine atemberaubende Karriere. Im Juli 1856 kam der Befehl für Roberts Versetzung zum Regiment Garde du Corps in Potsdam, dem ersten und feinsten Kavallerieregiment im Königreich Preußen. Sein Vater schrieb daraufhin einen Brief an den König und bat ihn, die Versetzung rückgängig zu machen, da er die Kosten für die neue Montur und die höhere Zulage nicht aufbringen könne. König Friedrich Wilhelm IV. lehnte dieses Ansinnen mit der Begründung ab, daß er gerade beabsichtige, in das Garde du Corps junge Offiziere aufzunehmen, die keine größeren Zulagen bekämen, damit die Lebenshaltung des Regiments einfacher werde. Hiermit war die Angelegenheit erledigt, und der junge Leutnant trat in das Regiment ein.

Als jüngster Leutnant hatte er die Ausbildung der Rekruten unter sich. Über seine Arbeit im Regiment schrieb er später: »Der Geist und die Haltung in der Truppe, die ja nur aus ausgesuchten Leuten und vielfach aus solchen bestand, deren Väter und Großväter schon in ihr gedient hatten, war ausgezeichnet. Bestrafungen waren nur sehr selten nötig.«

Schon nach neun Monaten Dienst in der Schwadron machte ihn der Kommandeur zum Regimentsadjutanten. Eine ungewöhnliche Auszeichnung. So erhielt der junge Zedlitz früh Einblick in die inneren Strukturen der preußischen Armee und sah bald, daß nicht alles Gold war, was da glänzte. Das Heer war vielfach »versumpft«, wie es der junge Regimentsadjutant ausdrückte. Dagegen stand die französische Armee damals im Zenit ihrer Bedeutung. Sie hatte den Krim-Krieg und den Krieg in Italien gewonnen, und sie hatte in der Kriegstechnik einen bedeutenden Vorsprung vor allen anderen Armeen. Deshalb bat der junge Zedlitz um einen sechsmonatigen Urlaub, um nach Frankreich zu gehen und dort Einblick in die Verhältnisse der französischen Armee zu bekommen. Im Anschluß daran wollte er seinen Abschied vom Heer nehmen. Beides wurde ihm bewilligt.

Die sechs Monate in Frankreich wurden für den jungen Adjutanten des Garde du Corps zu einem prägenden Erlebnis, weil er sich nicht nur mit militärischen, sondern auch mit politischen, wirtschaftlichen und gewerblichen Fragen beschäftigte. Hier trat die entscheidende Wende seines Lebens ein. Er erkannte, daß er einen anderen Weg einschlagen mußte, den Weg des Politikers.

Aus Frankreich zurückgekehrt, tat er noch ein paar Monate

Dienst beim Garde du Corps, dann schied er endgültig aus. Sein Vater hatte ihm das Gut Großenborau in Schlesien übertragen, und er stürzte sich in die Arbeit des praktischen Landwirts. In diese Zeit fielen zwei Kriege: 1866 gegen Österreich und 1870 gegen Frankreich. Robert von Zedlitz nahm an beiden als Reserveoffizier teil, und zwar als Adjutant in höheren Stäben.

Durch die Wahl zum Mitglied der schlesischen Provinzialausschüsse begann sein Engagement für die Innenpolitik, hier vor allem für den Bau neuer Straßen in Schlesien. Die Folge war 1881 seine Ernennung zum Regierungspräsidenten in Oppeln. Sein Antrittsbesuch bei Wilhelm I. - inzwischen deutscher Kaiser - in Berlin war die erste persönliche Begegnung mit dem Landesherrn. »Ein Sohn von Ulrike Vernezobre?«, fragte dieser sichtlich berührt. Und als der junge Regierungspräsident bejahte, wandte sich der Kaiser ab, um seine Tränen zu verbergen. Von nun an war Robert Zedlitz-Trützschler in der Berliner Politik eine nicht mehr zu übersehende Figur. Seine Tätigkeit als Regierungspräsident in Oppeln war von vielerlei Erfolgen begleitet, woraufhin er im Jahre 1884 Mitglied des Preußischen Staatsrats wurde.

Besuch beim Reichskanzler Bismarck

In diese Zeit fällt eine Episode, die mir meine Großmutter Kleist-Retzow erzählte. Ihr Vater fragte sie eines Tages, ob sie Lust habe, ihn auf einer kurzen Reise zu begleiten. Seine Frau, meine Urgroßmutter, war aus gesundheitlichen Gründen nicht reisefähig. Selbstverständlich sagte die siebzehnjährige Tochter sofort zu. Wenn ihr Vater in Berlin war, kam es stets zu bedeutsamen politischen Begegnungen, und das junge Mädchen interessierte sich lebhaft für Politik. Als sie erfuhr, das Ziel der Reise sei ein Besuch beim Reichskanzler Bismarck in Friedrichsruh, kannte ihre Vorfreude keine Grenzen.

Der Vater, so erzählte Großmutter, habe ein Coupé im Schnellzug von Berlin nach Hamburg bestellt, und auf seinen Wunsch hin habe der Zug entgegen dem offiziellen Fahrplan kurz vor Hamburg an der kleinen Station Friedrichsruh gehalten. Vor dem Bahnhof habe ein Wagen mit zwei wunderbaren Pferden für sie bereitgestanden, und der Kutscher habe ehrerbietig den Zylinder gezogen. Als man vor dem Haus des Fürsten eingetroffen sei, habe der alte Herr, auf seinen Stock gestützt, sie schon erwartet. Eine imponierende Gestalt sei er gewesen. Er habe sie bei der Begrüßung recht kühn vom Kopf bis zu den Füßen betrachtet. Sie habe nicht gewußt, wohin sie ihre Augen richten solle, und sei wohl sehr errötet. Dann sei etwas Unerwartetes geschehen: Der alte Herr habe ihre Hand genommen und einen »richtigen« Kuß darauf gegeben. »Jawohl«, sagte Großmutter, »der große alte Bismarck hat meine Hand geküßt, obwohl ich doch noch unverheiratet war!«

Dann habe der Reichskanzler vorgeschlagen, die Zeit bis zum Mittagessen zu einem Rundgang durch den Park zu nutzen, und man habe sich auf den Weg gemacht; Bismarck sei links von ihr und der Vater rechts gegangen. Sie sei so aufgeregt gewesen, daß die Unterhaltung der beiden alten Herren völlig über sie hinweggegangen sei. Und das sei zunehmend schlimmer geworden, denn immer, wenn sie zu Bismarck hochgeschaut hätte, habe er ihr »sehr frech und wie ein junger Fant« zugezwinkert. So sei sie von einer Verlegenheit in die andere gefallen, und am schlimmsten sei es gewesen, als der alte Herr sie heimlich, so daß es ihr Vater nicht gemerkt habe, in die Taille gekniffen habe. So sei das Ende des Spaziergangs für sie eine Erlösung gewesen.

Zum Mittagessen habe man an einer mit französischem Sèvres-Porzellan gedeckten Tafel Platz genommen. Nun sei auch, in Begleitung zweier riesiger Doggen, die Fürstin erschienen, doch »fürstlich« habe sie eigentlich nicht ausgesehen. Das von zwei livrierten Dienern servierte Essen sei sehr gut gewesen. Doch als man dem Hausherrn auf einer silbernen Platte den Braten präsentiert habe, sei etwas Unglaubliches geschehen: Einer der Diener sei mit zwei Tellern von dem guten Sèvres-Porzellan erschienen, und der Fürst

Reichskanzler Fürst Otto von Bismarck mit seinen beiden Doggen auf der Terrasse in Friedrichsruh

selbst habe zwei große Portionen Fleisch aufgegeben. Die seien neben dem Eßtisch auf den Perserteppich gestellt worden, woraufhin die beiden Doggen das Fleisch in Windeseile verschlungen und die Teller blitzblank abgeleckt hätten. Nach dem Essen hätten sich die beiden alten Herren zurückgezogen, und die Fürstin habe sie in einen hübschen Salon geführt, um sich mit ihr zu unterhalten. Sie sei sehr freundlich gewesen, aber ohne jeden Humor.

Eine preußische Karriere

Im Jahre 1886 wurde Robert Zedlitz-Trützschler Oberpräsident der Provinz Posen. Mit diesem Amt war der Vorsitz der Ansiedlungskommission in Posen und Westpreußen verbunden. Nach einem neuen Gesetz sollte diese Kommission polnischen Großgrundbesitz aufkaufen und deutsche Bauern ansiedeln.

Großmutter hat mir einmal ausführlich geschildert, mit welchem Unbehagen ihr Vater diese Aufgabe erfüllt habe. Sie widerstrebte seinen Empfindungen von Grund auf, und er ergriff bei Besuchen in Berlin jede sich bietende Gelegenheit, diese Politik zu korrigieren. Nachhaltige Unterstützung fand er darin beim damaligen Kronprinzen Friedrich Wilhelm, dem späteren Kaiser Friedrich III., und seiner Gemahlin Viktoria, der Tochter der gleichnamigen englischen Königin. Zu beiden entwickelte sich eine geradezu herzliche Freundschaft. Ohne Zweifel spielte dabei auch politische Einsicht eine Rolle, näherte sich doch Kaiser Wilhelm I. seinem neunzigsten Lebensjahr. Daß das Thronfolgerpaar für die zu erwartende Regentschaft eine sehr liberale Politik plante, war ein offenes Geheimnis. Die Spannungen zum Reichskanzler Bismarck bewiesen dies nachhaltig. Eine konstitutionelle Monarchie, wie sie der Kronprinz – nicht zuletzt unter dem Einfluß seiner englischen Gemahlin – im Auge hatte, war für Bismarck unvorstellbar.

So erscheint es ganz natürlich, daß sich der Kronprinz mit der Suche nach einem geeigneten Bismarck-Nachfolger beschäftigte. Die Gedankenwelt und die Persönlichkeit des Posener Oberpräsidenten fanden seine Sympathie. Es ist überliefert, daß Robert Zedlitz-Trützschler unter Friedrich Wilhelm ein hohes Regierungsamt erhalten sollte. Der Kronprinz habe es im vertrauten Kreis mehrmals ausgesprochen: Reichsminister des Innern, möglicherweise sogar Reichskanzler. Ein grausames Schicksal hat dies jedoch verhindert. Im März 1888 starb Kaiser Wilhelm I., sein Sohn bestieg den Thron Preußens und des Deutschen Reiches als todkranker Mann. Neunundneunzig Tage blieben ihm, in denen er so gut wie nichts mehr bewirken konnte. Bismarck blieb Kanzler. Am 15. Juni 1888 wurde der neunundzwanzigjährige Sohn Kaiser Friedrichs III. als Wilhelm II. neuer deutscher Kaiser. Er war zwar ehrgeizig und begabt, zugleich aber überheblich und taktlos. »Regis voluntas suprema lex« schrieb er bei einem Besuch in das Goldene Buch der Stadt München! Am Vorabend eines Kongresses der Sozialisten in Erfurt hielt er dort eine Rede, über die seine Mutter, die verwitwete »Kaiserin Friedrich«, an ihre Mutter, die Queen Viktoria, die bezeichnenden Sätze schrieb: »Die Erfurter Rede war eine dieser unglücklichen Unklugheiten Wilhelms, wie sie täglich vorkommen ... Wilhelm kann Ratschläge weder verstehen noch schätzen. Er fordert und braucht sie nicht und ist in vielen Beziehungen sehr unreif für sein Alter.«

Robert Zedlitz-Trützschler hat das Schicksal Kaiser Friedrichs III. menschlich wie politisch tief getroffen. Seine Hoffnung, die Politik des jungen Deutschen Reichs mitgestalten zu können, war dahin. Desto mehr bemühte er sich, das ungeliebte Amt des Präsidenten der Ansiedlungskommission in Posen loszuwerden.

Das gelang schließlich im Jahre 1891. Am 13. März wurde er preußischer Kultusminister. Und das ohne Abitur! Die Presse aller Parteien beurteilte seine Ernennung sehr wohlwollend. Man brachte ihm von allen Seiten Vertrauen entgegen. Die Rechte hielt sich an seine streng konservative Gesinnung, die Liberalen sahen in ihm den Vorzug, daß er durchaus kein Bürokrat war, das Zentrum wußte seine erfolgreiche Tätigkeit in den konfessionell gemischten Landesteilen zu schätzen.

Sein erstes politisches Anliegen war ein neues Volksschulgesetz für Preußen. Sein Vorgänger, Gustav von Goßler, hatte ihm den Entwurf bereits hinterlassen. Doch als er bekannt wurde, erhob sich ein Sturm der Ablehnung. Das Gesetz räumte der evangelischen und der katholischen Kirche entscheidende Kompetenzen im Volksschulwesen ein. Stärksten Einfluß hatten die Konservativen unter Führung von Hans-Hugo Kleist-Retzow genommen. In jenen Tagen las man in der liberalen *Neuen Zürcher Zeitung* über Zedlitz-Trützschler:

»Es hat seit langer Zeit kein so schlagfertiger und amüsanter Redner auf der preußischen Ministerbank gesessen. Er mag ein Reaktionär sein! Schön! Ich gebe zu, daß er ein fürchterlicher Reaktionär ist, der uns für dreißig Silberlinge an den Papst verkaufen würde, und alle unsere Kinder, die wir bereits haben und noch kriegen werden, dazu! Aber er ist ein verführerischer Reaktionär . . . Er mag sehr klug sein, man behauptet es wenigstens. Jedenfalls ist er ein Temperamentsmensch und das Muster eines liebenswürdigen Schwerenöters von Reaktionär. Wenn er sich erhebt, um das Wort in der parlamentarischen Debatte zu nehmen, so strahlt eine Fülle von Bonhomie aus seiner großen, behaglichen Gestalt heraus, und aus seinem Munde kollern die Sätze wie eine Schar fröhlicher Gnomen.«

Für das neue Volksschulgesetz fand der Minister keine Mehrheit. Als bekannt wurde, daß der Kaiser in der Kronratssitzung den Gesetzentwurf kritisiert hatte und seinem Kultusminister nahelegte, ihn so weit abzuändern, daß wenigstens die Konservativen, das Zentrum und die Liberalen zustimmen konnten, bat Zedlitz um seinen Abschied. Am 28. Januar 1892 trat er zurück.

Zum zweitenmal zog er sich auf sein Gut Großenborau zurück. Doch nun häuften sich die Ehrenämter. Nach ein paar Jahren schickte ihn Kaiser Wilhelm II. als Oberpräsident von Hessen-Nassau nach Kassel, wo er eine glückliche Zeit verlebte, wie mir Urgroßmutter erzählte. 1903 folgte eine neue wichtige Berufung: Eine Hochwasserkatastrophe entlang der Oder forderte eine tatkräftige Hand. Die schöne Zeit in Kassel endete abrupt. Von 1903 bis 1909 wurde Zedlitz Oberpräsident der Provinz Schlesien. Ein umfassendes »Oder-Gesetz« war seine letzte bedeutende politische Tat. Als er im Alter von dreiundsiebzig Jahren seinen Abschied nahm, huldigte ihm Schlesien wie einem Landesvater. Am Vorabend der Abschiedszeremonie ehrten Professoren und Studenten der Universität Breslau den scheidenden Oberpräsidenten, der nie studiert hatte, mit einem Fackelzug.

Diesmal ging er nicht mehr zurück nach Großenborau, sondern

mietete sich die Neubauwohnung in der Bismarckstraße 67 in »Charlottenburg bei Berlin«. Hier gaben sich Politiker, Wissenschaftler und Künstler die Türklinke in die Hand. Man suchte seinen Rat und fragte nach seinen Erfahrungen. Hier besuchten ihn auch zum letztenmal meine Eltern. Hier schrieb er sein Testament und setzte meinen Vater als Testamentsvollstrecker ein. Hier starb er am 21. Oktober 1914.

Im bereits zitierten Tagebuch der Baronin Hildegard Spitzemberg liest man von einer Begegnung mit ihm am 19. Januar 1889, die noch ganz unter dem Eindruck des schicksalhaften Vorjahres, des »Dreikaiserjahres«, stand. Obwohl zu seinen Lebzeiten geschrieben, liest sich der Eintrag wie ein Nachruf:

»Ich hatte eine lange, durch mein Daheimhocken angewachsene Besuchsliste abzufahren und traf bei Bismarcks den Grafen Zedlitz-Trützschler. Zu meiner großen Freude kam er zum Abend zu mir mit seinem Sohne Leutnant [dem späteren Hofmarschall]. Ich hatte es dem Zentrumsabgeordneten Franz Ludwig Prinz von Arenberg gesagt, der den bedeutenden Mann sehr gerne wollte kennenlernen, und es entwickelte sich dann ein bis 1/2 12 währendes Gespräch der interessantesten Art, das von der Kolonisationsfrage ausgehend sehr bald auf rein konfessionelles Gebiet kam. Ich habe noch keinen Norddeutschen kennengelernt, der mit solcher Innigkeit und Tiefe des Glaubens eine solche Toleranz nicht nur, sondern ein Verständnis für Andersgläubige zeigte. Gewiß ist er schon deshalb ganz am Platze auf jenem schwierigen Boden – meine Freude an dem klugen, tüchtigen, guten Manne stieg mit dem Vertrautwerden mit seinem innern Leben, und er wiederum hatte große Freude an Arenbergs politischen und religiösen Anschauungen. Es tut so gut, in diesen betrübten Zeiten des Haders und des Hasses die Seiten aneinander zu entdecken, die sich dekken, die Wege, die zusammenführen in Liebe und Frieden.«

Steckrübenwinter

Grau und düster haftet die Erinnerung an den Winter 1917/18. Schlimme Nachrichten gelangten sogar bis in das einsame Kieckow. In Rußland sei die Revolution ausgebrochen, die Russen hätten ihren Zaren abgesetzt. Noch beklemmender waren die Nachrichten vom Eintritt Amerikas in den Krieg gegen das Deutsche Reich und von der Seeblockade der deutschen Küsten. Deutschland hungerte. Als »Steckrübenwinter« sind jene Monate in die deutsche Geschichte eingegangen.

Obwohl Kieckow Lebensmittel im Überschuß produzierte, wurde auch bei uns das Essen aus Solidarität mit den »Städtern« knapp gehalten. Man wollte mit gutem Beispiel vorangehen. Beide Hauptmahlzeiten begannen regelmäßig mit einer Satte saurer Milch, auf die wir uns, wenn wir wollten, Brotkrümel streuen durften. Fleisch kam so gut wie nie mehr auf den Tisch. Rinder, Schweine und Schafe wurden verkauft und vom Viehhändler abgeholt. Wir Kinder waren tief getroffen, als die Kaninchen, die wir uns hatten halten dürfen, geschlachtet wurden und an einem Sonntag als Hauptgericht auf dem Tisch landeten. Ich bekam keinen Bissen hinunter. Doch gerne erinnere ich mich der Brennesselsuppe, die mir sehr gut schmeckte.

Wirklich schockiert waren wir, als wir im selbstgebackenen Brot Holzsplitter fanden. Daß der Brotteig mit Sägemehl gestreckt wurde, hatten wir schon am wöchentlichen Backtag im Dorf erfahren, wo uns die Tagelöhnerfrauen heimlich sogenannte »Stuten« zusteckten, die sie von ihren Teigresten anfertigten. Doch nun gab es auch bei uns solches Brot, und wir mußten lernen, es lange und gründlich zu kauen, denn die Holzsplitter waren gefährlich wie Fischgräten.

Wir Kinder schlichen uns gern ins Dorf zu den Tagelöhnern. Die hatten ihr Lebensmitteldeputat und ihre eigene Kuh. Sie wußten Bescheid über die strengen Regeln in der »Schloßküche«, und die Frauen steckten uns so manche Butterstulle zu, frisch gebacken und

Großmutter Ruth von Kleist-Retzow mit ihren Enkeln, etwa 1920; stehend von links: Luitgarde von Bismarck, Hans-Conrad, Ruth-Roberta und Alexander Stahlberg, Ferdinande von Kleist-Retzow; sitzend von links: Konstantin von Kleist-Retzow, Hans Otto und Jürgen von Bismarck

mit selbstgeschlagener Butter dick belegt. Und nur zu gern schlenderten wir zum Kuhstall, wo zweimal täglich achtzig Kühe gemolken wurden. Die Frauen lehrten uns das Melken, und wir boten uns an, die Zentrifuge zu drehen, denn dabei konnte man heimlich den Finger unter den Sahnehahn halten.

Selbstverständlich kamen auch in Kieckow Steckrübengerichte auf den Tisch, in mannigfachen Variationen. Da es uns Kindern streng verboten war, während der Mahlzeit über das Essen zu reden, wurden sie klaglos hingenommen. Ich aß die »Wruken«, wie bei uns die Steckrüben hießen, sogar ganz gerne.

Im Sommer 1918 kam die Nachricht vom Ende der russischen Zarenfamilie. Da man in Kieckow monarchistisch dachte, berührte sie uns alle. Zwar hätten die Russen, so sagte man uns, im Jahre 1914

Deutschland angegriffen, doch deshalb gab es noch lange keine Sympathie für einen solchen Mord. Die kaiserliche Familie war mit fünf Kindern, ihrem Arzt und ihren Bediensteten brutal und feige erschossen worden.

Dann kam der Herbst, und ich erinnere mich noch genau des Novembertages, an dem nicht nur Großmutter, sondern auch Mutter und die Tanten zum Mittagessen in tiefschwarzer Trauerkleidung erschienen. Etwas Unfaßbares war geschehen: Der Kaiser hatte abgedankt. Er hatte, so war es in der Zeitung zu lesen, »dem Throne entsagt«. Seit mehr als fünfhundert Jahren - einem halben Jahrtausend! - waren die Hohenzollern die Herren des Landes gewesen. Und nun? Wie sollte es weitergehen?

Kieckow war ein Trauerhaus geworden. Wenn der deutsche Kaiser und König von Preußen sein Land verließ und in das neutrale Holland floh, dann sei das nichts anderes als Fahnenflucht, hieß es bei uns. Zumindest hätte er seinem legitimen Nachfolger, dem Kronprinzen, das Regiment übergeben müssen. Doch auch der Kronprinz hatte im Ausland das Weite gesucht. Deutschland hatte den Krieg verloren. In Kiel hatte sogar die untätig im Hafen liegende Marine gemeutert. Nie zuvor in der deutschen Geschichte hatte es eine Meuterei gegeben! Der Krieg verloren, die Monarchie vorbei, was blieb noch vom alten Weltbild übrig?

Auch nach Kieckow kehrten die Soldaten zurück. Onkel Hans-Jürgen übernahm wieder die Leitung seines Besitzes, Onkel Herbert holte Tante Maria und ihre beiden Kinder nach Hause. Vor allem Luitgarde sollte mir sehr fehlen. Alle, die den Krieg überlebt hatten, kehrten heim, nur mein Vater nicht. Zu tief war für ihn der Graben geworden zur Familie meiner Mutter.

Zwei junge Damen zur Wahl

Das Leben ging weiter, für uns in Kieckow vor allem durch den Auftritt eines Bewerbers um die Hand der jüngsten unserer Tanten, Ruth, die während der vier Kriegsjahre die Buchführung des Gutes besorgt hatte. Hans von Wedemeyer, als Reserveoffizier aus dem Krieg zurückgekehrt, hatte das Wedemeyersche Gut Paetzig in der Neumark übernommen. Sein Berufsweg war also vorgegeben. Nur

Alice von Wedemeyer, geb. von Wedel-Gerzlow, etwa 1890; Gemälde von Arthur Schlubach

eines fehlte noch: die Hausfrau, die Gutsherrin, die Ehefrau, alles in einer Person, versteht sich.

Was nun passierte, wird für heutige Generationen nur schwer verständlich sein, und doch ist es so gewesen; in unseren ländlichen Familien war es sogar ganz normal. Hans Wedemeyer sprach zuerst mit seiner Mutter Alice aus dem Hause Wedel-Gerzlow in der Neumark. Er fragte sie, ob sie ihm ein junges Mädchen »aus gutem Hause«, eine Dame von untadeligem Ruf, eine Tochter aus frommer christlicher Familie nennen könne, die alle genannten Voraussetzungen erfülle. Mutter Alice Wedemeyer konnte dies, denn in Preußen »kannte man sich«. Sie nannte ihrem Sohn nicht nur eine, sondern gleich zwei ihr passend erscheinende junge Damen zur Auswahl. Erstens eine Tochter von der Marwitz aus dem Hause Friedersdorf in der Mark Brandenburg, und zweitens unsere Tante Ruth.

Leider habe ich nie das Vergnügen gehabt, besagte Marwitz-Tochter kennenzulernen. Doch vielleicht war das sogar gut so, denn nichts ist undankbarer, als die Qualitäten zweier Menschen gegeneinander abzuwägen. Dafür aber ist mir eine Episode bekannt, mit der ein Marwitz aus Friedersdorf in die Geschichte Preußens eingegangen ist. Die Familie Marwitz gehörte schon im Kurfürstentum Brandenburg zu den ältesten Adelsgeschlechtern. Seit Ende des siebzehnten Jahrhunderts war sie im Besitz von Friedersdorf, einem Gut westlich der Festung Küstrin an der Oder. Im Laufe der Jahrhunderte hat sie den Kurfürsten von Brandenburg und den preußischen Königen mehrere hundert Offiziere, darunter elf Generale, gestellt. Johann Friedrich Adolf von der Marwitz wird von Theodor Fontane mit folgenden Worten geschildert: »Er war ein sehr braver und in großer Achtung stehender Soldat, ein feiner und gebildeter Weltmann, ein Freund der Literatur und der Kunst. Der Große König schätzte ihn hoch . . . «

Während des Siebenjährigen Krieges erhielt Friedrich der Große die Nachricht von der Plünderung des Schlosses Charlottenburg bei Berlin durch sächsische Soldaten. Er befahl dem Oberst von der Marwitz, zur Vergeltung mit seinem Regiment das Schloß Hubertusburg zu plündern. Marwitz verweigerte diesen Befehl. Auf die Frage des Königs, warum zum Teufel er die Plünderung nicht ausführe, antwortete er: »Weil sich dies allenfalls für ein Freibataillon schicken würde, nicht aber für den Kommandeur von seiner Majestät Gendarmes.« Friedrich der Große hat, so ist überliefert, diese Befehlsverweigerung stumm zur Kenntnis genommen und den Oberst von der Marwitz in seiner Stellung als Regimentskommandeur belassen.

Friedersdorf hat am Ende des Zweiten Weltkriegs während der Kämpfe vor Berlin schwer gelitten, aber die berühmte Grabplatte des Johann Friedrich Adolf von der Marwitz ist erhalten geblieben. Ihre Inschrift ist im wahrsten Sinne des Wortes preußisch: »Er sah

Hans von Wedemeyer-Paetzig mit seiner Frau Ruth, geb. von Kleist-Retzow; Gemälde um 1930

Friedrichs Heldenzeiten und kämpfte mit ihm in allen seinen Kriegen. Wählte Ungnade, wo Gehorsam nicht Ehre brachte.«

Mutter Wedemeyer hatte ihrem Sohn Hans also keinen schlechten Vorschlag gemacht. Doch wie stand es um die zweite Empfehlung, um die Kieckower Kleist-Retzow-Tochter und ihre Familie? Für die jüngste Kieckower Tochter spreche, so soll Alice Wedemeyer ihrem Sohn gesagt haben, die Frömmigkeit des Kieckower Hauses. Meine Großmutter jedenfalls erzählte, dies sei vor allem der Grund gewesen, daß Hans Wedemeyer sich nicht zuerst mit den Eltern Marwitz, sondern mit ihr brieflich in Verbindung gesetzt habe, denn auch die Wedemeyers galten als äußerst fromm. Böse Zungen in der Verwandtschaft sollen dagegen behauptet haben, Hans Wedemeyer habe sich einfach an die alphabetische Reihenfolge gehalten. Wie auch immer, die im Jahre 1918 in Kieckow geschlossene Ehe zwischen Onkel Hans und Tante Ruth ist wohl die glücklichste gewesen, die ich nennen könnte.

An ihren Hochzeitstag, den 17. November 1918, habe ich jedoch keine gute Erinnerung, denn ich mußte ein Gedicht aufsagen und blieb stecken. Ich war so aufgeregt, daß mir auch das Vorsagen meiner Schwester nichts nützte. Die Beleuchtung des Zimmers war spärlich, so daß mein Bild von diesem Tag insgesamt etwas verdunkelt ist. Vermutlich war der Vorrat an Stearinkerzen und Petroleum für die wenigen Lampen so knapp wie alles damals in Deutschland. Noch hatte man ja in Kieckow nicht einmal elektrisches Licht. Was den hochzeitlichen Glanz betrifft, so erinnere ich mich vor allem an meine Bewunderung für die Fräcke, welche die Onkel trugen, und die silberblitzenden Johanniterorden und Eisernen Kreuze.

Selbstverständlich wurde in Kieckow vor jeder Hauptmahlzeit ein Tischgebet gesprochen; erst dann nahm man Platz. Kaum hatte die Hochzeitsgesellschaft sich aber an diesem Abend hingesetzt, als der Hausherr an sein Glas schlug und alle Anwesenden bat, sich wieder zu erheben. Als wenn er vor seinen Soldaten stünde, rief er mit lauter Stimme: »Das erste Glas trinken wir auf das Wohl Seiner Majestät, des Deutschen Kaisers und Königs von Preußen!« Erst dann begann das Essen. So habe ich es hinfort bei allen Familienfesten erlebt, bei Hochzeiten, Taufen und Konfirmationen; in Kieckow bei Kleists, in Lasbeck bei Bismarcks, in Paetzig bei Wedemeyers; sogar noch im Sommer 1939, kurz vor Beginn des Zweiten Weltkriegs, als in Lasbeck Fabian Schlabrendorff und in Paetzig Klaus Bismarck heirateten: Auf das Wohl des Monarchen, obwohl er Preußen und Deutschland im Stich gelassen hatte.

Der Schimmelreiter

In dem so einsam liegenden Dorf Kieckow begann das Weihnachtsfest nicht mit dem Heiligen Abend, sondern mit dem Tag der Wintersonnenwende, dem 21. Dezember. Gewiß kam auch die vorweihnachtliche christliche Adventszeit zu ihrem Recht; wir Kinder bastelten Adventskalender und Weihnachtsgeschenke, und der Duft der frisch gebackenen Pfefferkuchen drang von der in den alten Kellergewölben liegenden Küche durch alle Türritzen bis in die oberen Etagen des Hauses. Doch der Abend des 21. Dezember war gekennzeichnet von einer merkwürdigen, unheimlichen Spannung, denn der Schimmelreiter würde kommen.

Wer war der Schimmelreiter? Was bedeutete sein Erscheinen? Es handelte sich um ein Relikt vorchristlicher Bräuche aus der Zeit vor der Christianisierung Pommerns im zwölften Jahrhundert, und dieser Brauch war in der Vorstellungswelt der einfachen Leute im Dorf noch fest verwurzelt. Der Schimmelreiter war im deutschen Volksglauben nichts anderes als Wotan, der Gott aller Götter, oder der allen germanischen Völkern gemeinsame Gott Odin, der Herrscher über Himmel und Erde, der große Zauberer, der Gott des Krieges und des Sieges. Die Menschen im Dorf achteten streng darauf, daß dieses heidnische Zeremoniell lebendig blieb.

Mit Odin, dem Schimmelreiter, erschien seine Gemahlin Frigg, nach der unser Freitag seinen Namen hat, und in ihrem Gefolge eine

Schar maskierter und meist halbverhüllter, unheimlicher Gestalten. Sie betraten das Gutshaus durch den Kellereingang und machten dort einen »Heidenlärm«, der durch alle Etagen zu hören war. Schließlich erschienen sie in der großen Halle, taten geheimnisvoll, lallten unverständliche Worte und streuten jedem der Anwesenden ein wenig Sand in die Hand.

Frigg, Odins Gattin, beeindruckte mich stets besonders. Es hieß, sie wisse alles über die Menschen und könne das Geschick eines jeden voraussehen, würde darüber aber nie sprechen. Sie sei ein guter Geist – immerhin war sie die Göttin der Liebe.

Natürlich erhielten der Schimmelreiter und sein Gefolge klingenden Lohn. Dann verschwanden sie so geheimnisvoll und lautstark, wie sie gekommen waren. Jetzt konnte Weihnachten beginnen. Erst jetzt! Mir scheint dieser zeitliche Ablauf nicht ohne Logik, hat doch die Christianisierung das Weihnachtsfest ganz bewußt auf die Tage nach der Wintersonnenwende gelegt.

Und dann kam der Weihnachtsabend, und mit ihm erst einmal eine aufwendige, aber schöne Pflicht: Das ganze Dorf, alle seine Bewohner waren Gäste im Gutshaus! Ich schätze die Zahl auf hundertfünfzig bis zweihundert. Die Verbindungstür von der großen Halle zum Eßzimmer war geöffnet. Der Stellmacher hatte einfache Holzbänke gezimmert, und die Kinder saßen vor dem Weihnachtsbaum auf dem Fußboden. So konnten sie die dort aufgestellten Krippenfiguren aus der Nähe bewundern. Nach einer kleinen Feier mit Musik und Ansprache wurden in Körben die Geschenke hereingebracht. Jeder bekam etwas. Es waren gewiß Kleinigkeiten, doch waren sie Wochen zuvor mit Sorgfalt und freundlichen Gedanken an den Beschenkten in Belgard eingekauft worden.

Erst nach der Feier mit den Dorfbewohnern begann für die Familie die Bescherung. Anschließend – inzwischen war es später Abend – wurde das Weihnachtsessen aufgetragen. Es bestand aus Karpfen »blau« und »Mohnpielen«; die hatte die aus Schlesien stammende Großmutter in Kieckow eingeführt. Wehe dem, der von dieser köstlichen Nachspeise zuviel aß!

In einem pietistischen pommerschen Gutshaus fehlte auch nicht die mitternächtliche Christmette in der Kirche. In Ermangelung eines Dorfpfarrers besorgte diese während der Kriegsjahre die Großmutter, später wieder Onkel Hans-Jürgen, der Kirchenpatron. Wir Kinder wurden jedoch vor dem Kirchgang ins Bett gesteckt.

Gänse

Das Bild von Kieckow wäre nicht vollständig, wenn ich nicht von den Gänsen erzählte. Auf der Rückseite eines jeden Tagelöhnerhauses war ein Stall angebaut. Dort hielt man ein oder zwei Schweine und ein paar Hühner; dort wurden vor allem Jahr für Jahr die in aller Welt berühmten pommerschen Gänse aufgezogen. Im Durchschnitt kommen auf einen Gänserich sechs bis zehn Zuchtgänse. Eine Gans legt bis zu zwanzig Eier; in der Brutzeit setzt man sie auf etwa zwölf Eier. Es gab Ställe, in denen im Frühjahr hundert Gössel schlüpften. Das für die Aufzucht benötigte Grünfutter wurde von den Wegrändern außerhalb des Dorfes geholt, Körnerfutter gab es im Rahmen des vereinbarten Deputats vom Gut. Der für die Aufzucht kritische Tag war der des Schlüpfens. Die Frauen nahmen die nassen Jungen in ihre Schürze und trugen sie in die Schlafstube. Zwischen Bettlaken und Federbett gediehen sie am besten. Während der Nachtruhe kamen sie unter den Herd, dessen Glut über Nacht konserviert wurde.

In der ersten oder zweiten Juliwoche begann die Getreideernte. In Kieckow habe ich noch das Mähen mit der Sense erlebt: zwanzig bis dreißig Sensenmänner hintereinander im Takt, den der erste angab, hinter jeder Sense eine Frau, die die Garben band, hinter den Garbenbinderinnen eine Reihe Frauen, die die Garben in Stiegen aufstellten. Mein erstes Geld habe ich mir damit verdient, daß ich an besonders heißen Tagen kalten »Kaffee« aus selbstgebranntem Roggen aufs Feld brachte. Dann spannte ich mein Pferd aus und über-

Frauen beim Heuwenden in Kieckow

nahm die »Hungerharke«, eine etwa vier bis fünf Meter breite Harke, mit der die liegengebliebenen Halme eingesammelt wurden.

Sobald das Getreide geerntet war, kamen die Gänse auf das Stoppelfeld. Obwohl die Hungerharke die liegengebliebenen Halme gesammelt hatte, waren noch genügend Körner auf dem Boden, um die riesige Gänseherde zu sättigen. Man stelle sich vor: Ein junges Mädchen, die Gänseliesel, beginnt am ersten Haus des Dorfes mit der Führung, bei jedem Stall gesellen sich neue Gänsefamilien hinzu, und so schwillt der Gänsemarsch rasch zur Gänseherde an, schon sind es viele Hunderte, am Ende des Dorfes Tausende von Gänsen. Schneeweiß waren die pommerschen Gänse, ein überwältigendes Bild!

Und dann waren wir »vom Schloß« an der Reihe. Wir brachten mit dem Wasserwagen immer neue Fuhren frischen Wassers aus dem Dorf hinaus aufs Feld. Der Wasserbedarf der Gänse war enorm.

Das für mich Erstaunlichste aber war der Heimmarsch der Gänse. Wegen der vielen Füchse aus den umliegenden Wäldern mußte er rechtzeitig vor Einbruch der Dunkelheit erfolgen. Wie aber sollte man die Gänsefamilien in ihre Ställe zurückbringen? Nun, sie fanden ihren Weg ohne jedes Zutun. Instinktsicher strebten die alten Gänse dem richtigen Stall zu, und die Jungen folgten im berühmten Gänsemarsch. Am Ende der Dorfstraße waren alle Gänse wie von unsichtbarer Hand gelenkt in den Ställen verschwunden.

Im November begann dann das Gänseschlachten. Die Tagelöhner verkauften ihre Gänse auf eigene Rechnung an den Handel. Jede zehnte Gans aber war als Entgelt für die Feldmast lebend ans Gut abzuliefern. Neben dem Gutshaus stand die große Waschküche. Für die Tage des Gänseschlachtens wurde sie zum Schlachthaus. Jeder mußte helfen, gleich ob alt oder jung. Und was gaben die geschlachteten Gänse alles her! Ob Federn oder Daunen, ob Fleisch oder Innereien, es wurde nicht nur »verwertet«, sondern es entstanden Delikatessen von einzigartiger Qualität. Ich nenne nur einige, um dem Leser einen Eindruck von der kulinarischen Vielfalt zu geben:

Spickgans
ausgelöste Gänsebrust, entsehnt, leicht gepökelt (in manchen Häusern mit einem Schuß Cognac) und mit Buchenholz zart geräuchert
Gänseschmalz
leicht gewürzt und eiskalt serviert
Gänseleber
wurde bald nach dem Krieg wieder gegen gutes Geld nach Frankreich verkauft
Gänsefluhme
rohes Darmfett, in einer Schüssel mit der Rührkeule sämig gerührt, mit wenig Salz, aber viel feingehacktem frischen Majoran und Thymian gewürzt; in abgedeckten Gläsern zwei bis drei Wochen lang gereift; im Eismantel als Brotaufstrich serviert
Gänseschwarzsauer
das pommersche Nationalgericht; dem beim Schlachten aufgefangenen Gänseblut werden Essig, Brühe, etwas Zucker und Gewürze

beigegeben, dazu Backobst, Kartoffelklöße und gargekochtes Gänseklein.

Das Schwarzsauer-Essen im November war für die Pommern ein kulinarischer Höhepunkt, ebenso natürlich der Gänsebraten, der mit Äpfeln, Backobst und Maronen gefüllt wurde. Nur einen Fehler habe der Gänsebraten, sagten die Alten, denn die Gans sei »ein seltsamer Vogel, für einen zuviel, für zwei zuwenig«.

Jugend in Berlin

Das Staatliche Kaiserin-Augusta-Gymnasium

Das Jahr 1920 sollte für mein Leben von grundlegender Bedeutung sein. Im September überraschte Mutter uns mit ihrem Entschluß, Kieckow zu verlassen und nach Berlin überzusiedeln. Es sei jetzt höchste Zeit, daß wir auf eine gute Schule gingen. Sophie Braun, die Gouvernante, hatte uns bisher Privatunterricht gegeben. In die einklassige Kieckower Dorfschule sollten wir nicht kommen.

Urgroßmutter stellte uns in ihrer Charlottenburger Wohnung ein großes Schlafzimmer zur Verfügung, das für uns vier ausreichte. An einem Oktobertag nahm Mutter meine Schwester und mich an die Hand und führte uns zu den beiden Schulen, die sie für uns ausgewählt hatte. Raba kam in ein Lyzeum für Mädchen in der heutigen Otto-Suhr-Allee; für mich hatte Mutter das humanistische Kaiserin-Augusta-Gymnasium in der Cauerstraße bestimmt. Die beiden Schulen waren kaum mehr als hundert Meter voneinander entfernt. Schon am zweiten Schultag konnten Raba und ich den Schulweg ohne mütterliche Begleitung wagen. Ich hatte einige Schwierigkeiten, mir abzugewöhnen, was man uns in Kieckow für den Gang durchs Dorf eingebleut hatte: jedem Menschen, dem man begegnet, Guten Tag zu sagen und ihn dabei freundlich anzuschauen. Die Passanten in Berlin aber lachten, wenn ich meinen dörflichen Gruß entbot, blieben oftmals verwundert stehen und schauten mir nach.

Die zweite Vorschulklasse, in die man mich probeweise setzte, war für mich ein Glücksfall, denn Herrn Segger, den Klassenlehrer, mochte ich auf Anhieb. Das erste Zeugnis, das ich zu Beginn der Weihnachtsferien bekam, war das beste, das ich jemals nach Hause brachte, war doch in der Kopfzeile vermerkt, daß ich unter 34 Schülern auf Platz zwölf eingestuft worden war.

Meiner Sympathie für Herrn Segger tat es nicht den geringsten Abbruch, daß er ein strenges Regiment führte. Wenn ein Schüler unaufmerksam war, stand er urplötzlich neben ihm, faßte ihn an den Haaren und zog ihn hoch, bis der Übeltäter aufrecht neben ihm stand. Noch schmerzhafter wurde derjenige bestraft, der es gewagt hatte, einem anderen Schüler »vorzusagen«. Dieser Bösewicht mußte aufstehen und Herrn Segger seine offene Handfläche präsentieren. Für solche Fälle lag auf dem Katheder griffbereit ein hölzernes Lineal, das sich als Schlaginstrument vorzüglich bewährte. Wenn aber der zu Züchtigende angesichts der Bedrohung seine Hand zurückzog, war er schlecht beraten, denn dann setzte es Schläge nicht nur auf eine Handfläche, sondern auf beide. Obwohl ich zu Herrn Seggers Favoriten gehörte, habe ich in allen seinen Züchtigungsmethoden eigene schmerzhafte Erfahrungen gesammelt.

Nicht nur Herr Segger war für mich ein Glücksfall, sondern nicht minder Herr Miesner, der Musiklehrer. Er nahm mich, der ich vom siebten Lebensjahr an vom Blatt singen und im Gesangsquartett die Altstimme halten konnte, sogleich in den Schulchor auf.

Hanns Miesner war ein Vollblut-Musiker. Doch leider war er auch Choleriker, was ich schon nach kurzer Zeit am eigenen Leibe zu spüren bekommen sollte. Eines Tages erschien er mit einem schwarzen Koffer zum Unterricht. Behutsam stellte er ihn auf das Katheder und hielt eine einführende Rede. Der Herr Kultusminister habe dem Kaiserin-Augusta-Gymnasium als erster Höherer Lehranstalt des Landes Preußen in Anerkennung der Leistungen des Schulchores ein ganz neuartiges Grammophon gestiftet. Es lasse die Musik anstelle des Schalltrichters mit Hilfe des Kofferdeckels erklingen. Und dann entnahm Herr Miesner eben diesem Deckel eine Schallplatte und legte sie auf. Wir würden nun ein großes symphonisches Werk hören, gespielt von den Berliner Philharmonikern, erklärte er. Wer das Werk zuerst erkenne, der möge sich melden.

Was wir nun zu hören bekamen, erkannte ich sofort: Es waren die Celli und Kontrabässe am Anfang der Unvollendeten von Schubert. Längst kannte ich diese Symphonie, wenn auch nicht von einem Orchester gespielt, sondern von Mutter am Flügel. Also sprang ich auf, noch ehe die Geigen und Bratschen im neunten Takt einsetzten, und zitierte voller Stolz den Gassenhauer-Text, der dem Hauptthema seit Generationen unterlegt worden war: »Friedaa, wann gehste weg, wann gehste weg, wann kommste wieda ...« Zwar beginnen die Celli dieses Thema erst mit dem vierundvierzigsten Takt, doch machte es mir natürlich Spaß, meinem verehrten Musiklehrer zu beweisen, wie gut ich die Symphonie bereits kannte.

Hanns Miesner indes reagierte ganz anders, als ich gedacht hatte. Mit drei Riesenschritten stand er plötzlich vor mir und versetzte mir zwei saftige Ohrfeigen, eine rechts, die andere links. »Du Lausejunge«, schrie er mich an, »Dir werde ich beibringen, so über Schubert zu reden!«

Sprachlos setzte ich mich wieder auf meinen Platz, während Hanns Miesner zum Katheder zurückging, den Tonarm von der Platte nahm und beim Anfang der Symphonie wieder aufsetzte. Mucksmäuschenstill hörten wir beide Sätze der Symphonie an. Dann steckte Herr Miesner die Platte wieder in den Deckel des Koffers und verließ das Klassenzimmer, ohne ein Wort zu sagen. In der nächsten Musikstunde erschien er ohne das Grammophon, setzte sich hinter das Katheder und erklärte, er wolle heute über Franz Schubert sprechen. Doch zuvor wolle er etwas zu dem Vorgang in der letzten Stunde sagen. Er bedaure sein Verhalten und bitte den Schüler, den er geschlagen habe, um Verzeihung. Schubert sei für ihn fast ein Heiliger. Er habe von Jugend an ein sehr persönliches Verhältnis zu diesem Komponisten gehabt, der wie er selbst aus einer armen Familie stamme. Im übrigen sitze hier in der Klasse ein Junge, der die Gaben besitze, dereinst »ein Schubert« zu werden. Ob er es werde, hänge ausschließlich von seinem Fleiß ab. Dann sprach er nur noch über Franz Schubert.

Die Geige

An meinem sechsten Geburtstag hatte auf meinem Gabentisch eine kleine Geige gelegen. Noch blieb der Geigenkasten verschlossen, weil es Mutter nicht gelang, in Kieckow einen Lehrer zu finden. Nun aber lebten wir in Berlin, und Berlin war schon damals das Dorado des deutschen Musiklebens. Und so nahm Mutter mich gleich an einem der ersten Tage an die Hand und fuhr mit mir zur Musikhochschule in der Fasanenstraße. Vor ihrer Heirat war sie Schülerin des berühmten Pianisten Heinrich Barth gewesen, und zu ihren Kommilitonen hatte Arthur Rubinstein gehört. Tief beeindruckt hatte sie ein Konzert Barths mit dem Geiger Heinrich de Ahna und dem Cellisten Robert Hausmann. Dieses großartige Trio hatte ihr die Welt der Kammermusik erschlossen. In der Fasanenstraße fühlte Mutter sich zu Hause.

Gleich nach dem Betreten des Gebäudes steuerte sie die Pförtnerloge an und klopfte an das Glasfenster. Auf die Frage, ob er ihr eine Geigenlehrerin (nicht einen Geigenlehrer!) für ihren Sohn empfehlen könne, erwiderte der Pförtner, dieses Haus sei keine Musikschule für Kinder, sondern man befinde sich in der Staatlichen Musikhochschule Berlins. Diese Antwort irritierte Mutter nicht im geringsten; sie meinte, es müsse doch eine Studentin geben, die gerne einem Kind Anfangsunterricht geben würde.

In diesem Augenblick betrat ein junges Mädchen mit einem Geigenkasten unter dem Arm die Eingangshalle. Der Pförtner rief sie herbei, und schon saßen wir drei auf einer Bank, wo Mutter und die Studentin des Violinspiels, Fräulein Blank, in wenigen Minuten handelseinig wurden. Kurz entschlossen begaben wir uns in die erste Etage des Gebäudes, und in einem der vielen Unterrichtsräume hielt man mir zum erstenmal in meinem Leben die Geige ans Kinn. Doch noch ehe ich den ersten Ton spielen konnte, klemmte Fräulein Blank mir ein Buch unter den rechten Arm; auf keinen Fall dürfe es beim Streichen der Saiten zu Boden fallen, belehrte sie mich.

Das also war die erste Geigenstunde meines Lebens, ausgerechnet in dem Haus, aus dessen Mauern so viele berühmte Musiker in alle Welt hinausgegangen sind. Ich bekam eine Geigenlehrerin, die mich vom ersten Tag an eine Haltung des Instruments und eine Bogentechnik lehrte, die schon damals höchst umstritten waren, heute aber als völlig antiquiert gelten. Nach einem Jahr wurde Fräulein Blank von meiner Mutter in Gnaden entlassen. Ihre Nachfolgerin kam aus der Schule des berühmten Geigers Carl Flesch. Zum zweitenmal mußte ich die Grundlagen des Violinspiels erlernen. Eine Zeitlang durfte ich sogar Schüler Carl Fleschs sein. Ihm verdanke ich viel. Doch war seine Honorarforderung bald jenseits von Mutters finanziellen Möglichkeiten. Aber sie fand eine Assistentin Fleschs, die meine Technik sehr förderte.

Mehr Glück entwickelte Mutter bei der Wahl der ersten Cello-Lehrerin für meinen Bruder. Eva Heinitz war eine Cellistin von Rang. Im Jahre 1932 übernahm sie in der Philharmonie bei der Aufführung von Bachs Johannes-Passion unter Furtwängler die berühmten Arien-Begleitungen auf der Viola da Gamba. Sie hatte Freude daran, Hans-Conrad Anfangsunterricht zu geben, denn er erwies sich als außerordentlich begabt. Doch dann mußte sie Deutschland verlassen, gottlob tat sie es rechtzeitig. Sie war Jüdin.

Hans-Conrad und ich mußten täglich üben, ja, grundsätzlich an jedem Tag des Jahres, auch sonntags und an Feiertagen, war das Instrument zu traktieren. Auch in den Ferien und auf Reisen. Nur Krankheit entband von dieser Pflicht. Aber Krankheit, so sagte Mutter, sei »eine Strafe Gottes«. Wir lernten nicht nur unsere Instrumente zu beherrschen, sondern Mutter schrieb uns Volkslieder auf, die sie am Flügel begleitete. Sie komponierte kleine Variationen zu den Liedern, oder sie ließ sie uns im Ensemble in andere Tonarten transponieren, bis wir eines Tages zusammen das erste Klaviertrio von Joseph Haydn spielen konnten und ein paar Jahre später die Trios von Beethoven und Brahms.

Vielleicht noch lehrreicher für uns war das Engagement einer älteren Violinistin, die einmal wöchentlich abends zu uns kam, um uns Streichquartett-Unterricht zu geben. Margarethe Rohloff war um die Jahrhundertwende Schülerin von Joseph Joachim gewesen

Mutter mit Hans-Conrad und mir beim täglichen Üben, etwa 1925

und hatte bei diesem bedeutendsten Geiger seiner Zeit, dem Gründer der Berliner Musikhochschule, ihr Solistendiplom gemacht. Sie hatte an dem Festakt mitgewirkt, den die Hochschule ihrem Gründer und langjährigen Direktor zur Feier seines fünfundsiebzigsten Geburtstags im Jahre 1906 veranstaltet hatte. Oft erzählte sie uns von diesem denkwürdigen Tag. Der Nachfolger Joachims auf dem Thron der Geiger, Karl Klingler, habe die Idee gehabt: Fünfundsiebzig Geiger, die von Joseph Joachim in seinem langen Leben ausgebildet worden waren, seien nach Berlin gekommen, um ihren Meister zu ehren. Der Höhepunkt der festlichen Veranstaltung sei ihr gemeinsamer Auftritt unter Klinglers Leitung gewesen. Unisono hätten sie den ersten Satz aus Johann Sebastian Bachs »Partita

E-Dur für Violine allein« gespielt! Der Leipziger Thomas-Kantor hätte seine wahre Freude gehabt. Der alte Joseph Joachim jedenfalls soll begeistert gewesen sein. Und Karl Klingler und seine vierundsiebzig Mit-Geiger haben eine phänomenale Leistung geboten.

Joseph Joachim

Über Joseph Joachim sollen noch ein paar Worte gesagt werden, denn die Nachwelt ist mit ihm übel umgegangen. Ihm verdankte Johannes Brahms die Mithilfe beim Entstehen seines Violinkonzerts. Er war es, der die musikalische Brücke von Felix Mendelssohn und Robert Schumann zu Brahms schlug. Joachim und seinem damals weltberühmten Quartett verdankt die Musikwelt die Weitergabe der von Beethoven überlieferten stilistischen Interpretation seiner Streichquartette und die bis heute beste Kadenz zu Beethovens Violinkonzert. Und Joachims Quartett-Kollegen, dem Cellisten Robert Hausmann, verdanken wir die Entstehung von Brahms' Doppelkonzert für Violine, Cello und Orchester.

Erwähnt sei auch die Episode von der Entstehung der Akademischen Festouvertüre, dieses prachtvoll-fröhlichen Stückes für großes Orchester, das Brahms 1880 als Dank an die Universität Breslau für die Verleihung des Doktors honoris causa geschrieben hatte und von Wien nach Berlin mitbrachte. Noch hatte der Komponist, der nie am Klavier, sondern stets am Schreibtisch komponierte, sein neues Werk nicht gehört. Joachim rief das Orchester der Hochschule zusammen, und man musizierte aus den handgeschriebenen Kladden. Brahms saß im Parkett, und sein Bleistift flog über die Partitur. Zwei Tage lang wurde hart gearbeitet. Erst dann bekamen die Kopisten das Material, und am dritten Tag konnte Brahms beruhigt nach Breslau weiterreisen und seinen Dank dem Breslauer Universitätssenat überreichen.

Vom Undank der Nachwelt gegenüber Joseph Joachim sprach ich

Joseph Joachim und Robert Hausmann, etwa 1900

bereits. Zwar stellte man nach seinem Tod eine Bronzebüste ins Foyer der von ihm gegründeten Musikhochschule, und im Grunewald-Viertel erhielt eine Straße seinen Namen. Aber nur wenige Jahrzehnte später verschwand die Büste eines Nachts, und die Joseph-Joachim-Straße wurde in Oberhaardter Weg umbenannt – Joachim war Jude gewesen. Erst viele Jahre später wurde auf Initiative der Nachkommen Karl Klinglers eine neue Büste geschaffen. Ich selbst habe bisher vergeblich versucht, der Joseph-Joachim-Straße ihren alten Namen zurückgeben zu lassen. Die Stadt Berlin begnügte sich damit, einem namenlosen Stück Rasen an anderer Stelle den Namen Joseph-Joachim-Platz zu geben.

Es gibt in Berlins Tiergarten, unweit der neuen Philharmonie, ein Denkmal, das nur schwer zu finden ist und das deshalb kaum jemand kennt: das Komponisten-Denkmal. Die Geschichte seiner Entstehung soll hier kurz erzählt werden. In der Weinstube von Lutter und Wegner am Gendarmenmarkt soll es gewesen sein, wo die

Freunde Joseph Joachim und Johannes Brahms nach dem Ende eines gemeinsam gegebenen Konzerts in der Singakademie ihren Durst löschten. Sonaten von Haydn, Mozart und Beethoven hatten sie gespielt und ihr Publikum begeistert. »Was wären wir Musiker, wenn wir nicht diese drei Komponisten hätten. Ihnen sollte man ein Denkmal setzen!« hatte Brahms ausgerufen, und Joachim hatte nach kurzem Schweigen erklärt, man solle es nicht bei diesem frommen Wunsch belassen, sondern ihn in die Tat umsetzen. Sie verabredeten für die nächste Konzertsaison ein Benefizkonzert mit Werken der drei. Aus der Künstler-Initiative wurde eine Bürger-Initiative, und so entstand das Denkmal mit den Büsten von Haydn, Mozart und Beethoven.

Die Geschichte ist mir durch meinen Freund Friedrich Hausmann, den Sohn des Cellisten im Joachim-Quartett, überliefert worden. Möge das Komponisten-Denkmal im Zuge der Neugestaltung der Hauptstadt Deutschlands einen ihm würdigen Platz erhalten!

Staatsangehörigkeit Preußen

In unseren ersten Berliner Jahren pflegte Mutter mit uns zu Weihnachten nach Kieckow zu fahren. Deutlich erinnere ich mich der ersten Weihnachtsreise. In Berlin hatte der Zug pünktlich den Stettiner Bahnhof verlassen, aber aus unerfindlichen Gründen gab es auf der Fahrt durch Pommern von Station zu Station mehr Verspätung. Damit müsse man sich wohl abfinden, meinte Mutter. Eine schlechte Zeit sei das; zu Kaisers Zeiten seien die deutschen Eisenbahnen die pünktlichsten der ganzen Welt gewesen. Der Zug hatte an jeder, auch der kleinsten Station gehalten. Einmal hatten wir lange auf einem Nebengleis gestanden, um den D-Zug nach Danzig und Königsberg überholen zu lassen. Doch Mutter rechnete uns vor, wieviel Geld sie dadurch gespart habe, daß sie nicht den D-Zug, sondern den »Bummelzug« genommen hatte, denn der führte vier Wagenklassen, und selbstverständlich saßen wir in der 4. Klasse.

Die 4. Klasse war nicht allein an der »4« zu erkennen, sondern auch an einem großen Schild neben der Eingangstür mit der Aufschrift »Für Reisende mit Traglasten«. Die 4. Klasse war für uns ideal, denn wir brauchten unser großes Gepäck nicht aufzugeben, sondern stapelten es samt Geige und Cello in der Mitte des Großabteils. Ja, wir konnten sogar die Instrumente auspacken, die Notenständer aufstellen und ungestört üben. Hier und da stiegen einfache pommersche Landleute ein und hörten unseren Tonleitern und Etüden belustigt zu, um bald wieder auszusteigen, weil sie ihr Reiseziel erreicht hatten.

Mutter kannte die Provinz Pommern gut. Auf vielen Stationen sagte sie uns, wer hier oder in der Nähe wohnte. Oft waren es Verwandte von uns, und wir mußten die verwandtschaftlichen Beziehungen aufsagen. In Stettin bemerkte sie kurz: »Hier hat euer Vater seine Ölfabrik.« Einen Augenblick lang konnten wir den Fabrikschornstein sehen. Als wir uns Altdamm näherten, sagte sie, hier gebe es eine Papierfabrik, die einen infernalischen Gestank verbreite. Sofort öffneten wir ein Fenster; tatsächlich, Mutter hatte recht, und das Fenster wurde schleunigst wieder geschlossen.

In Stargard wurde Mutter ganz feierlich. Hier befinde man sich auf dem 15. Längengrad von Greenwich, und dieser Längengrad markiere die MEZ, die mitteleuropäische Zeit. Somit liege Stargard genau in der Mitte Europas. Für Hinterpommern sei dies eine große Ehre.

In Belgard mußten wir umsteigen. Doch es stellte sich heraus, daß der Anschlußzug in Richtung Neustettin nicht auf den verspäteten Berliner Zug gewartet hatte. Also mußten wir das große Gepäck und die Musikinstrumente bei der Aufbewahrung abgeben und im Hotel übernachten. Meine Schwester Raba, die schon mit Zahlen über hundert rechnen konnte, meinte schnippisch, nun sei die ganze Ersparnis der 4. Klasse futsch. Nur mit dem Notwendigsten für die Nacht versehen, zogen wir in Richtung Stadt. Eine frische Schneedecke knirschte unter unseren Füßen. Die in Dunkelheit getauchte

Stadt schien menschenleer. Am Marktplatz gebe es das altbewährte Hotel Wolter, sagte Mutter. Und siehe da, Hotel Wolter hatte noch nicht geschlossen.

In der Gaststube saßen ein paar Männer beim Skat, der Qualm ihrer Tabakspfeifen legte sich um den großen Lampenschirm über dem Tisch. Einer der Männer erhob sich und begrüßte Mutter mit einer Mischung aus Vertrautheit und Ehrerbietung. Es war Herr Wolter persönlich. Es bereite keine Schwierigkeiten, sagte er, die gnädige Frau und die Kinder unterzubringen, denn in den Tagen vor Weihnachten sei das Haus leer. Das zweite Zimmer sei zwar noch ungeheizt, aber er werde es gleich heizen lassen. Mutter verhinderte das; die beiden Jungen könnten ohne weiteres im ungeheizten Zimmer schlafen.

Da wir unseren Reiseproviant unterwegs restlos verzehrt hatten, fragte Mutter, ob man noch eine Kleinigkeit essen könne, zum Beispiel für jeden einen Teller Kliebensuppe (warme Milch mit kleinen Mehlklößen). Die Kliebensuppe wurde zugesagt, und Herr Wolter meinte, ein Schinkenbrot sei auch schnell gemacht. Also nahmen wir Platz, und Herr Wolter brachte Mutter einen Anmeldeblock.

Es war das erste Mal, daß wir Kinder in einem Hotel abstiegen. Für uns war es ein aufregendes Erlebnis, und wir wollten wissen, was das Wort »Hotel« bedeute. Das sei Französisch, erklärte Mutter, und zeige an, daß es sich um ein besseres Haus handele, besser als ein Gasthaus, und in diesem Fall sei es, obwohl es nur wenige Zimmer habe, »das erste Haus am Platz« und mit Sicherheit frei von Wanzen und Läusen. Dann begann Mutter, die polizeiliche Anmeldung auszufüllen, und wir sahen zu und lasen, was sie schrieb: Spes Stahlberg, geborene von Kleist-Retzow, geboren in Belgard am 17. Juli 1888.

So war dies also Mutters Geburtsort. Warum sie eigentlich Spes heiße, wollten wir wissen. Ihr Geburtsjahr, sagte sie, sei ein wichtiges Jahr gewesen. Am 17. Juli 1888 sei der norwegische Polarforscher Fridjof Nansen aufgebrochen, um zusammen mit ein paar Freunden mit Hundeschlitten Grönland zu durchqueren. Man denke nur! Zu Fuß auf Schneebrettern quer durch Grönland! Die ganze Welt habe darüber gesprochen, so hätten ihre Eltern erzählt, denn Nansens Expedition sei von unvorstellbarem Wagemut gewesen. Vor allem aber sei das Jahr 1888 in die deutsche Geschichte eingegangen als das »Dreikaiserjahr«. Kaiser Wilhelm I., der »alte Kaiser«, sei im März gestorben, sein Sohn, Kaiser Friedrich III., nur neunundneunzig Tage später, so daß dessen erst neunundzwanzig Jahre alter Sohn der dritte Kaiser innerhalb eines Jahres wurde. Der Sommer 1888 sei eine Zeit des Bangens um Deutschlands Zukunft gewesen, und so hätten ihre Eltern ihre älteste Tochter »Spes« genannt – Hoffnung.

Die letzte Frage auf dem Anmeldezettel war die nach der Staatsangehörigkeit. »Preußen« schrieb Mutter hin. Wir wollten wissen, warum sie uns nicht als Deutsche anmeldete, wo sie doch immer vom deutschen Kaiser und nicht vom preußischen König gesprochen habe. Die Antwort sei nicht ganz einfach, erwiderte sie. Aber es sei erst zur Zeit ihres Großvaters gewesen, daß Bismarck von Preußen aus das Deutsche Reich geschaffen habe, und zwar durch Kriege gegen Dänemark, Österreich und Frankreich. Alle drei Kriege habe Preußen gewonnen, ja sogar den gegen Frankreich, obwohl nicht Preußen, sondern der Kaiser von Frankreich den Krieg erklärt habe. Und alle drei Kriege seien sehr kurz gewesen, zusammen weit kürzer als der letzte Krieg, den Deutschland verloren habe. Nun wollten wir wissen, wer denn den letzten Krieg, den Weltkrieg, angefangen habe. Wahrscheinlich sei keiner allein schuld gewesen, meinte Mutter. Das Schlimmste aber sei, daß der Kaiser, als er nicht mehr aus noch ein gewußt habe, nach Holland geflohen sei, anstatt an die Front zu gehen und zusammen mit seinen Soldaten zu kämpfen.

Ich wunderte mich, daß Mutter über den Kaiser so streng sprach, und wollte wissen, was das mit Preußen zu tun habe. Mutter antwortete mit großer Entschiedenheit: Wenn er schon nicht mehr deutscher Kaiser sein wollte, dann hätte er doch wenigstens König von Preußen bleiben müssen. Wenn Deutschland bestehen bleiben solle, dann müsse man wieder bei Preußen anfangen. Wir sollten auch bedenken, daß ihre Familie hier im Belgarder Kreis seit mehr als siebenhundert Jahren gelebt habe. Die vielen Generationen, die mitgeholfen hätten, daß dieses Land so schön geworden sei, seien sehr fleißig und sparsam gewesen. In einem Landkreis wie dem Belgarder habe man wie in einem Freundeskreis gelebt. Ihr Vater sei hier Landrat gewesen, nicht deutscher, sondern preußischer Landrat. Ein königlich preußischer Landrat habe in seinem Kreis fast wie ein kleiner König regiert. Ihr Vater sei sehr gerecht und deshalb sehr beliebt gewesen. Auch ihr Großvater und ihr Urgroßvater hätten als Belgarder Landräte gedient. Drei Generationen königlich preußische Landräte, in guten wie in schweren Zeiten! Vielleicht könnten wir nun verstehen, warum sie sich hier in Belgard als Preußin eingetragen habe.

Die letzte Kaiserin

Kaiserin Auguste Viktoria starb am 11. April 1921 in Doorn in Holland, dem Exil von Kaiser Wilhelm II. Als die Nachricht von ihrem Tod in Berlin bekannt wurde und man erfuhr, sie werde in Potsdam im Antikentempel gegenüber dem Neuen Palais beigesetzt, besorgte Mutter für sich und uns drei Kinder Eintrittskarten für die Feierlichkeiten. Und sie tat noch ein übriges: Sie mietete für unsere Fahrt nach Potsdam eine zweispännige Pferdedroschke. Wir sollten, so sagte sie, noch einmal den Landweg von Berlin nach Potsdam erleben, denn dieser Weg sei preußische Geschichte. An unsere Klassenlehrer schrieb sie Entschuldigungsbriefe »wegen Teilnahme an den Beisetzungsfeierlichkeiten Ihrer Majestät der Kaiserin«.

Am Tage der Beisetzung weckte sie uns schon bald nach Mitternacht, und wohlversorgt mit Reiseproviant bestiegen wir an der Ecke Bismarck- und Schloßstraße die bereits wartende Droschke. Ein schlechtgelaunter alter Kutscher ließ seine Pferde im Zuckeltrab den üblichen Weg von Charlottenburg nach Potsdam gehen: entlang der im Bau befindlichen Avus – der ersten Autobahn in Deutschland – nach Wannsee, von dort auf der schmalen, hügeligen und von wunderschönen alten Eichen gesäumten Landstraße über

Glienicke bis zum Neuen Palais im Park von Sanssouci. Auf der Rückseite von Friedrich des Großen »protzigstem Bau« hielten schon viele Pferdekutschen und auch zahlreiche Automobile. Mein Bruder und ich konnten uns nur schwer vom Anblick der wunderbaren Karossen trennen. Nie zuvor hatten wir in so großer Zahl so herrliche Autos gesehen.

Wir hatten Stehplätze auf der Terrasse des Neuen Palais. Doch die Menschen standen dort schon seit Stunden dichtgedrängt. So machten Hans-Conrad und ich uns selbständig. Bald standen wir an der Balustrade der Terrasse und somit in der ersten Reihe. Während der langen Wartezeit lauschten wir, was die Menschen um uns herum diskutierten. Es ging vor allem um die Frage, ob der Kaiser den Sarg seiner Gattin von Holland nach Potsdam begleitet habe. Würde er seiner Gemahlin auf ihrem letzten Weg das Geleit geben?

Endlich erschien in der Ferne, auf der Promenade vom Bahnhof Wildpark zum Neuen Palais, der Trauerzug. Vier Rappen, in schwarze Decken gehüllt, zogen den Leichenwagen. Hoch oben stand der riesige, mit schwarzem Samt bedeckte Sarg. Sein einziger Schmuck war das mit Brokat gestickte kaiserliche Wappen. Offiziere des Pasewalker »Kürassier-Regiments Königin« flankierten in ihren prachtvollen Uniformen den Wagen.

Unvergeßlich bleibt mir die feierliche Stille. Das einzige Geräusch war das Schnauben der Pferde und das Knirschen des Kieses unter den Rädern des Leichenwagens und unter den Schritten der vieltausendköpfigen Trauergemeinde, die dem Sarg folgte. Der letzten deutschen Kaiserin und Königin von Preußen wurde ein würdiger Abschied gegeben. Nur der Kaiser fehlte.

Das Gefolge war einzigartig. An der Spitze schritten evangelische Pastoren im schwarzen Talar. Nie wieder in meinem Leben habe ich so viele Geistliche im Talar versammelt gesehen. Dann kamen die Fürsten und Prinzen der vielen Länder und Kleinstaaten, die Bismarck 1871 im Deutschen Reich vereint hatte, und schließlich – mit deutlichem Abstand – die Offiziere des deutschen Heeres, an ihrer Spitze die Generalfeldmarschälle. Hindenburg mit seiner hünenhaften Gestalt überragte sie alle.

Beisetzung der Kaiserin Auguste Viktoria in Potsdam im April 1921

So zogen sie an uns vorbei, ein letzter Abgesang der Monarchie in Deutschland. Sic transit gloria mundi.

Es bleibt des Nachdenkens wert, daß hinter dem Sarg auch einige schritten, die schon bald - nur zwei Jahre später! - in München an der Seite des Parteipolitikers Hitler marschierten, um den Putschversuch des Verderbers Deutschlands mitzumachen; an ihrer Spitze General Erich Ludendorff, neben Hindenburg der populärste General des Weltkriegs.

Vermutlich fehlte im Trauerzug unter den Prominenten des Deutschen Reiches die große Zeichnerin und Bildhauerin Käthe Kollwitz, deren sozial engagierte Werke die Kaiserin aus Kunstausstellungen hatte eliminieren lassen. Überhaupt schien sie einen

Hang dazu gehabt zu haben, mit Kunst Politik zu machen. So soll es auf ihre Veranlassung zurückgehen, daß Friedrich der Große, bedeutendster aller preußischen Könige und Verfasser des »Antimachiavell«, im Mosaik der brandenburgischen und preußischen Herrscher in der Kaiser-Wilhelm-Gedächtnis-Kirche an Berlins Kurfürstendamm fehlt. Ein Souverän, in dessen Land »jeder nach seiner Façon selig werden« durfte, hatte offenbar in der Kirche der Hohenzollern nichts zu suchen. Es fehlt in diesem Mosaik auch das Bild der Schwiegermutter der Kaiserin, der »Engländerin« Viktoria.

Die »goldenen« Zwanziger Jahre

Seit Herbst 1920 lebten wir also in Berlin, eine Zeitlang noch zusammen mit Urgroßmutter. Doch dann beschloß diese, Berlin zu verlassen und für die Jahre, die ihr noch gegeben waren, nach Großenborau, auf das Gut ihres verstorbenen Mannes in Schlesien, zu ziehen. Mutter übernahm die schöne Wohnung. Während wir die Sommerferien in Kieckow verbrachten, ließ Mutter ihre in Stettin eingelagerten Möbel kommen, so daß wir am Ferienende eine ganz »neue« Wohnung vorfanden. Mutters wichtigstes Möbelstück war ihr Blüthner-Flügel. Ihren zweiten Konzertflügel, einen großen Steinway, hatte sie ihrer jüngsten Schwester Ruth Wedemeyer überlassen, denn selbst für die große Wohnung in der Bismarckstraße war er zu groß. Aber es gab einen – keinesfalls ebenbürtigen – Ersatz: ein »Meisterharmonium« von Schiedmeyer, in seinen Dimensionen fast eine Hausorgel. Welch ein Glück, daß wir nicht in einer höheren Etage wohnten! Die Schwierigkeiten mit den »Untermietern« wären vorauszusehen gewesen.

Eines Tages, als wir aus der Schule kamen, war das Meisterharmonium verschwunden. Hatte Mutter es verkauft? Nein, das nicht, doch mit einem Anflug von Stolz erzählte sie, daß sich das Instrument bis auf weiteres im Theater am Kurfürstendamm befinde.

Mutter hatte zum erstenmal in ihrem Leben ein Engagement übernommen: Im letzten Akt eines Theaterstücks hatten hinter der Szene Orgelklänge zu ertönen. Mutter konnte allabendlich spielen, was ihr gerade einfiel, ja, sie durfte zum Gaudium ihrer Schauspielerkollegen sogar improvisieren. Und vor allem: Es gab am Ende jedes Abends bar ausgezahltes Honorar! Nach dem letzten Vorhang stand sie zusammen mit den Schauspielern in der Schlange, um einen verschlossenen Briefumschlag in Empfang zu nehmen.

Deutschland befand sich mitten in der Inflation. Von Tag zu Tag verlor die Reichsmark an Wert. Die Abendhonorare des Theaters am Kurfürstendamm hingegen stiegen ebenso wie die Eintrittspreise von einem Tag zum anderen. Wir Kinder hatten noch keine Beziehung zum Geld. Viel mehr interessierte uns das Theaterstück, in dem Mutter hinter der Bühne für Stimmung sorgte. Doch es gelang uns nicht, wenigstens einmal mitgenommen zu werden. Zu gerne hätten wir die Aufführung hinter den Kulissen miterlebt. Mutter begründete ihre Ablehnung damit, daß das Stück »bodenlos unanständig« sei.

Mehr und mehr bekamen auch wir Kinder die Inflation zu spüren. Oft mußten mein Bruder und ich Lebensmittelpakete aus Kieckow von der Post abholen. Dafür hatten wir einen Bollerwagen, den wir zu zweit zogen, wenn die Pakete zu schwer waren. Ein paarmal trafen auch Kartoffeln auf dem Postweg ein. Wo aber sollte man sie einlagern? Ich sehe mich noch zusammen mit Hans-Conrad den leeren Bollerwagen den Kaiserdamm hinauf und über den Reichskanzlerplatz in die Heerstraße ziehen. Dort war das Laub der Straßenbäume noch nicht von der Stadtreinigung beseitigt worden. Rasch war unser Wagen bis zum Rand gefüllt. Zwei Fuhren haben wir geholt, das reichte, um die Kartoffeln auf unserem Balkon gegen Frost zu schützen.

Es gab aber auch düstere Tage in dieser Zeit. Von der Wohnung aus sahen wir große Demonstrationen. Tausende von Menschen zogen mit roten Fahnen vorbei. Eines Tages war der Sophie-Charlotte-Platz unter unseren Fenstern dicht gefüllt mit einer unübersehbaren Menge. Sie machte Anstalten, das uns gegenüberliegende Charlottenburger Polizeipräsidium zu stürmen. Es hieß, die Polizei habe einige gewalttätige Demonstranten festgenommen, und die Menge versuche nun, sie zu befreien. Mit klopfenden Herzen sahen wir, versteckt hinter den Gardinen von Urgroßvaters Arbeitszimmer, dem Geschehen zu. Bald fielen die ersten Schüsse. Eine regelrechte Straßenschlacht entwickelte sich vor unseren Augen. Mutter zog uns weg von den Fenstern. Sie hatte Angst, daß eine verirrte Kugel bei uns einschlug. Als wir daraufhin von einem Hinterzimmer aus in den Innenhof blickten, erschraken wir zu Tode: Die Demonstranten hatten den Hof zu ihrem Verbandsplatz gemacht. In Reih und Glied lagen da die Verwundeten. Oder waren es Tote? Immerhin waren Mord und Totschlag aus politischen Gründen in jener Zeit in Deutschland und besonders in Berlin an der Tagesordnung.

Berliner Musikleben

In einem merkwürdigen Kontrast zur politischen und wirtschaftlichen Krise blühten in Berlin Kunst und Wissenschaft auf. Mutter hatte sich mitten hinein gestürzt in das Musikleben der Stadt. Begeistert erzählte sie von ihren Besuchen bei den Philharmonischen Konzerten unter dem Chefdirigenten des Orchesters, Arthur Nikisch. Der kleine, immer elegant gekleidete Mann dirigiere mit ruhigen Bewegungen, feuere jedoch mit seinem stechenden Blick die Musiker an. Mutter hatte Tschaikowskis Pathétique gehört und Bruckner, der damals noch fast unbekannt war. Im Januar 1922 starb Nikisch. In Berlin hieß es, einen so bedeutenden Dirigenten werde es nie wieder geben.

Doch schon bald war ein neuer Name in aller Munde: Wilhelm Furtwängler. Ihn hatte man schon als Gastdirigenten und an der Oper Unter den Linden kennengelernt. Welch große Überraschung war es, als im September 1922 auf meinem Geburtstagstisch zwei Abonnements für die sogenannten »Voraufführungen« des Berliner

Wilhelm Furtwängler in der alten Berliner Philharmonie

Philharmonischen Orchesters lagen, die jeweils sonntags vormittags um 11.30 Uhr stattfanden. Das zweite Abonnement sei natürlich für sie reserviert, bemerkte Mutter einschränkend. Es waren die beiden linken Außenplätze der zweiten Parkettreihe, von denen aus wir Furtwängler aus nächster Nähe erleben konnten.

Von 1922 bis 1933 habe ich ausnahmslos alle Furtwängler-Konzerte an den Sonntagvormittagen gehört, doch nur wenige von unseren Parkettplätzen aus. Denn als zehnjähriger Bub fühlte ich mich in der alten Philharmonie bald wie zu Hause. Auch die Stimmzimmer der Musiker kannte ich, und so mancher von ihnen nahm mich am Künstlereingang an die Hand. Wenn dann das Orchester auftrat, folgte ich als letzter und setzte mich auf eine der Treppenstufen zum Podium. Das hatte große Vorteile: Ich hörte nicht nur, sondern ich sah. Ich sah in die Noten der hintersten Pulte, vor allem aber sah ich Furtwängler. So lernte ich die ungeheure Dramatik seiner Interpretationskunst kennen, aber auch die zornigen, bisweilen funkelnden Blitze, die er auf sein Orchester herabsausen ließ, sein Fußstampfen, wenn sich etwas musikalisch Neues ankündigte, seine Besessenheit, wenn ihm das dreifache Forte noch nicht kraftvoll genug kam, oder seine Anfeuerungsrufe selbst während des Konzerts, um die Blechbläser noch mehr zu fordern.

Ich habe den jüngeren Furtwängler noch erlebt, als er am Ende des letzten Satzes von Brahms' Erster Symphonie die Trompeten und Posaunen aufstehen ließ (in späteren Jahren tat er das nicht mehr). Welch ein Kontrast dagegen seine Interpretation von Mendelssohns zauberhafter Musik zu Shakespeares Sommernachtstraum. Das Pianissimo der Geigen am Anfang der Ouvertüre konnte ihm nicht leise genug sein. Fast unhörbar ließ er sie spielen, so daß das Publikum atemlos zu lauschen schien. Spektakulär seine Zeichengebung am Beginn von Beethovens Fünfter Symphonie. Sein Schlag kam, als schleudere Gott Wotan seine Blitze vom Himmel. Das Orchester wußte dies; deshalb hingen aller Augen beim Einsatz nicht am Dirigenten, sondern am Konzertmeister.

Im Laufe meines Lebens bin ich zwei Menschen begegnet, die damals ebenso wie ich in Furtwänglers Konzerten auf der Treppe zum Podium gesessen haben, ohne daß wir uns gekannt hätten. Es sind dies Boleslav Barlog, der unvergeßliche Generalintendant der Berliner Staatstheater, und Wolfgang Stresemann, der Sohn des Reichskanzlers und spätere langjährige Intendant der Berliner Philharmoniker. Wenn wir uns begegnen, schwärmen wir noch heute von »unseren Podiumsplätzen« in der alten Philharmonie.

Von ihnen aus erlebte man auch manche kleine Panne, die dem Publikum verborgen blieb. Wer von den Musikern glaubte, sich für seinen Einsatz auf das Zeichen des großen Dirigenten verlassen zu können, war schlecht beraten. Erstens setzte dieses Orchester schon damals den Bruchteil einer Sekunde nach dem Schlag des Dirigenten ein, und zweitens sah Furtwängler seine Aufgabe nicht darin, den Takt zu schlagen und Einsätze zu geben. Dies konnten »die Berliner« auch ohne Dirigenten. Von ihrem Dirigenten wollten sie nicht gegängelt, sondern inspiriert werden.

So erlebte ich einen köstlichen »Schmiß« im letzten Satz von Beethovens Neunter Symphonie. Der Bariton-Solist hatte gerade sein so schwer zu singendes »Oh Freunde, nicht diese Töne!« erfolgreich hinter sich gebracht, als einige Bassisten des Chors ihren Einsatz »Freude!« verpatzten. Einen Augenblick lang gab es ein heilloses Durcheinander. Furtwängler knallte seinen Taktstock auf das Notenpult. Lähmende Stille im vollbesetzten Haus, ein paar Worte an Chor und Orchester, und man begann zum zweitenmal mit dem Rezitativ »Oh Freunde, nicht diese Töne!«. Das Publikum schmunzelte.

Mutters »Festspiele«

Mutter kaufte fast vor jedem Furtwängler-Konzert die Taschenpartituren zum bevorstehenden Programm. Dann setzte sie sich zu Hause an den Flügel und spielte meinem Bruder und mir die wichtigsten Stellen und Themen aus der Partitur vor. So gingen wir immer vorbereitet in die Konzerte, die sozusagen die Belohnung waren für die unerbittliche Strenge, mit der sie über unser tägliches Üben wachte.

Eines Tages sagte sie uns, sie werde am Abend ins Theater gehen und spät nach Hause kommen. Unser Abendbrot werde sie in der Küche bereitstellen. Dann ermahnte sie uns, auch in ihrer Abwesenheit nicht das Üben zu vergessen. Tief in der Nacht weckte sie uns. An der Lage unserer Instrumente hatte sie gesehen, daß wir nicht geübt hatten. Barfuß und im Nachthemd mußten wir unter vielen Tränen unsere Tonleitern und Etüden nachholen.

Da Mutter uns für musikalisch und begabt hielt, trug wohl auch mütterlicher Stolz und Ehrgeiz dazu bei, daß sie uns zum Üben zwang. So befand ich mich sehr bald in Opposition zur Geige. Wiederholt protestierte ich bei schwierigen Etüden und erklärte, ich wolle niemals Geiger werden. Dann pflegte Mutter zu sagen: »Es ist besser, dereinst ein guter Dilettant zu sein, als ein schlechter Künstler, und damit basta!« Das Blatt wendete sich erst, als Margarete Rohloff zum regelmäßigen Musizieren zu uns kam und Mutter Hans-Conrad und mich in kleinen Hauskonzerten spielen ließ. Noch mehr bewirkten die »guten Taten«, die Mutter mit ihren musizierenden Söhnen in der Öffentlichkeit vollbrachte.

Zu dem Freundeskreis, den sie damals um sich zu versammeln begann, gehörte auch Pastor Karl Bernhard Ritter. Seine Kirche war eines der interessantesten Gotteshäuser Berlins, der Deutsche Dom am Gendarmenmarkt. Eine prachtvolle Orgel stand hier, ausgestattet mit allen Klangmöglichkeiten der spätromantischen Zeit. Den größten Effekt bot ihr »Fernwerk«, ein Register, bei dem das Pianissimo nicht aus dem Orgelprospekt, sondern aus der hohen Kuppel »wie aus dem Himmel« auf die Zuhörer herabzurieseln schien. Mutter hatte die Schlüssel zum Deutschen Dom und zu dieser Orgel erhalten. Viele Male nahm sie mich mit, wenn sie abends mit der U-Bahn zum Gendarmenmarkt fuhr, um an dieser einzigartigen Orgel zu üben. Ich stand dann neben ihr, und wir probierten zusammen die unzähligen Registrierungen, die dieses gewaltige Instrument bot.

So entstand – aus Liebe zu dieser Orgel und zu dem barocken Kirchenrundbau, der sie beherbergte – der abenteuerliche Plan, zusammen mit Pastor Ritter nach mittelalterlichem Vorbild ein »Mysterienspiel« aufzuführen. Karl Bernhard Ritter schrieb eine Dramatisierung des Gleichnisses von den »Fünf klugen und fünf törichten Jungfrauen«, und Mutter stellte die passende Musik zusammen, wobei Johann Sebastian Bach hilfreich zur Seite stand.* Zwei Frauenchöre wurden gebildet und in Engelsgewändern auf den Seitenemporen neben der Mittelkanzel postiert. Sie erhielten, nicht zuletzt aus Gründen der Intonation, je eine Streichergruppe beigesellt, und

* In der Berliner Staatsbibliothek fand ich zu meiner großen Überraschung folgenden Nachweis: Stahlberg, Spes, *Das Spiel vom großen Abendmahl. Das thüringische Mysterium von den zehn Jungfrauen,* hrsg. von Karl Bernhard Ritter, Frankfurt/M. 1924.

Aufführung des Mysterienspiels von den »klugen und törichten Jungfrauen« in einer Berliner Kirche. Meine Schwester Ruth-Roberta (fünfte von links) spielte eine der törichten Jungfrauen. In der Instrumentalgruppe hinten rechts musizieren mein Bruder Hans-Conrad und ich.

so wurden auch Hans-Conrad und ich mittels Bettlaken, goldenen Stirnbändern und Sicherheitsnadeln zu Engeln gemacht. Es war abenteuerlich, aber es machte großen Spaß, zum erstenmal in der Öffentlichkeit zu musizieren, während unter uns rund um den Altar das Spektakel über die Bühne ging. Dabei saßen wir so, daß wir Mutter, die von der zum Publikum hin abgeschirmten Kanzel herab dirigierte, stets im Auge hatten. Eine der fünf törichten Jungfrauen wurde von unserer Schwester Raba gespielt. Sie agierte höchst eindrucksvoll; es hieß, die Rolle sei ihr auf den Leib geschrieben.

Die Aufführungen im Deutschen Dom wurden mehrfach wiederholt. Später führten wir das Spiel auch in anderen Berliner Kirchen auf. Der Erfolg, den Karl Bernhard Ritter und Mutter mit den klugen und törichten Jungfrauen errungen hatten, inspirierte zu weiteren

Taten. Diesmal wurde der Dom zu Brandenburg an der Havel als Spielstätte ausgesucht, eine herrliche gotische Backsteinkirche. Ursprünglich eine im zwölften Jahrhundert errichtete romanische Pfeilerbasilika, war sie im vierzehnten Jahrhundert zu einer gotischen Gewölbekirche umgestaltet worden. Im neunzehnten Jahrhundert hatte Karl Friedrich Schinkel sie zwischen Westteil und Hochaltar mit einer das gesamte Mittelschiff ausfüllenden Treppe versehen, vergleichbar derjenigen vor dem Großen Schauspielhaus auf Berlins Gendarmenmarkt. Leider existiert sie heute nicht mehr. Auf dieser Treppe wurde – fast nach Art von Oberammergau – ein Passionsspiel inszeniert, diesmal nicht mit Laien, sondern mit professionellen Schauspielern der Berliner Staatstheater. Werner Pleister führte Regie. Mutter sorgte wieder für die Musik, vor allem Stücke aus Bachs Passionen. Chöre und Orchester erschienen, wieder in Engelsgewändern, aus der Tiefe des Hochaltars, Blechbläser standen auf der Empore unter der Orgel. Mehr als zweihundert Mitwirkende waren wir. Einige Choräle sangen die Zuhörer mit. Die großen Glocken des Doms läuteten am Anfang und Ende der Aufführung.

Die Brandenburger Passionsspiele wurden ein großer Erfolg. Von Berlin nach Brandenburg wurden Sonderzüge eingesetzt, so daß die Besucher gleich nach Ende der Aufführung wieder nach Hause fahren konnten. Viel Berliner Prominenz erschien in Brandenburg, darunter auch die ehemalige Kronprinzessin mit ihren vier Söhnen. Hans-Conrad und ich durften im Anschluß an eine Nachmittagsaufführung im angrenzenden alten Klostergewölbe mit den vier Preußenprinzen gemeinsam am Kaffeetisch sitzen. Zuvor ermahnte Mutter uns, an unsere Tischmanieren zu denken; die Prinzen hätten die beste Erziehung genossen. Es begab sich aber, daß der Kaffee sehr heiß serviert wurde und man ihn nicht sofort trinken konnte. In der Aufregung angesichts der hohen Gäste hatte man vergessen, an die Kaffeelöffel zu denken. Worauf einer der Prinzen sich zu seiner Mutter, Ihrer Kaiserlichen Hoheit, an den Nachbartisch begab und sie um eine ihrer Haarnadeln bat, damit er den zu heißen Kaffee mit selbiger umrühren könne!

Mutter Kronprinzessin reagierte höchst ungehalten. Der Filius gab jedoch nicht nach und meinte, Mutter möge doch nicht so tun als ob, sie habe doch auch zu Hause schon des öftern in Ermangelung eines Kaffeelöffels ihrer Frisur eine Haarnadel entnommen. Die Kronprinzessin aber blieb hart, und es gab keine Haarnadel. Vermutlich hatte sich der Kaffee während dieses Intermezzos auch ohne Haarnadel soweit abgekühlt, daß er gefahrlos zu trinken war.

In Berlins Strafanstalten

Mitunter schien Mutters Ideenreichtum grenzenlos zu sein. Eines Tages verkündete sie meinem Bruder und mir, wir würden demnächst im Berliner Frauengefängnis in der Barnimstraße, unweit des Alexanderplatzes, ein Konzert geben. Ihre Cousine Katharina Tresckow, die in der Evangelischen Stadtmission tätig war, habe sie darum gebeten. Hans-Conrad und ich waren entsetzt. Doch Mutter war von dem Gedanken, in einem Gefängnis Musik zu machen, so fasziniert, daß sie alle Widerrede im Keim erstickte. Sie hatte sogar ihren Frauenchor, der aus etwa dreißig jungen Mädchen und älteren Damen bestand und mit dem sie regelmäßig freitags abends übte, gefragt, ob er an dem Gefängniskonzert mitwirken wolle. Wie zu erwarten, waren die Damen begeistert von dem Plan. Ich habe vergessen, was dann eines Tages vor den vielen Frauen in ihrer grauen Gefängniskleidung gespielt beziehungsweise gesungen wurde. Deutlich entsinne ich mich aber noch des infernalischen Miefs im Saal, und ich erinnere mich, daß wir, tief beeindruckt von der düsteren Atmosphäre, mit größter Hingabe und noch größerem Vibrato gespielt und daß viele Frauen hemmungslos geweint haben.

Mutter schien äußerlich ungerührt. Sie dirigierte ihren Chor ebenso gelassen wie in den vielen Kirchenkonzerten, die man gemeinsam gegeben hatte. Sie war erfüllt von dem Gedanken, auf diese Weise – wie sie es nannte – »praktisches Christentum« zu beweisen. Und es blieb nicht bei dem einen Konzert im Frauengefängnis. Ihre Bereitschaft, in der Berliner Gefangenenfürsorge zu helfen, hatte sich in der »Branche« bald herumgesprochen. Jahrelang zog sie jeweils am Nachmittag des 24. Dezember mit Hans-Conrad und mir samt Geige und Cello in eine der Berliner Strafanstalten. Bald kannten wir wohl alle derartigen Häuser dieser Stadt, einschließlich des Zuchthauses in Tegel, in dem die Sträflinge damals noch an lange Ketten gefesselt waren. Das Schleifen der Ketten auf den Fußböden der Gefängnisflure und die gellenden Kommandos der Wachmänner schallen noch heute in meinen Ohren.

Die bewegendsten Szenen aber erlebten wir nicht in Tegel, sondern im Untersuchungsgefängnis Moabit. Während sich die Zuchthäusler in Tegel mit ihrem Schicksal abgefunden zu haben schienen, saßen die Untersuchungshäftlinge in Moabit in Zivilkleidung vor uns, Schuldige wie Unschuldige. Gegen das anzuspielen, was meinem Bruder und mir hier an Erwartung, Hoffnung und Bitterkeit entgegenschlug, war fast unmenschlich.

Mutter entlohnte uns für die »gute Tat am Weihnachtstag« auf ihre Weise. Wieder zu Hause, sprangen wir erst einmal in die Badewanne, um den Gefängnisgeruch loszuwerden. Dann fuhr sie mit uns in den großen Dom im Lustgarten zur Christmette. Tausende von Menschen füllten den gewaltigen Kirchenbau. Herrlich und glockenrein sang der Domchor die schönsten Weihnachtslieder. Wir hatten das Gefühl, er singe nur für uns.

Ferdinande

An der Straße von Klein-Krössin nach Kieckow steht ein etwa einen Meter hohes Steinkreuz, aus einem Findling gehauen. Es trägt die Inschrift: »GOTT RIEF – 11. Juli 1924«. Das schlichte Kreuz ist wohl das einzige Monument mit deutscher Inschrift, das die Polen nach der Übernahme Pommerns im Jahre 1945 in Kieckow stehengelassen haben. Nur einmal habe ich es bei einem meiner Besuche in der alten Heimat umgestürzt gefunden. Mein Vetter Heinrich von Kleist-Retzow hat dann bei seinem nächsten Besuch in Kieckow einen Sack Zement im Auto mitgenommen, und der katholische polnische Geistliche in Groß-Tychow hat ihm geholfen, das Kreuz wiederaufzustellen.

Was war hier am 11. Juli 1924 geschehen? An dieser Stelle starb meine kleine Cousine Ferdinande, eine meiner beiden liebsten Spielgefährtinnen. Onkel Hans-Jürgen hatte eine Kutschfahrt unternehmen wollen und seinen Zuchthengst, ein hoch im Blute stehendes edles Pferd, vor eine »Spinne«, einen sehr leichten, fast skelettartigen Wagen spannen lassen. Oft hatte er mich mitgenommen, wenn er über die Felder fahren wollte. Und oft hatten wir dem Wagen bewundernd nachgeschaut, wenn er an uns vorüberfuhr. Ein wunderbares Bild.

An diesem Tag nahm Onkel Hans-Jürgen seine beiden ältesten Kinder, die zehnjährige Ferdinande und den vierjährigen Konstantin, mit. Ferdinande bekam den Platz neben und Konstantin den Kutschersitz hinter dem Vater. So rollte das Gefährt die Allee vor dem Gutshaus hinaus. Es ging durch Feld und Wald nach Klein-Krössin zur Großmutter. Dort angekommen, traf Onkel Hans-Jürgen den landwirtschaftlichen Verwalter, der vor seinem Haus stand. Es gab einiges zu besprechen, und so hielt er am Gartenzaun an. Der 11. Juli war ein glühendheißer Tag, und der Hengst, von Fliegen und Bremsen gepeinigt, wurde unruhig und versuchte, sich das Ungeziefer am Zaun abzustreifen. Dabei geschah es: Plötzlich hing das Zaumzeug vor der Brust des Pferdes. Ehe Onkel Hans-Jürgen oder der Verwalter reagieren konnten, ging es durch und rannte in gestrecktem Galopp aus dem Dorf hinaus auf die Straße nach Kieckow.

In blankem Entsetzen über die tödliche Gefahr, in der sich die drei Insassen auf dem Wagen befanden, rannten der Verwalter und einige Umstehende hinterher. Doch was konnten sie tun? Was vor allem konnte Onkel Hans-Jürgen auf dem Wagen tun? Er hatte keine Möglichkeit mehr, auf sein Pferd einzuwirken. Verzweifelt ver-

Ferdinande von Kleist-Retzow

suchte er, es über den Zügel zu bändigen. Doch der Hengst reagierte nicht; das vor seiner Brust hängende Zaumzeug machte ihn nur noch wilder. Der so erfahrene Pferdezüchter sah die Nutzlosigkeit seines Tuns.

Auf der Chaussee kam der leichte Wagen ins Schleudern. Ein paarmal schien es, als kollidiere er mit einem der Straßenbäume. Das hätte das Ende bedeuten können. In dieser Lage faßte Onkel Hans-Jürgen einen erstaunlichen Entschluß: Er würde seine Kinder im geeigneten Augenblick in den Chausseegraben werfen. Zuerst packte er die zehnjährige Ferdinande und warf sie mit aller Kraft von dem hin- und herschleudernden Wagen. Ihm schien, daß das Rettungsmanöver gelungen sei. Dann griff er nach seinem vierjährigen Sohn und warf auch ihn hinunter. Kaum war dies geschehen, da setzte der Hengst zu einem gewaltigen Sprung über den Graben an. Der leichte Wagen schlug auf der jenseitigen Grabenkante auf und wurde zertrümmert. Onkel Hans-Jürgen flog in weitem Bogen auf den Acker. Er verletzte sich nicht ernsthaft und lief sofort zurück zu seinen Kindern. Konstantin war bei Bewußtsein und blutete heftig. Ferdinande aber war bewußtlos. Der aus Groß-Tychow herbeigerufene Arzt versorgte die Wunden des Jungen. Ferdinande aber war nicht mehr zu retten. Ein schwerer Schädelbasisbruch hatte ihr Leben beendet. Am nächsten Tag wurden wir Kinder in das Zimmer geführt, in dem sie aufgebahrt lag.

Ganz Pommern sprach über das schreckliche Unglück. Hatte der Vater richtig gehandelt? In Preußen gab es eine alte Regel: Es sei besser, das Falsche, als nichts zu tun. Andere zitierten die alte Weisheit der Kavalleristen: Wenn ein Pferd durchgeht, dann vor allem oben bleiben! Vielleicht hatte der Kutscher beim Anspannen den Kehlriemen nicht kurz genug geschnallt. Doch was auch die Ursache war, die letzte Verantwortung trägt immer derjenige, der den Wagen lenkt. Jeder, der mit Pferden umgeht, weiß von den Unwägbarkeiten solcher Situationen. Onkel Hans-Jürgen litt unter diesem Schicksalsschlag sein Leben lang.

Ein »skandalöses« Buch

Im Jahre 1923 erschienen die Aufzeichnungen des Grafen Robert Zedlitz-Trützschler, des Bruders meiner Großmutter und ehemaligen Hofmarschalls Wilhelms II., unter dem Titel »Zwölf Jahre am deutschen Kaiserhof«. Das Buch schlug in der Öffentlichkeit wie eine Bombe ein. Für einige Monate gehörte es zum Tagesgespräch, und die Deutsche Verlagsanstalt in Stuttgart druckte in kurzer Zeit elf Auflagen.

Auch Mutter hatte sich ein Exemplar gekauft. Als sie es zu Ende gelesen hatte, bat ich sie, es mir zu geben. Aber ich stieß auf eisige Ablehnung. Dieses Buch sei ein »Hintertreppenroman«; sie habe es bereits dort deponiert, wo es hingehöre: im Mülleimer. Da ich mit

Robert Graf von Zedlitz-Trützschler jun. als Hofmarschall Wilhelms II., etwa 1910

meinem Taschengeld so kurz gehalten wurde, daß ich mir einen heimlichen Kauf des Buches nicht leisten konnte, sah ich keine Möglichkeit, es zu lesen. Aber immer wieder hörte ich, daß man im Verwandtenkreis über das Buch von Onkel Rob – so nannten wir ihn – heftig diskutierte. In der Familie wurde es nicht nur abgelehnt, sondern über meinen Großonkel wurde ein grausamer Familienboykott verhängt. Traf man ihn bei einem familiären Ereignis, dann wurde er »geschnitten«.

Solange ich Onkel Robs Buch nicht gelesen hatte, hielt ich mich nicht an die Familienorder. Und auch Mutter wurde mit den Jahren schwankend in ihrer Haltung zu Onkel Rob. Sie machte mit uns Kindern sogar einen Besuch in Großenborau, dem Sitz der Familie Zedlitz-Trützschler. In den dreißiger Jahren habe ich Onkel Rob einmal gefragt, warum sein Buch so angefeindet worden sei. Er antwortete mit einer Gegenfrage: ob ich an das Gottesgnadentum eines Monarchen glaube. Ich verneinte.

Unter Gottesgnadentum verstanden königstreue Menschen die religiöse Bindung und Begründung der Herrscherwürde. Noch Kaiser Wilhelm II. hatte bis zu seiner Abdankung von sich selbst als »Wir, Kaiser und König von Gottes Gnaden« gesprochen. In vielen urkonservativen Familien war auch nach dem Ende der Monarchie das Gottesgnadentum sakrosankt. Es stand natürlich im Gegensatz zu allen aufklärerischen und demokratischen Tendenzen der modernen Welt.

Das Gespräch mit Onkel Rob hatte ich nicht vergessen. Aber die dreißiger und vierziger Jahre waren so voller Probleme und Ereignisse, daß ich sein Buch aus den Augen verlor. Erst nach Ende des Zweiten Weltkriegs besorgte ich es mir, las es, und siehe da: Der angebliche Hintertreppenroman wurde zu einer erregenden Lektüre und bestätigte voll und ganz das Bild, das die historische Wissenschaft über den letzten deutschen Kaiser erarbeitet hat.

Für die 1924 erschienene fünfte Auflage seines Buches hatte Onkel Rob ein zweites Vorwort geschrieben, das ich hier zitieren möchte:

> »Obgleich, soweit ich es übersehen kann, der Wert meiner Aufzeichnungen für die Erkenntnis der Ursachen, die unseren Zusammenbruch bewirkten, anerkannt wurde, hat man vielfach den Zeitpunkt ihrer Veröffentlichung für verfrüht erklärt. Tatsächlich hatte ich an eine Drucklegung bei meinen Lebzeiten nicht gedacht, vielmehr das Manuskript versiegelt sicher aufbewahrt, mit der Aufschrift versehen: ›Nicht vor 1970 zu eröffnen.‹ Nachdem aber der Kaiser mit seinen Erinnerungen hervorgetreten war und zahlreiche Staatsmänner und Militärs, ohne Rücksichtnahme auf

alte Überlieferungen, ihre Memoiren veröffentlicht hatten, schien es mir Pflicht, meine jene Publikationen ergänzenden oder widerlegenden Aufzeichnungen, die auf genauen und mit eigenen Augen gemachten Beobachtungen beruhen, nicht länger zu sekretieren. Ich hielt es zudem für anständiger, mich selbst dem zu erwartenden Ansturm zu stellen, als einem meiner Söhne eine so schwierige und undankbare Aufgabe zuzumuten.

Wer mein Buch ohne Vorurteil liest, wird erkennen, daß mich nicht Sensationslust getrieben hat, sondern der Wunsch, meinem Vaterlande zu nützen und erziehlich auf diejenigen einzuwirken, die, sei es in der Republik, sei es in einer späteren Monarchie, vor die Alternative gestellt werden, ihrer Überzeugung getreu zu sprechen und zu handeln oder um persönlicher Vorteile willen diese zu verleugnen.

Ihr aber, meine Freunde, die Ihr jetzt den gesellschaftlichen Boykott über mich verhängt, seid Euch bewußt, daß diese schärfste Waffe zugleich die unsittlichste ist. Sie wird vielleicht viele dazu bringen, auch in Zukunft lieber zu schweigen, als offen und ehrlich die Wahrheit zu sagen. Nicht jeder ist, wie ich, bereit, einsam zu leben und einsam zu sterben.

Graf Zedlitz-Trützschler«

Dorfrichter Adam

Am 17. Juli 1914, wenige Tage vor Ausbruch des Ersten Weltkriegs, war in Kieckow ein großes Familienfest gefeiert worden. Es hatte mehrfachen Anlaß dazu gegeben: Mutters Geburtstag, die Einweihung des schon vom Urgroßvater geplanten und nun endlich vollendeten Umbaus des Gutshauses und die Taufe der Cousinen Luitgarde Bismarck und Ferdinande Kleist-Retzow. Aus Belgard hatte man für diesen Festtag sogar den Fotografen kommen lassen. Man ahnte in jenen Wochen, daß der Friede in Europa gefährdet war. Am

Der nagelneue Sechszylinder, mit dem meine Eltern 1914 von Stettin zum Familienfest nach Kieckow reisten. Hinten sitzt Vater, vorn Urgroßvater Robert Graf von Zedlitz-Trützschler, links hinter ihm Mutter.

28. Juni waren in Sarajewo der österreichische Thronfolger Erzherzog Franz Ferdinand und seine Gemahlin ermordet worden. Es roch förmlich nach Krieg, Anlaß genug, noch einmal aus vollem Herzen zu feiern. Meine Eltern waren aus Stettin mit einem fabrikneuen Auto angereist, dem ersten Sechszylinder aus der Stettiner Automobilfabrik der Gebrüder Stoewer. Wegen der damals noch häufigen Hufnägel auf den Chausseen hatten sie unterwegs zwei Reifenpannen.

Nach dem Krieg wurde der 17. Juli in Erinnerung an das Familienfest von 1914 zur festen Institution. Da wir Kinder die Sommerferien in Kieckow verbrachten, waren wir gehalten, diesen Tag mitzugestalten. So entsinne ich mich, daß ich einen Kinderzirkus organisierte. Alle Vettern und Cousinen mußten ein Kunststück oder einen Zaubertrick vorführen. Es war ein Riesenerfolg.

17. Juli 1914, Familientag in Kieckow anläßlich der Hauseinweihung, der Doppeltaufe von Ferdinande von Kleist-Retzow und Luitgarde von Bismarck und des Geburtstags meiner Mutter.
Sitzend von links: Anna von Diest, geb. von Doetinchem, Elisabeth von Glasenapp, Elisabeth von Kleist-Retzow, Hedwig von Diest, geb. von der Marwitz, Maria von Kleist-Retzow, geb. von Diest, mit Täufling Ferdinande, Maria von Bismarck, geb. von Kleist-Retzow, mit Täufling Luitgarde, Hedwig von Bismarck, geb. von Harnier, Elisabeth von Woedtke, geb. von Itzenplitz.
Stehend von links, erste Reihe: Wolf Graf von Kleist-Retzow-Groß-Tychow, Gottfried von Bismarck-Kniephof, Pastor Daske, Traute von Tiedemann, Irmgard von Eichborn, geb. von Diest, Hans-Jürgen von Kleist-Retzow-

Kieckow, Ruth von Kleist-Retzow, geb. Gräfin Zedlitz-Trützschler, Herbert von Bismarck, Walter Stahlberg, Fritz von Woedtke, Karl Graf von Bismarck-Osten-Plathe, Valeska von Kleist-Retzow, Hans von Diest-Zeitlitz, Maria Gräfin von Kleist-Retzow, geb. von Wrochem.
Stehend von links, zweite Reihe: Fritz von Raumer, Walter Sumpf, Gertrud von Bismarck, geb. Koehn, Christoph von Glasenapp, Spes Stahlberg, geb. von Kleist-Retzow, Fritz von Kleist-Retzow-Damen, Ruth-Roberta Stahlberg, Hilda Gräfin von Bismarck-Osten, geb. von Deichmann, Elisabeth Gräfin von Schlieffen, geb. Gräfin Goltz, Ruth von Kleist-Retzow, Elisabeth Sumpf, Frau Daske, Axel Graf von Schlieffen, Elisabeth von Bismarck, Eberhard Graf von Schlieffen, Siegfried von Diest, Kurt von Eichborn.

Im Juli 1926, zu Beginn der Sommerferien, wurde es dann ernst. An einem der ersten Ferienabende lasen wir Heinrich von Kleists Lustspiel »Der zerbrochene Krug« mit verteilten Rollen vor. Am Ende wurde der Beschluß gefaßt, dieses einzigartige Stück am 17. Juli aufzuführen. In Kieckow war Heinrich von Kleist nicht tabu wie in anderen Kleistschen Familien. Onkel Hans-Jürgen erklärte, er selbst werde die Rolle des Dorfrichters Adam übernehmen. Tante Mieze, seine Frau, meldete große Bedenken an: »Haji, das kannst Du Dir nicht leisten! Bedenke doch!« Sie wurde jedoch überstimmt. Onkel Hans-Jürgen übernahm die Rolle.

Die Partie der Eve war leicht zu besetzen, hatte doch meine Schwester im Deutschen Dom in Berlin die Rolle der törichten Jungfrau mit verblüffendem Erfolg bewältigt. Die undankbare Rolle der Frau Marthe übernahm, selbstlos wie immer, Tante Maria Bismarck. Ich war heilfroh, daß bei der Besetzung für mich nur die stumme Rolle eines Büttels abfiel. Zwei Wochen lang sah man dann im Gutshaus wie im Park die angestrengt memorierenden Darsteller mit ihren Reclam-Heftchen auf- und abgehen. Hatte man sich nicht doch zuviel vorgenommen?

Das Stück sollte als Freilichtaufführung über die Bühne gehen. Im Park gab es unter den großen alten Bäumen einen kreisrunden Reitplatz, auf dem bisweilen die Pferde longiert wurden und wir Kinder Reitstunden bekamen. Hier wurde die Gerichtsstube aufgebaut, hier wurde geprobt, und hier fand am 17. Juli die Aufführung statt. Die vom Stellmacher aufgeschlagenen Bänke reichten bei weitem nicht aus, um das Publikum aufzunehmen. Denn es kamen nicht nur zahlreiche Nachbarsfamilien mit Kind und Kegel; auch viele Dorfbewohner, die von einem Dichter namens Kleist kaum jemals etwas gehört, geschweige denn gesehen hatten, wollten sich das Spektakel, ihren Gutsherrn in der Rolle eines Dorfrichters zu erleben, nicht entgehen lassen. Immerhin war er doch der von Amts wegen bestellte, vereidigte und mit örtlichem Polizeirecht ausgestattete preußische Amtsvorsteher des Amtsbezirks Kieckow! Die großartige schauspielerische Leistung von Onkel Hans-Jürgen ist mir in lebhafter Erinnerung. Er hat die wundervolle Rolle des Dorfrichters

Adam so überzeugend gespielt, daß unsere Aufführung so mancher professionellen Inszenierung, die ich später in Berlin erlebte, kaum nachstand.

Der Onkel aus Amerika

Der zumeist steinreiche »Onkel aus Amerika« war in den zwanziger Jahren in Deutschland sprichwörtlich. Wenn man sich etwas nicht leisten konnte, dann pflegte man zu sagen, man habe leider keinen »Onkel aus Amerika«, und damit war der Wunsch vom Tisch. So auch bei uns.

Und doch: Wir hatten einen Onkel aus Amerika! Nur wußten wir Kinder nichts von ihm, weil Mutter über die wenigen Verwandten ihres von ihr geschiedenen Mannes nicht zu sprechen pflegte. Doch dann stand unser Onkel aus Amerika eines Tages im Jahre 1924 leibhaftig vor uns. Er besuchte Mutter, seine »Nichte«, die er offenbar sehr schätzte. August Heckscher hieß er. Klein und drahtig, den weißen Vollbart kurz gestutzt, wirkte er auf mich wie ein ehemaliger Hochleistungssportler. Daß er schon über siebzig war, hielten wir nicht für möglich, doch als wir ihn respektlos nach seinem Alter fragten, gab er 1848 als sein Geburtsjahr an. Mutter begrüßte Onkel August aus New York wie einen verehrungswürdigen alten Freund, und er küßte sie auf beide Wangen, wie ein älterer Herr mit grauen Schläfen eine besonders geschätzte junge Nichte eben zu küssen pflegt.

Onkel August war der Sohn unseres Urgroßvaters Johann Gustav Wilhelm Moritz Heckscher. Dieser war 1848 Delegierter der Freien und Hansestadt Hamburg in der Frankfurter Paulskirche gewesen und hatte in der ersten deutschen Nationalversammlung eine bedeutende Rolle gespielt. Sein Sohn August hatte sich sein Erbteil auszahlen lassen und war damit in die »Neue Welt« ausgewandert. In New York war er zu einem großen Vermögen gekommen. Er galt nicht nur als überaus reich – Mutter wußte von ihm zu sagen, daß er

Besitzer höchst wertvoller Immobilien in Manhattan sei –, sondern er war auch ein großer Mäzen. Doch all das erfuhren wir erst, als er wieder abgereist war.

Beim gemeinsamen Tee nannte Onkel August den Grund seiner Reise, und wir hingen an seinen Lippen. Er sei nach Berlin gekommen, weil er auf einer Kunstauktion in New York ein Porträt Friedrichs des Großen ersteigert habe. Es sei eines der wenigen Porträts des Königs, die zu dessen Lebzeiten entstanden seien, und er werde von uns aus nach Potsdam weiterfahren, um das Bild der Verwaltung des Schlosses Sanssouci zu schenken. Seine einzige Bedingung sei, daß es im Arbeitszimmer des großen Königs aufgehängt und mit dem Hinweis versehen werde: »Geschenk von August Heckscher, New York«. Als wir Onkel August fragten, wo er das Bild denn habe, sagte er, als sei dies eine Selbstverständlichkeit, die Kiste mit dem Bild befinde sich in dem Taxi, mit dem er gekommen sei, und dieses warte vor unserem Haus.

Nun wollte Onkel August von Hans-Conrad und mir wissen, welchen Sport wir betreiben würden. Etwas verlegen antworteten wir, daß für uns neben der Schule die Musik im Vordergrund stehe. Als wir berichteten, bis zu welchen Stücken wir schon vorgedrungen seien, schien er zufrieden, kehrte jedoch zum Thema Sport zurück. Welche Übungen wir denn am Turnreck beherrschten? Da gab es unsererseits nichts Überdurchschnittliches zu vermelden, worauf er erzählte, daß er sein Leben lang Sport getrieben habe. Er verdanke das seinem Vater, der im Sechser mit Steuermann des Hamburger Ruderclubs Schlagmann gewesen sei. Auch jetzt noch treibe er regelmäßig Sport. So habe er am heutigen Morgen, vor dem Frühstück, einen Dauerlauf auf der Mittelpromenade der Linden vom Hotel Adlon aus bis zum Denkmal Friedrichs des Großen und zurück gemacht. Auf jeder Reise von New York nach Europa laufe er vor dem Frühstück mehrere Runden um das Promenadendeck. Anschließend absolviere er an einem Reck, das er extra für sich habe montieren lassen, eine Folge von Turnübungen, die er als Knabe gelernt habe. Diese Übungen beende er regelmäßig mit einer Riesenwelle.

Das war wirklich ungeheuer! Wir hatten einen Großonkel, der im Alter von sechsundsiebzig Jahren noch eine Turnübung beherrschte, die an meiner Schule nur zwei Oberprimaner konnten! Leider blieb dieser so eindrucksvolle Onkel nicht lange; zu gern hätten wir ihm noch viele Fragen gestellt. Hans-Conrad und ich begleiteten ihn zu seinem Taxi, und da sahen wir tatsächlich im Fond die leuchtend helle, blankgehobelte Bilderkiste. Ob der Taxifahrer wohl ahnte, was er da gehütet hatte, während sein Fahrgast zwei Stunden lang bei uns weilte? Beim Abschiednehmen griff Onkel August in seine Brusttasche, zog zwei blaue Briefumschläge heraus und überreichte sie uns. Dann stieg er in das Taxi und gab das Zeichen zur Abfahrt. Wir winkten ihm nach, bis er auf dem Kaiserdamm in Richtung Avus entschwunden war. Erst dann öffneten wir die verschlossenen Briefe. Die Überraschung war unbeschreiblich: Jeder von uns hatte eine Fünfhundert-Mark-Banknote geschenkt bekommen. Ein Jahr nach dem Ende der Inflation in Deutschland war das sehr viel Geld. Wir fühlten uns wie Millionäre.

Was das Porträt Friedrichs des Großen betrifft, so nahm die Direktion der Potsdamer Schlösser das Geschenk August Heckschers mit Freude an und erfüllte auch die Bedingung, es mit einem Hinweis auf den Stifter im Arbeitszimmer des Königs aufzuhängen. Wenn wir in den folgenden Jahren einen Gast nach Sanssouci führten und das Schloß besichtigten, zeigten wir ihm nicht ohne Stolz das Bild mit Onkel Augusts Namen. Doch nach dem Zweiten Weltkrieg war es verschwunden und ist bis heute nicht wieder aufgetaucht.

Das Faltboot

Was tun zwei Knaben im Alter von zehn und zwölf Jahren mit je fünfhundert Mark, die ihnen ihr Onkel aus Amerika geschenkt hat? Wir folgten Mutters Rat und trugen das Geld zur Bank. Als wir den Schalterraum verließen, waren wir stolze Besitzer von Sparkonten.

Plötzlich fühlten wir uns reich. Doch schon ein Jahr später waren wir nicht mehr zu halten: Ein Faltboot müßte man haben! Nicht etwa ein gemeinsames Boot, sondern eines für jeden. Unsere Wahl fiel auf das Fabrikat Klepper. Damit begann die Zeit der Ausflüge und Abenteuer.

Ich sehe uns noch die schweren, in Taschen verpackten Paddelboote die Treppe hinab zur Haltestelle der Straßenbahn oder gar die Treppe hinauf zum S-Bahnhof Charlottenburg schleppen. Schweißgebadet bestiegen wir den Zug nach Potsdam. Zu Füßen des dortigen Stadtschlosses, in dem schon der Große Kurfürst residiert hatte, fanden wir den geeigneten Platz zum Aufbauen der Boote. Immer geschah das in großer Eile, denn Mutter hatte uns erst aus dem Haus gehen lassen, nachdem wir mindestens eine halbe Stunde auf unseren Instrumenten geübt hatten. Bald gab es rund um Berlin, auf der Spree und der Havel, kaum noch ein Fleckchen Wasser, das wir nicht kannten. Eine der schönsten Touren war der Wasserweg rund um Potsdam.

Zu Pfingsten luden wir beiden Paddelboot-Kapitäne Mutter und Schwester ein, mit uns die Fulda hinabzufahren. Zum erstenmal ein paar Tage ohne Cello und Geige! Bevor in Kassel die Boote aufgebaut wurden, zeigte Mutter uns die Stadt, in der ihr Großvater Zedlitz Oberpräsident von Hessen gewesen war. In Hannoversch Münden, wo sich Fulda und Werra zur Weser vereinigen, bewunderten wir die noch erhaltene mittelalterliche Stadt. In Lippoldsberg mußte unbedingt der Schriftsteller Hans Grimm besucht werden, denn Mutter schwärmte von seinem Roman »Volk ohne Raum«, der damals in aller Munde war. Mehr als eine Woche lang übernachteten wir in zwei Zelten, die ebenfalls von dem Geldgeschenk des Onkels aus Amerika angeschafft worden waren. Noch gab es keine Campingplätze, und so bekamen wir ein paarmal frühmorgens Ärger, wenn vor den Zelten ein Bauer erschien, um uns von seiner Wiese zu jagen. Ich versuchte dann jedesmal, für die Schönheit des Wasserwanderns zu plädieren, und lud den Bauer zu einer Probefahrt in meinem Boot ein. Ohne jeden Erfolg. In Hameln endete unsere Fahrt. Während wir die Boote wieder einpackten, überlegten wir, an welcher Stelle wohl der Rattenfänger mehr als hundert Kinder in die Weser gelockt haben könnte.

Die Pfingstreise beflügelte unseren Spaß am Wassersport. Trotz der Anschaffung der Klepperboote und Zelte reichte Onkel Augusts Geld noch aus, um für mein Boot eine Segelausrüstung zu kaufen. Hans-Conrad dagegen wollte so lange beim Paddeln bleiben, bis seine Ersparnisse für einen Skuller - ein Ruder-Rennboot - reichten. Ein Paddelboot sei zu langsam. Er ärgerte sich jedesmal, wenn uns ein Ruderer im Skuller überholte.

Für die Sommerferien im Jahre 1928 hatte Mutter auf der Ostseeinsel Wollin ein Ferienhaus gemietet. Es lag in einem Kiefernwäldchen hinter den Dünen, am Ende des einsamen, aber desto idyllischeren Dorfes Heidebrink. Wie immer reisten wir in der vierten Klasse, wo wir neben unserem Feriengepäck bequem die beiden Boote, die Zelte und dazu wie stets Cello, Geige und Notenständer mitnehmen konnten. In der dritten Klasse hätten wir soviel Gepäck nie untergebracht, und Mutter pflegte zu sagen, schließlich reise man in der vierten Klasse nicht langsamer als in irgendeiner anderen.

Herrliche Ferienwochen waren das. Ich schlief unter den Kiefern in meinem Zelt. Mit dem Segel-Faltboot fuhr ich hinaus auf die Ostsee, bis Mutter mir kategorisch verbot, mich weiter als einen Kilometer vom Ufer zu entfernen. Als eines Tages die See zu rauh war, um hinauszufahren, meldete ich mich zu Hause ab, um auf dem Camminer Bodden zu segeln. Die Landzunge, auf der Heidebrink liegt, ist nur einige hundert Meter breit. Durch den Camminer Bodden fließt einer der drei Mündungsarme der Oder, die Diewenow. So hat der Bodden den Charakter eines Binnensees. Bei strahlend blauem Himmel und einer leichten Brise genoß ich die Fahrt und fuhr unbekümmert hinaus. Als ich schließlich wendete, um gegen den Nordwestwind nach Hause zu kreuzen, sah ich plötzlich am Horizont eine schwarze Wetterwand auf mich zukommen. Ich kannte die Ostsee von Kindheit an und hatte in Henkenhagen bei Kolberg, wohin wir von Kieckow aus gelegentlich fuhren, solche orkanartigen Stürme erlebt; mit ihnen war nicht zu spaßen.

Mit den Klepperbooten 1928 an der Ostseeküste vor der Insel Wollin. Links mein Bruder Hans-Conrad (hinten) und ein Ferienfreund. Im rechten Boot meine Schwester Ruth-Roberta und ich.

Während ich noch überlegte, was zu tun sei, kam es innerhalb von Minuten zu einem kräftigen Temperatursturz. An ein weiteres Kreuzen war nicht mehr zu denken. Mein kleines Faltboot würde dem, was da auf mich zukam, niemals gewachsen sein. So schnell wie möglich nahm ich die beiden Segel von den Masten, verstaute sie im Boot und ließ nur noch die kleine Fock stehen. Dann wendete ich nach Südosten und ließ das Boot vor dem Wind laufen; egal, wo ich landen würde, Hauptsache, der kleine Mast würde nicht brechen. Der Camminer Bodden ist fünf bis sieben Kilometer breit; irgendwo würde ich also schon an Land kommen.

Was dann aber von achtern über mich hereinbrach, war schon gewaltig. Ölzeug besaß ich nicht, und das sofort durchnäßte Hemd und die dünne Hose boten keinen Schutz vor den peitschenden Hagelkörnern, die auf meinen Rücken niedersausten. Ich war froh, wenigstens einen leinenen Sonnenhut mitgenommen zu haben, mit dem ich das Wasser aus dem Boot schöpfen konnte. Ein paarmal rollten Brecher über mich hinweg. Ich wußte nicht mehr, in welche Richtung der Orkan mich trieb. Nirgends sah ich mehr Land. Ich mußte mich darauf beschränken, mit dem Fußsteuer das Boot vor dem Wind zu halten. Mit der einen Hand hielt ich die Fockschot, mit der anderen schöpfte ich Wasser, um das Boot schwimmfähig zu halten.

Bei Gott, das war keine schöne Fahrt! Doch dann sah ich plötzlich, zuerst nur für einen kurzen Augenblick, dann aber dauerhaft hinter der Regenwand auftauchend, das Panorama der kleinen Stadt Cammin mit ihren schlanken Kirchtürmen vor mir. Ich werde diesen Augenblick nie vergessen. Ich war gerettet.

In Cammin war kein Mensch auf der Straße. Frierend und bebend wankte ich in einen Bäckerladen. Eine alte Frau hinter dem Ladentisch sah meinen Zustand und ahnte wohl, was ich hinter mir hatte. Ohne ein weiteres Wort nahm sie mich bei der Hand, führte mich in ihre gute Stube, nahm mir meine durchnäßten Sachen ab und hüllte mich in eine warme Decke. Sie gab mir zu essen, kochte mir Kaffee und schüttelte nur immer wieder den Kopf: »Solch ein Unsinn! Bei dem Wetter!« Nachdem ich mich etwas erholt hatte, sagte ich ihr unsere Telefonnummer in Heidebrink. Es dauerte Stunden, bis von dort ein Lieferauto mit der ganzen Familie eintraf, um den verlorenen Sohn heimzuholen.

Der Rosenkavalier

Während der Osterferien 1929 überraschte Mutter mich mit dem Entschluß, mich aus dem humanistischen Kaiserin-Augusta-Gymnasium herauszunehmen. Ohne mein Wissen hatte sie mich bereits im Grunewald-Gymnasium, der heutigen Walther-Rathenau-Oberschule, angemeldet. Als Begründung sagte sie, das Kaiserin-Augusta-Gymnasium sei ihr zu »altmodisch« und »verstaubt«. Sie hat mir nie erzählt, wer ihr meine Umschulung angeraten hatte. Ich meldete mich also am ersten Schultag in der neuen Schule und war erstaunt über die Zusammensetzung der Obersekunda: Es gab nur zwei Mädchen – zaghafte Anfänge der Koedukation –, und mehr als die Hälfte der vierundzwanzig Schüler waren Juden.

Vom ersten Schultag an war ich fasziniert von dem menschlichen wie geistigen Niveau meiner neuen Klasse. Während der letzten drei Schuljahre erlebte ich eine einzigartige kameradschaftliche Atmosphäre. Für die Entscheidung, die Mutter über meinen Kopf hinweg getroffen hatte, bin ich bis heute dankbar. Ein paar Wermutstropfen aber waren zu schlucken: Die alten Sprachen Latein und Griechisch blieben auf dem Stundenplan, so daß ich lediglich in den wahlfreien Stunden der Unterprima am Englisch- und Französischunterricht teilnehmen konnte. Sehr vermißte ich den von mir so hochverehrten Musiklehrer Hanns Miesner, den großartigen Chormeister, dem ich viel zu verdanken hatte. In meinem Lieblingsfach Musik hatte ich jetzt einen sehr netten, aber hoffnungslos unbegabten, ja sogar völlig unrhythmischen Lehrer.

Doch es fand sich ein Ausweg: Während einer Pause zwischen den Unterrichtsstunden hörte ich aus der Ferne Klavierspiel. Ich lief hinauf in die Aula, wo ich den Ursprung der Musik geortet hatte, und lauschte etwas für mich völlig Neuem. Ein Schüler der Oberprima übte ein Stück, das ich nie zuvor gehört hatte. Die Noten lagen neben dem Pult: George Gershwins »Rhapsody in blue«. Und wie er spielte! Ich war begeistert. Ich fragte ihn, ob wir nicht einmal zusammen eine Violinsonate spielen könnten. Und schon am nächsten Tag begannen wir damit, Brahms' Erste Sonate für Klavier und Violine zu proben. Plötzlich stand unser Musiklehrer neben uns; vom Flur aus hatte er zugehört. Und schon gab er uns den Auftrag, ein Schulorchester zu bilden.

Bald hatten wir ein kleines Ensemble zusammen, das ich von der ersten Geige aus leitete. Wir begannen mit einfachen Stücken von Telemann, bald spielten wir Mozarts Kleine Nachtmusik, und nun wurden wir übermütig. In der Rankestraße gab es unweit der Kaiser-Wilhelm-Gedächtniskirche einen Notenladen, der auf Tanz- und Unterhaltungsmusik spezialisiert war. Dort fand ich eine Bearbei-

Meine Abitur-Klasse am Grunewald-Gymnasium in Berlin. In der zweiten Reihe der dritte von links ist mein Freund Martin Blankenburg, der Theologe wurde und in Stalingrad fiel. Hinter ihm unser Klassenlehrer Dr. Kühn, rechts neben ihm ich.

tung des Walzers aus dem »Rosenkavalier« von Richard Strauss. Mein Vorbild für solche musikalischen Eskapaden war der Geiger Barnabas von Gézy, der im Hotel Esplanade am Potsdamer Platz mit seiner kleinen Kapelle exzellente Tanz- und Unterhaltungsmusik spielte, aber zum Beispiel auch Schuberts »Forellen«-Variationen. Er war wohl der letzte große »Stehgeiger«.

Ich meine, daß es im Jahre 1930 war, als unter den Höheren Schulen Berlins ein Wettbewerb für Schulorchester ausgeschrieben wurde. Mit meinem kleinen Ensemble bewarb ich mich, für das Grunewald-Gymnasium daran teilzunehmen. Oberstudiendirektor Vilmar war einverstanden und fragte mich, was wir zu spielen gedächten. Frei von jeder Bescheidenheit erklärte ich, wir würden den Walzer aus dem »Rosenkavalier« von Richard Strauss spielen. »O weh!

Wenn das nur gutgeht!« rief er. Doch wir waren so verliebt in diese entzückende Komposition, daß wir uns zutrauten, mit ihr »in den Ring« zu steigen.

Die Veranstaltung fand an einem Sonntagvormittag in der Tennishalle an der Brandenburgischen Straße statt. Die Zuschauertribünen waren voll besetzt. Noch nie hatte ich vor einem so großen Auditorium gestanden. Dem Programm entnahmen wir, daß wir als letzte an der Reihe waren. Das bedeutete für uns schon fast gewonnenes Spiel, denn unsere Konkurrenten hatten sich über Telemann und Händel zeitlich nicht hinausgewagt. Unsere meist jugendlichen Zuhörer waren von der vielen Barockmusik so ermüdet, daß wir schon bei unserem Auftritt stürmischen Applaus bekamen. Die Programmfolge von Telemann zu Richard Strauss war für sie wohl so etwas wie eine Erlösung. Jedenfalls endete der Beifall nicht, bis wir das ganze Stück noch einmal spielten.

Unser Erfolg in der Wilmersdorfer Tennishalle war so nachhaltig, daß der Direktor des Grunewald-Gymnasiums mich zu sich kommen ließ, um mir den Dank der Schule auszusprechen. Als noch wichtiger aber empfand ich seine und des Musiklehrers Bitte, in Zukunft für die musikalische Umrahmung der an jedem Montagmorgen in der ersten Stunde stattfindenden überkonfessionellen Andacht zu sorgen. Ich habe das in meinen beiden letzten Schuljahren bis zum Abitur mit Hingabe getan, sei es als Solist, mit Klavierbegleitung oder im Streichtrio oder -quartett. Während mein Abiturzeugnis insgesamt einen mittelmäßigen Schüler ausweist, gab es zwei Fächer, in denen ich die Bestnote erhielt: Musik und Sport. Da ich damals noch von der Hoffnung erfüllt war, dereinst ein berühmter Dirigent zu werden, schrieb man mir in mein »Zeugnis der Reife« ausdrücklich den Dank der Schule für mein musikalisches Engagement hinein.

Moderne Lyrik

Auch meine Schwester Raba hatte damals die Schule gewechselt, denn ihr Charlottenburger Lyzeum führte nur bis zur »mittleren Reife«, wie man das damals nannte. Mutter hatte, vermutlich wegen des klangvollen Namens, das Fürstin-Bismarck-Gymnasium in Wilmersdorf ausgewählt, eine reine Mädchenschule. Allerdings habe ich niemals irgendwo gehört oder gelesen, daß Johanna von Bismarck im Geistesleben des Landes Preußen eine irgendwie hervorragende Rolle gespielt hätte.

Eines Tages kam Raba mit einem mich faszinierenden Erlebnis aus der Schule nach Hause. Ihre Deutschlehrerin war mit einem kleinen Buch erschienen und hatte der Oberprima verkündet, sie wolle heute über moderne Lyrik sprechen. Sie habe eine soeben erschienene Sammlung lyrischer Dichtungen von Ricarda Huch mitgebracht und werde nun daraus ein Gedicht vorlesen. Langsam und eindringlich trug sie den Text vor. Dann bat sie die Schülerinnen um ihre Stellungnahme. Aber niemand meldete sich zu Wort. Es herrschte allgemeine Ratlosigkeit.

Die Lehrerin schien das erwartet zu haben; sie wiederholte die Lesung. Mit größter Konzentration hörten die Mädchen zu. Doch was ihre Lehrerin da vortrug, war ihnen zu schwere Kost. Eine Schülerin bat deshalb, die Dichtung ein drittes Mal zu hören. Die Lehrerin entsprach dem Wunsch. Nun endlich lösten sich die Zungen. Man lobte die Schönheit der Sprache, die Weisheit und Tiefe der Gedanken; man pries die Lyrikerin, der eine große literarische Zukunft sicher sei. Die Begeisterung stieg, einige äußerten sich geradezu schwärmerisch.

Schließlich brach die Lehrerin die Diskussion ab und erklärte, was sie soeben vorgelesen habe, sei zwar tatsächlich von Ricarda Huch, doch sei es keines der Gedichte aus dem Band gewesen, sondern sie habe lediglich das Inhaltsverzeichnis mit der jeweils ersten Gedichtzeile vorgetragen. Man kann sich die Sprachlosigkeit der Schulklasse vorstellen. Mich beeindruckte der Bericht meiner Schwester so nachhaltig, daß ich noch oft an diese kluge Gymnasiallehrerin habe denken müssen.

Die Geschichte ist aber noch nicht beendet. Im Berliner Tiergartenviertel, im Siegmundshof unweit des S-Bahnhofs Tiergarten, lebte damals eine entfernte Cousine meiner Mutter. Tante Annemarie von Batocki war die Witwe eines ostpreußischen Landrats, der in den Revolutionswirren der Jahre 1918/19 ermordet worden war. Ihre beiden Söhne – sie haben den Zweiten Weltkrieg nicht überlebt – und ihre Tochter gehörten zu unserem Freundeskreis. Tante Annemarie hielt einen »Salon«, vermutlich einen der letzten in Berlin, denn in der Nazi-Zeit wurden diese aus dem achtzehnten Jahrhundert stammenden Zusammenkünfte zum Zwecke des geistigen, meist literarischen Austausches verboten.

Diesmal bat Tante Annemarie zu einem Salon mit berühmten Frauen. Eingeladen waren unter anderem Gertrud Bäumer, die Frauenrechtlerin, Marianne von Weizsäcker, die Gemahlin des schon damals vielgenannten Diplomaten, und nicht zuletzt die Schriftstellerin Ricarda Huch. Unter den Eingeladenen befand sich auch Mutter, und da Raba sich gerade, angeregt von ihrer Deutschlehrerin, intensiv mit den Werken Ricarda Huchs beschäftigte, nahm Mutter sie mit.

Was dann im Salon der verehrten Tante geschah, kann man wohl als »starken Tobak« bezeichnen. Ruth-Roberta Stahlberg, das Küken in dieser erlauchten Runde, gab die erwähnte Episode aus dem Deutschunterricht der Oberprima des Fürstin-Bismarck-Gymnasiums zum besten. Und ich bin mir ziemlich sicher, daß sie sie noch weit farbiger darstellte, als ich sie hier zu schildern versucht habe. Mit dem Erfolg, daß die berühmte Ricarda Huch tödlich beleidigt war. Es hieß, sie habe den Salon unter einem Vorwand eiligst verlassen. Nicht einmal nach dem Namen der klugen Deutschlehrerin soll sie gefragt haben.

Polizeigewahrsam

Meine drei Jahre am Grunewald-Gymnasium fielen in eine Zeit erregender politischer Auseinandersetzungen in Deutschland. Sie gingen auch an meiner Schulklasse nicht spurlos vorüber. Jedes politische Ereignis wurde leidenschaftlich diskutiert. Die Pausen zwischen den Unterrichtsstunden gerieten oft zum Forum der Meinungen. Jeder wußte vom anderen, welcher Partei er zuzurechnen war. Man machte daraus kein Geheimnis. Ich saß in der Bank neben Martin Blankenburg; sein Vater war an einer anderen Schule Studienrat. Die Familie Blankenburg gehörte der SPD an, und Martin argumentierte in der Vorstellungswelt des Sozialismus. Obwohl ich fast immer anderer Meinung war als er, waren wir gute Freunde und blieben es, solange er lebte. Martin Blankenburg wurde Theologe. Als Wehrmachtpfarrer ereilte ihn in Stalingrad sein Schicksal.

Die Mehrheit unserer Schulklasse war liberal. Man verehrte den zu früh verstorbenen Politiker Gustav Stresemann; ich teilte diese Verehrung. Unter den vierundzwanzig Schülern und Schülerinnen war nur ein einziger, der sich offen zu der neuen Partei der Nationalsozialisten bekannte. In den beiden alten Sprachen war er unser Primus, und in dieser Eigenschaft hielt er bei der Abiturabschlußfeier eine Rede in lateinischer Sprache. Nach Verlassen der Schule verlor ich ihn aus den Augen. Erst nach Ende des Krieges erfuhr ich, daß er als Offizier der Waffen-SS gefallen war.

Mich interessierte das ganze Spektrum der Mitte-Rechts-Parteien, von den Deutschnationalen über die Liberalen bis zum katholischen Zentrum. Die Nazis waren mir fremd. Wann immer im Sportpalast, der großen Sport- und Versammlungshalle Berlins, eine mich interessierende politische Veranstaltung angekündigt war, ging ich hin. Die Nazis verstanden es, ihre Kundgebungen brillant zu organisieren. In ihren braunen Uniformen boten sie eine militante Revue. Doch ihre roten Fahnen mit den Hakenkreuzen und ihre braunen Hemden stießen mich ab. Ihre Redner, allen voran Goebbels, boten ein Maß an Demagogie, das mich erschreckte.

Die Versammlungen der konservativen Deutschnationalen waren »kleinkariert«. Auch ihr Vorsitzender, der Geheimrat Hugenberg, überzeugte mich nicht, wenngleich ihre Farben - Schwarz-Weiß-Rot, die alten Farben des Deutschen Reichs seit 1871 - auch »meine« Farben waren. Eines Tages klebte an den Litfaßsäulen ein schwarzweißrot umrandetes Plakat: Reichsminister Gottfried Treviranus, Mitglied des Kabinetts Brüning, kündigte eine neue Partei an, genannt die Volkskonservative Vereinigung. Wieder eine neue Partei, sagte ich mir, aber man sollte sie sich wenigstens einmal im Sportpalast anschauen. Also ging ich hin.

Die etwa fünftausend Menschen fassende Halle war nur spärlich besetzt. Im ersten und zweiten Rang herrschte gähnende Leere. Also begab ich mich in den ersten Rang und war dort allein. Mehrere Redner lösten einander ab; kaum aber betrat der Hauptredner des Abends, Treviranus, das Podium, als sich unten im Parkett wie auf Kommando die Eingangstüren öffneten. Von allen Seiten strömten in ihren braunen Uniformen Nazis herein. Mit sich überschlagenden Stimmen schrien sie ihre Slogans. Dann rief einer: »Deutschland«, und die anderen grölten im Chor: »Erwache!« Das wiederholte sich ohne Pause, so daß der Herr Reichsminister auf dem Podium trotz der Lautsprecheranlage die Waffen streckte und schwieg.

Unablässig strömten weitere Braunhemden unter »Deutschland-Erwache«-Rufen in die Halle. Nun hatte der Sportpalast an den Ekken seines Innenraums vier Aufgänge zum ersten Rang. Zu meinem Entsetzen blieben die schreienden SA-Leute nicht im Parkett, sondern strömten über die Treppen herauf. Schon war ich von Braunen eingekeilt; es gab keine Möglichkeit mehr, sich aus dieser unerfreulichen Lage zu befreien.

Plötzlich begann es hinter mir, im Rundgang um den ersten Rang, zu toben und zu krachen. Theken, Tische und Stühle, das Mobiliar für Erfrischungspausen bei Sportveranstaltungen, wurden zerstört und vom Rang hinunter ins Parkett geworfen. Zum erstenmal erlebte ich eine »Saalschlacht«. In den Zeitungen hatte ich schon darüber gelesen; nun aber befand ich mich ohne das geringste Zutun mittendrin. Unten im Parkett waren die ersten bereits von den Wurf-Uten-

Eine Kundgebung der Nazis 1932 im Berliner Sportpalast

silien getroffen worden, doch der Höhepunkt stand noch bevor. Mit lautem Jubel wurde ein kleiner, in einen hellen Trenchcoat gekleideter Mann begrüßt. Es war der Berliner »Gauleiter« der Nazis, Joseph Goebbels. Als habe er mit dem Toben in der Halle nichts zu tun, ging er hinkenden Schritts ohne jeden Begleitschutz nach vorn und nahm in der ersten Reihe Platz. Meisterhaft spielte er die Unschuld in Person.

Der Fortgang der Veranstaltung wurde mir vorenthalten, denn urplötzlich wurde ich recht schmerzhaft von hinten am Hals gepackt, und als ich mich umsah, blickte ich in das Gesicht eines behelmten

Wachtmeisters. Mit starken Kräften war die Polizei im Hause erschienen und machte nun kurzen Prozeß. Ohne daß meine lautstarken Proteste beachtet wurden, befand ich mich, umringt von Polizisten, alsbald auf dem Weg nach draußen. In der Potsdamer Straße standen Kolonnen polizeilicher Mannschaftswagen, und ich landete, mit ein paar Schlägen eines Gummiknüppels ermuntert, auf einem solchen. Die Fahrt ging die Potsdamer Straße entlang, über den Potsdamer zum Alexanderplatz. Der Wagen hielt erst auf dem Innenhof des Polizeipräsidiums. Mit einigem Schaudern hörte ich hinter mir ein eisernes Tor ins Schloß fallen.

Die Nacht wurde nicht gerade kommod! Nachdem jedem Delinquenten Gürtel, Schlips, Schnürsenkel und Tascheninhalt abgenommen und die Personalien aufgeschrieben worden waren, ging es in eine Sammelzelle. Die hölzerne Liegestelle für etwa zehn Personen war bereits belegt. Umgeben von braununiformierten SA-Leuten verbrachte ich die Nacht stehend. Der infernalische Gestank ist mir unvergeßlich.

Die Sonne stand schon hoch am Himmel, als ich freigelassen wurde. Eine Vernehmung fand nicht statt. Nachdem ich meine Utensilien zurückerhalten hatte, ließ man mich laufen. Mit der U-Bahn fuhr ich nach Hause. Als ich die Wohnungstür aufschloß, stand Mutter erstaunt im Flur und fragte: »Schon so früh aus der Schule?« Ich erzählte ihr mein Abenteuer. Sie fand es nicht sehr komisch und hatte vor allem keinerlei Verständnis dafür, daß ich, hundemüde, wie ich war, die restlichen Schulstunden zu schwänzen gedachte. Also schwang ich mich bangen Herzens auf mein Fahrrad und fuhr zum Grunewald-Gymnasium. Da man mich bei der Aufnahme der Personalien am Vorabend nach meiner Schule gefragt hatte, beschloß ich, mich zuerst bei Oberstudiendirektor Vilmar zu melden. Ich mußte mit der Möglichkeit rechnen, daß man bereits bei der Schulleitung angerufen hatte. Doch ich hatte Glück. Vilmar empfing mich sofort und hörte sich meine »Beichte« an. »Gut, daß Sie sich gleich bei mir gemeldet haben«, sagte er, und damit war die Sache erledigt.

Baldur

Zeitlebens ist meine drei Jahre ältere Schwester Ruth-Roberta für Überraschungen gut gewesen. Als ich im Grunewald-Gymnasium noch Obersekundaner war, studierte sie an der Berliner Universität Philologie. Eines Tages entdeckte ich beim gemeinsamen Mittagessen auf ihrer Bluse das Parteiabzeichen der NSDAP. Ich traute meinen Augen nicht und fragte entsetzt, was das zu bedeuten habe. Dies sei ihr Abzeichen, erwiderte sie barsch, und Baldur persönlich habe es ihr angesteckt. Ahnungslos fragte ich, wer Baldur sei, und bekam zur Antwort, Baldur sei Baldur von Schirach, einer ihrer Kommilitonen und Führer des »Nationalsozialistischen Deutschen Studentenbundes«.

Natürlich wußte ich, wer Baldur von Schirach war, nur seine Identität mit dem »Baldur« meiner Schwester war mir neu. Spontan sagte ich: »Du kannst doch gar nicht Mitglied dieser Partei werden, denn unser Urgroßvater Heckscher stammt doch aus einer jüdischen Familie.« Doch Raba hatte sich bereits in Meyers Großem Konversationslexikon schlau gemacht, das Mutter besaß. Selbstverständlich war Urgroßvater Heckscher als einstiger Paulskirchen-Abgeordneter der Hansestadt Hamburg ausführlich darin erwähnt. Von einer jüdischen Abstammung aber wurde nichts gesagt. Raba erklärte nun, sie werde nach Hamburg fahren und alle in Frage kommenden Kirchenbücher einsehen, um zu ermitteln, ob und wann der Urgroßvater christlich getauft worden sei.

Gesagt getan. Schon nach wenigen Tagen war sie aus Hamburg zurück, leider ohne jeden Erfolg, denn die fraglichen Kirchenbücher waren im Jahre 1842 der großen Feuersbrunst in der Hansestadt zum Opfer gefallen. Doch wenn Raba sich etwas in den Kopf gesetzt hatte, war sie nicht zu halten, zumal Baldur von Schirach ihr inzwischen seine Absicht bekundet hatte, sie zur »Reichsführerin der Nationalsozialistischen Studentinnen« zu machen. Also schien unsere liebe Schwester drauf und dran, nicht nur bei den Nazis vor Anker zu gehen, sondern auch noch mit einem großen Sprung in der braunen

Parteihierarchie aufzusteigen. Höchst unerfreuliche Aussichten also!

Welch ein Glück, daß sich die ganze Geschichte bald in Luft auflöste. Zwei Ereignisse bewirkten dies. Zum einen Rabas und meine Teilnahme an einem politischen Seminar, zu dem ein pommerscher Onkel (Jürgen v. Woedtke) junge Menschen unseres Alters auf sein Gut eingeladen hatte. Es wurden mehrere Referate gehalten, dann folgte eine Diskussion. Raba ergriff die Gelegenheit, um zu erklären, die Zukunft der deutschen Politik gehöre einer einzigen Partei: der NSDAP. Unter den Zuhörern befand sich auch unser Onkel Ewald von Kleist-Schmenzin. Kaum hatte Raba die NSDAP in die Diskussion gebracht, sprang er auf und begann, eine leidenschaftliche Rede zu halten. Mit unglaublicher Schärfe ging er mit den Hitler-Leuten ins Gericht. Er habe Hitlers Buch »Mein Kampf« sorgfältig gelesen. Wenn man Hitler die deutsche Politik überlasse, werde dies unweigerlich in die Katastrophe führen. Mit aller Deutlichkeit prophezeite er uns Jungen, Hitler bedeute Krieg, und Krieg bedeute das Ende Deutschlands. Tief aufgewühlt verließen wir die Veranstaltung.

Schließlich aber war es Raba selbst, die der Episode »Baldur« ein Ende setzte. Der Führer des NS-Studentenbundes hatte ihr vorgeschlagen, das Problem Heckscher solle »der Doktor« selbst entscheiden. Gemeint war Joseph Goebbels, der Parteioberste von Berlin. Also begaben sich die beiden Kommilitonen in die Hedemannstraße, wo sich in der vierten Etage eines alten Geschäftshauses die Ortsgruppenleitung der NSDAP befand. Goebbels hörte sich Rabas Ausführungen über die Frage an, ob ihr Urgroßvater zuerst Jude gewesen und später zum Christentum konvertiert sei und wann er die christliche Taufe erhalten habe.* Raba war, wie sie mir später erzählte, erstaunt, daß Goebbels über die Person unseres Urgroßvaters und seine Rolle in der Frankfurter Nationalversammlung bestens informiert war. Er habe den Fall schnell entschieden: Ihm genüge ihr Vortrag, und Fräulein Stahlberg sei ihm als Mitglied seiner Partei

* Johann Gustav Wilhelm Moritz Heckscher, geboren 1797 als Sohn eines jüdischen Bankiers, konvertierte im Alter von elf Jahren.

willkommen. Worauf sie erwidert habe, *ihr* genüge dies nicht, denn es widerspreche den Grundsätzen und Statuten der Partei. Und falls sie bereits als Mitglied angesehen werde, erkläre sie hiermit ihren Austritt. »Wie Sie wünschen«, habe Goebbels lächelnd erwidert, und damit sei das Gespräch beendet gewesen.

Beatrice Bentz

In der Schilderung meiner Jugendjahre würde Wesentliches fehlen, wenn ich nicht von Beatrice Bentz erzählte. Die Beziehung zu ihr begann damit, daß ich an den Litfaßsäulen Berlins – es dürfte im Jahre 1929 gewesen sein – ein Plakat las, das ein Konzert des »Bentz-Quartetts« im Beethovensaal (dem Kammermusiksaal der alten Philharmonie) ankündigte. Das uns damals noch unbekannte, aus vier Musikerinnen bestehende Ensemble hatte Max Regers Streichquartett Es-Dur auf sein Programm gesetzt. Sowohl Mutter als auch ich begeisterten uns damals für Regers als »modern« geltende Kompositionen. Zu unser beider »Paradestücken« gehörte Regers »Suite im alten Stil« für Violine und Klavier.

Mutter hatte Reger vor dem Krieg noch als Pianist erlebt. Gern erzählte sie, wie er an einem Klavierabend im Kolberger Kurhaus zu ihrem und des Publikums Entsetzen schwankenden Schrittes auf dem Podium erschienen sei. Offensichtlich hatte er zur Beruhigung der Nerven ein Gläschen zuviel genossen. Nach dem Abklingen des Begrüßungsapplauses habe sich Reger nicht auf, sondern neben den Klavierhocker gesetzt! Doch habe er diesen ungewöhnlichen Zwischenfall auf großartige Weise gemeistert: Mit nur einem Finger habe er wie ein Anfänger vom Fußboden aus den damals populären Gassenhauer »Ist denn kein Stuhl da, Stuhl da, Stuhl da – für meine Hulda, Hulda, Hulda« intoniert. Erst dann habe er sich erhoben und seinen Klavierabend begonnen; und er habe herrlich gespielt.

In den Abonnementskonzerten Wilhelm Furtwänglers mit den

Berliner Philharmonikern hatte ich damals schon Regers Mozart-Variationen Opus 132 gehört. Sie hatten mich begeistert, und so war es eigentlich Max Reger zu verdanken, daß Mutter mit mir in das Konzert des Bentz-Quartetts ging. Was neben Regers Es-Dur-Quartett auf dem Programm stand, weiß ich nicht mehr, doch ist mir dieses Werk am Schluß des Programms in lebhaftester Erinnerung. Besonders das höchst anspruchsvolle Finale (Allegro con grazie e con spirito) wurde mitreißend musiziert. Die vier Damen auf dem Podium erhielten zu Recht tosenden Beifall.

Mutter liebte es, nach einem besonders beglückenden Konzert in das Künstlerzimmer zu gehen, fühlte sie sich doch ein wenig auch als »Kollegin«. So saßen wir am Ende des Abends zusammen mit den Künstlerinnen in einem Restaurant und lauschten ihren Geschichten. Die aus Basel stammende Beatrice Bentz erzählte von einem Konzert in einer ostpreußischen Kleinstadt, wo sie das Reger-Quartett quasi als Generalprobe für Berlin gespielt hatten. Aus ihrer Handtasche zog sie eine ostpreußische Kreiszeitung und las uns die Kritik über ihren dortigen Auftritt vor. Die vier Damen wurden auf das höchste gelobt, und man wünschte ihnen weitere Erfolge, damit sie bald in der Lage seien, »ihre kleine Kapelle zu verstärken«!

Beatrice Bentz wurde nach kurzer Zeit meine Geigenlehrerin. Ihr verdanke ich das Studium mehrerer Beethoven- und aller drei Brahms-Sonaten. Sie führte mich zu Bachs Solo-Sonaten und zu den für die Ausbildung eines Geigers wichtigsten Violinkonzerten - Bruchs g-moll-Konzert, dann das Mendelssohn-Konzert und schließlich die großen Violinkonzerte von Beethoven und Brahms. Es waren fast vier Jahre intensiver täglicher Arbeit, wobei Mutter als ständige Begleiterin am Klavier half.

Beatrice Bentz arbeitete damals an der Berliner Musikhochschule als Assistentin von Professor Karl Klingler. Ihr verdankten wir zwei der heißbegehrten Eintrittskarten zu einem denkwürdigen Konzert. Auf Initiative von Karl Klingler, ehemals Meisterschüler von Joseph Joachim, fand am 28. Juni 1931, Joachims hundertstem Geburtstag, in der Singakademie ein einzigartiger Festakt statt. Vor dem Eingang, im sogenannten Kastanienwäldchen, standen viele Menschen, die keine Karte bekommen hatten. Um so erstaunter waren wir, als vor uns plötzlich meine verehrte Geigenlehrerin auftauchte. Sie hatte ihre Karte einer Freundin gegeben und gemeint, sie selbst, die Assistentin des Initiators der Veranstaltung, werde schon irgendwie hineingelangen. Doch darin hatte sie sich geirrt; die preußisch erzogenen Kontrolleure am Eingang waren weder mit Geld noch mit guten Worten zu bewegen, sie ins Haus zu lassen. Ich gab ihr also meine Karte; ein junger Mann von achtzehn Jahren würde mit einer derartigen Situation gewiß leichter fertig werden als eine Dame ohne Begleitung. Ich ging zum Künstlereingang und schloß mich einer Gruppe von Mitgliedern des Chores der Singakademie an; und schon war ich drinnen.

Dann aber nahm das Schicksal seinen Lauf. Um nicht aufzufallen, ging ich in der Gruppe, der ich mich angeschlossen hatte, die Treppe für die Mitwirkenden hinauf. Kaum waren wir oben angekommen, als der Chor zum Auftritt gerufen wurde. So landete ich auf dem Podium und nahm unmittelbar hinter den Bassisten Platz. Im Parkett sah ich Mutter und Frau Bentz, die mir verstohlen zuwinkten. Schon erschien der Dirigent der Singakademie, Professor Georg Schumann, und gab dem Chor das Zeichen zum Aufstehen. Auch ich erhob mich. Ich wußte, daß die Fest- und Gedenksprüche von Brahms gesungen würden, die ich gut kannte, da ich sie erst vor kurzem in Mutters Chor mitgesungen hatte. Also sang ich die achtstimmigen Gesänge mit dem Blick in die Noten meines Vordermannes nolens volens leise und unauffällig mit.

Auch der folgende Teil dieses Festkonzerts ist mir in lebhafter Erinnerung. Jetzt trat das Klingler-Quartett zusammen mit dem Stuttgarter Wendling-Quartett auf, um das Oktett Opus 20 von Felix Mendelssohn-Bartholdy zu spielen. Dieses einzigartige Frühwerk des siebzehnjährigen Komponisten hatte ich schon wiederholt mitspielen dürfen. Karl Klingler spielte das Werk, wie es von Mendelssohn gewünscht und von Joachim überliefert wurde, als einziger der acht Musiker stehend. Ein Blick in die Partitur bestätigt, daß dieses zauberhafte Werk fast den Charakter eines Violinkonzerts mit Begleitung eines kleinen Orchesters hat.

Im Februar 1932 machte ich am Grunewald-Gymnasium das Abitur, um mich anschließend für das Sommersemester an der Berliner Universität zum Studium generale immatrikulieren zu lassen. Schon das zweite Semester wurde von dem politischen Geschehen jener Zeit entscheidend beeinflußt. Auf Bitte meines Onkels Hans von Wedemeyer arbeitete ich Anfang Januar 1933 als Hilfskraft im Privatsekretariat seines Freundes, des ehemaligen Reichskanzlers Franz von Papen, und erlebte dort die dramatischen Ereignisse, die dann am 30. Januar zur Ernennung Hitlers zum Reichskanzler führten. Ich habe sie in meinem Buch »Die verdammte Pflicht« geschildert. Das Violinstudium bei Beatrice Bentz setzte ich fort, bis ich Berlin Ende März 1933 verließ, um eine kaufmännische Ausbildung in Hamburg zu beginnen.

Außer meiner Mutter verdanke ich es vor allem Beatrice Bentz, daß ich es auf meinem Instrument so weit gebracht habe. Noch überlegte ich ernsthaft, Musiker zu werden. Dann aber reifte in mir die Erkenntnis, daß meine geigerischen Fähigkeiten für eine Solistenkarriere nicht ausreichten, hört man doch, sobald man ein Werk selbst studiert hat, mit strengeren Ohren als der normale Hörer. Die vielen Konzerte Wilhelm Furtwänglers mit den Engagements der bedeutendsten Geiger der Welt waren jetzt Maßstab meiner Erwägungen geworden. Ich erinnerte mich der Geiger Carl Flesch, Josef Szigeti, Adolf Busch, Bronislav Hubermann und Fritz Kreisler. Ich hatte sie alle gehört; niemals würde ich einem von ihnen das Wasser reichen können.

Unvergeßlich ist mir meine letzte Geigenstunde bei Beatrice Bentz. An jenem Nachmittag spielten wir die beiden ersten Sätze des Brahms-Konzerts, an dem ich – mit der Kadenz von Joseph Joachim – seit Monaten gearbeitet hatte. Während Mutter aus dem Klavierauszug virtuos begleitete, war ich mit mir unzufrieden. Es wurde eine traurige Abschiedsstunde, denn die Arbeit bei Beatrice Bentz war beglückend gewesen. Mutter jedoch hatte schon wieder vorausgeplant: Ihre Freundin Marianne von Weizsäcker suchte für ihren jüngsten Sohn Richard eine neue Geigenlehrerin, und so wurde er sozusagen mein Nachfolger bei Beatrice Bentz.

Ein paar Jahre später verließ Beatrice Bentz Berlin. Ihr, der Tochter aus einer Baseler Gelehrtenfamilie, war die Arbeit im Lande der Nazi-Diktatur unerträglich geworden. Sie ging in die Vereinigten Staaten, und der Zweite Weltkrieg trennte uns dann gewaltsam. Doch sobald man nach 1945 wieder Briefe nach Amerika senden konnte, wurde unsere Freundschaft zu neuem Leben erweckt, und Beatrice Bentz übernahm bei meinem ersten Kind, meiner Tochter Angelica, eine Patenstelle. Wieder einige Jahre später besuchte sie uns in Hannover, wo ich damals lebte. Einen Abend lang musizierten wir im Freundeskreis – Friedrich Hausmann und sein Sohn Friedrich Bernhard an den Geigen, Rudolf Metzmacher am Cello und Beatrice Bentz und ich an den Bratschen. In großer menschlicher wie musikalischer Harmonie spielten wir die schönsten Quintette von Mozart und Brahms. So schloß sich der Kreis.

»Der Reichskanzler bittet«

Wie schon gesagt, arbeitete ich im Januar 1933 als Hilfskraft im Privatsekretariat Franz von Papens, der im November 1932 als Reichskanzler zurückgetreten war. Obwohl er seit dem 30. Januar 1933 als »Stellvertreter des Reichskanzlers« wieder einen Amtssitz hatte, bat er mich, ihm für persönliche Aufträge weiter zur Verfügung zu stehen. Sehr bald schon, Anfang Februar, erhielt ich einen recht amüsanten Auftrag. Papen zeigte mir eine lange Namensliste. Er hatte Hitler vorgeschlagen, in seiner Eigenschaft als neuer Reichskanzler einen Staatsempfang zu geben, um sich der Öffentlichkeit, dem diplomatischen Corps, der Wirtschaft und der Presse vorzustellen. Papen hielt es für zweckmäßig, daß dieser Empfang in möglichst zwangloser Form stattfinde.

Die Liste umfaßte mehrere hundert Namen. Auffallend war das völlige Fehlen nationalsozialistischer Prominenz, doch im übrigen waren alle nur denkbaren Honoratioren der Reichshauptstadt berücksichtigt. Das Protokoll hatte gute Arbeit geleistet. Der Empfang sollte im Palais Prinz Carl, dem alten Schinkel-Bau an der Ecke Wilhelmstraße/Wilhelmplatz, also gegenüber der Reichskanzlei stattfinden; das Hotel Adlon sorgte für ein Kaltes Buffet und die Getränke und die Kapelle Barnabas von Gézy für die Musik. Was Papen jedoch nicht gefiel, war der Mangel an jüngeren Gästen, besonders an jungen Damen. Hier sollte ich Abhilfe schaffen, wofür er mir eine ansehnliche Zahl von Einladungskarten mit dem Aufdruck »Der Reichskanzler bittet...« aushändigte. Ich dankte ihm für so viel Vertrauen und begann meine seltsame Arbeit.

Erwartungsvoll und früh genug, um dem Vizekanzler für den reibungslosen Ablauf des Abends zur Verfügung zu stehen, begab ich

Der neuernannte Reichskanzler Adolf Hitler mit Vizekanzler Franz von Papen im März 1933

mich am Tag des Empfangs zum Palais Prinz Carl. Die Kellner des Hotels Adlon waren noch mit dem Richten des Buffets beschäftigt. Auf dem Podium des großen Festsaales bauten die Musiker ihre Notenständer auf. Ein glanzvoller Abend konnte beginnen.

Einige Minuten vor der Einladungszeit erschien Papen mit seiner Familie. Als die ersten Gäste sich einzufinden begannen, fehlte nur einer: der Gastgeber, der neue Reichskanzler. Also nahmen der Vizekanzler und Frau von Papen Aufstellung, um das Defilee der Gäste abzunehmen. Niemand schien sich daran zu stören, und die Papens waren in ihrem Element. Im Hintergrund spielten Barnabas von Gézy und seine Kapelle; es herrschte eine gelockerte Atmosphäre. Die Kellner servierten Henkell-Sekt; ich hörte die etwas spitze Bemerkung des Vizekanzlers, Herr von Ribbentrop habe gut aufgepaßt, um hier ins Geschäft zu kommen. Vertrat doch der in der sogenannten feinen Berliner Gesellschaft als Nazi bekannte spätere Reichsaußenminister Ribbentrop die Sektfirma, an der seine Frau, eine geborene Henkell, beteiligt war.

So verlief der Empfang des Reichskanzlers ohne den Gastgeber. Man näherte sich schon der Stunde, in der routinierte Gäste beginnen, sich auf den Ausgang zuzubewegen, als die Hauptperson überraschend doch noch erschien. Ohne irgend jemanden persönlich zu begrüßen, als habe er es sehr eilig, hastete er durch das Spalier der Gäste. Die rieben sich verblüfft die Augen: Er trug einen Frack! Niemals hatte man den Führer der NSDAP anders als in brauner Uniform gesehen. Wenn auch sein Habit unter schneidermeisterlichem Aspekt nicht gerade beeindruckend war, so war dieser Auftritt doch eine Sensation. War Hitler etwa im Begriff, sich den Formen des Althergebrachten anzupassen?

Eilenden Schrittes strebte der Reichskanzler dem Großen Saal zu und postierte sich effektvoll in dessen Mitte. Sofort bildete sich um ihn herum eine dichte, sich drängende Menschentraube. Einigen Herren des Protokolls gelang es, eine paarweise vorrückende Schlange zu arrangieren, so daß die »Cour« beginnen konnte. Es war bemerkenswert, wie viele der Gäste sich eiligst einreihten, um dem »neuen Mann« wenigstens einmal nahegekommen zu sein. Gemeinsam mit der jungen Anna von Alvensleben, einer der Damen, denen meine Einladungskarten gegolten hatten, beobachtete ich die Szene aus einiger Entfernung. Vor einigen älteren Damen verneigte Hitler sich tief, um ihnen die Hand zu küssen. Anderen wurde solche Ehre nicht zuteil. Es gelang uns nicht herauszufinden, nach welchen Kriterien geküßt oder nicht geküßt wurde. Wir vergnügten uns damit, jeweils zu wetten: mit oder ohne Kuß?

Zum erstenmal erlebte ich, welch ungewöhnliche Faszination Hitler auf Damen ausübte, besonders auf ältere. Manche von ihnen schienen ihre Haltung zu verlieren, wenn sie endlich an der Reihe waren. Einige Auftritte waren in ihrer Devotheit peinlich. Daß Barnabas von Gézy Schuberts Variationen aus dem Forellenquintett spielte, mag als mildernder Umstand gewertet werden.

Am Rande des Saales standen ein paar Tische mit tiefen Sesseln. Dorthin begab sich nun, die Begrüßungszeremonie unvermittelt abbrechend, der Reichskanzler. Er setzte sich in einen der Fauteuils am größten Tisch, und sofort waren sämtliche Sessel dieses Tisches ebenfalls besetzt. Und siehe da, es waren ausschließlich Damen, die einen Platz ergattert hatten, einige von ihnen in der Berliner Gesellschaft wohlbekannt. Ganz offensichtlich genoß Hitler die Szene. Er lehnte sich tief in die Polsterung und streckte beide Beine weit von sich. In dieser Haltung beantwortete er bereitwillig alle Fragen.

In einer Musikpause gingen wir zu Barnabas von Gézy, um uns mit ihm zu unterhalten. Ich kannte den ehemaligen Konzertmeister des ungarischen Philharmonischen Orchesters gut, da ich während meiner letzten Schuljahre ein paarmal mit der Geige ausgeholfen hatte, wenn er seine kleine Besetzung für einen großen Ball verstärken mußte. (Für eine etwa achtstündige Ballnacht hatte ich zwanzig Mark erhalten!) Gézy meinte, er sei in Sorge, als Ungar seine Arbeitserlaubnis in Deutschland zu verlieren.

Als einer der letzten Gäste verließ ich mit den Papens das Haus. Ich sollte das schöne Schinkel-Palais nicht wieder betreten, denn bald diente es dem neuernannten Propagandaminister Goebbels als Amtssitz. In den letzten Tagen des Dritten Reichs versank es in Schutt und Asche.

Soldat in Schwedt

Im 6. (Preußischen) Reiter-Regiment

Im Mai 1935 trat ich in Stettin in die Geschäftsleitung der von meinem Urgroßvater Paul-Julius Stahlberg 1841 gegründeten Ölfabrik ein. Mein Vater, der alleinige Besitzer des Unternehmens, war nach Berlin übergesiedelt. Nach wenigen Wochen erschien der für unseren Stettiner Stadtteil zuständige Ortsgruppenleiter der NSDAP in meinem Büro, um mich aufzufordern, in seine Partei einzutreten. Die Hitler-Regierung hatte alle übrigen Parteien aufgelöst, so daß die NSDAP die einzige verbliebene Partei in Deutschland war. Als ich ihm sagte, daß ich nicht die Absicht hätte, Parteimitglied zu werden, erklärte er mir, es sei meine Pflicht, als Mitglied der Geschäftsleitung unserer Fabrik der NSDAP beizutreten. Das Unternehmen habe volkswirtschaftlich eine solche Bedeutung, daß seine Geschäftsleitung mit der Partei verbunden sein müsse. Eine Weigerung komme nicht in Frage.

Diese Warnung ließ an Deutlichkeit nichts zu wünschen übrig. Ich fuhr nach Berlin, beriet mich mit meinem Vater und beschloß mit seinem Einverständnis, mich den zu erwartenden Repressalien zu entziehen, indem ich mich sofort beim Heer bewarb. Wenige Monate zuvor war die allgemeine Wehrpflicht eingeführt worden; über kurz oder lang würde auch ich einen Gestellungsbefehl erhalten. Als Freiwilliger konnte ich mich bei einem Regiment meiner Wahl bewerben und versuchen, dort Reserveoffizier zu werden. Da mein Vater Reserveoffizier bei den Pasewalker Kürassieren gewesen war, wählte ich das Traditionsregiment der Pasewalker, das 6. (Preußische) Reiter-Regiment in Schwedt an der Oder. Als Soldat war man damals noch dem Zugriff der Nazipartei entzogen.

Mein Rekrutenjahr in Schwedt war gekennzeichnet von der Härte der Ausbildung in der Reichswehr, die zur Zeit der Weimarer Republik ein Berufsheer gewesen war. Unsere Ausbilder waren ausnahmslos Berufssoldaten; Reserveoffiziere gab es noch nicht. Die Ausbildungsmethoden bewegten sich bisweilen an der Grenze des Vertretbaren, und doch denke ich gern an diese Zeit zurück. Als ich nach einem Jahr entlassen wurde, war ich Gefreiter und – vor allem – Reserveoffizier-Anwärter. Sobald wie möglich meldete ich mich zu zwei Reserveübungen und wurde schnell Unteroffizier. Damit begann der schöne Teil meiner Soldatenzeit, denn als Kavallerist erlebte man vieles, was mit der Motorisierung der Heere Historie geworden ist.

Im Spätsommer 1936 fanden Manöver statt. Das ganze Regiment wurde samt Pferden und Troß in Eisenbahnzüge verladen. Alle sechs Schwadronen gingen nach Altengrabow, dem großen Truppenübungsplatz ostwärts von Magdeburg. Ich ritt noch immer meinen Fuchswallach »Heldensang«, der schon in der Rekrutenzeit mein Pferd gewesen war. Wir kannten uns gut, ja, wir mochten einander, und ich wußte, daß ich mich in jeder Situation auf ihn verlassen konnte. Was die einzigartige Routine eines alten Kavalleriepferdes wert ist, sollte ich noch erfahren.

An einem Vormittag stand wieder Schwadronsexerzieren auf dem Dienstplan. Bald nachdem wir das Barackenlager verlassen hatten, gab Rittmeister von Lewinski mit dem Säbel das Zeichen zum Angaloppieren, und nun bewegte sich die ganze Schwadron – mehr als hundert Pferde, je zwei nebeneinander – in langer Schlange quer durch das Heideland. Ich ritt hinter dem Schwadronschef und einem der Leutnants an der Spitze, als vor uns eine Chaussee auftauchte, die zu überqueren war. Wir nahmen den ersten Straßengraben, doch beim Sprung über den jenseits der Straße liegenden zweiten, einem Tiefsprung, stolperte Heldensang, und schon lagen Roß und Reiter am Boden, ich selbst unglücklicherweise mit dem linken Bein unter dem Leib des Pferdes, so daß ich mich erst befreien konnte, als der Wallach wieder auf den Beinen war.

Ich bin als Kavallerist viele Male gestürzt, doch dieser Sturz ist mir unvergeßlich, denn ich sah, im Graben liegend, die gesamte Schwadron über mich hinwegspringen. Das kaum Glaubliche aber war das Verhalten meines Pferdes. Heldensang blieb ganz ruhig liegen, bis das letzte Pferd der Schwadron uns übersprungen oder passiert hatte. Dann erst stand er auf, schüttelte sich und machte auch jetzt noch keine Anstalten, der Schwadron nachzugaloppieren. In aller Ruhe konnte ich Sattel und Zügel ordnen und aufsitzen. Von der Schwadron aber war nichts mehr zu sehen. Ich klopfte meinem alten Fuchs auf den Hals und ließ ihn gehen. Es dauerte nicht lange, bis wir die Staubwolke sahen, die im märkischen Sand eine Kavallerieeinheit anzuzeigen pflegte. Immer noch galoppierend, kam uns die Schwadron entgegen. Ich setzte mich neben den Schwadronschef und meldete mich zurück. Er hatte noch gar nicht bemerkt, daß ihm einer seiner Unteroffiziere abhanden gekommen war.

Gelegentlich ging es ohne Pferde zur infanteristischen Ausbildung ins Gelände. Dabei erhielt ein junger Rekrut eines Tages den Befehl, unter optimaler Ausnutzung des Geländes möglichst ungesehen einen am Horizont zu sehenden »Kugelbaum« zu erreichen. In dessen Deckung solle er das dahinterliegende Gelände beobachten, sich alle Wahrnehmungen einprägen und warten, bis ihm ein neuer Befehl überbracht würde. Er müsse in der Lage sein, nach Ausführung dieses Befehls alles, was er beobachtet habe, genau und in chronologischer Abfolge zu berichten.

Die Übung ging über mehrere Stunden, bis schließlich zum Rückmarsch gesammelt wurde. Im Übungslager folgte der Schlußdienst des Tages, wie bei der Kavallerie üblich: erst das Pferd, dann die Waffen und danach der Mann. Es war schon dunkel, als die Schwadron zum Abendappell antrat und der »Spieß« die Namen aufrief. Ein Mann fehlte. Wo konnte er sein? Wer hatte ihn zuletzt gesehen? »Eigenmächtige Entfernung von der Truppe« war ein ernstes und strafwürdiges Delikt. Es stellte sich rasch heraus, daß es sich um jenen Soldaten handelte, der am »Kugelbaum« Wache schob. Der dienstjüngste Unteroffizier - das war ich - erhielt den Befehl, mit zwei Mann Begleitung den verlorenen Sohn zu suchen. Der Befehl war leichter gegeben als ausgeführt, denn es war inzwischen stockdunkle Nacht geworden. So ritten wir denn, mit einem vierten Pferd an der Hand, los, um den mehrere Kilometer weit entfernten Kugelbaum zu suchen. Erst nach Stunden fanden wir ihn. Unser

Vermißter stand noch immer dort und meldete, daß er außer dem Auftauchen wilder Kaninchen »keine besonderen Vorkommnisse« berichten könne. Für besonders gute Befehlsausführung erhielt er später vom Rittmeister einen Tag Sonderurlaub.

Zu Pferde durch die Elbe

Noch ein weiteres Erlebnis aus den Manöverwochen in Altengrabow möchte ich erzählen. Das ganze Kavallerie-Regiment brach eines Tages zu einer großen Marschübung auf. Wir ritten in nordwestlicher Richtung und überquerten bei Tangermünde die Elbe. Nördlich der Stadt wurde jeder Schwadron ein Abschnitt am Elbufer zugewiesen. Es galt, schwimmend den Fluß zu überwinden. Im Zuge der Überlegungen über die Verwendbarkeit der Kavallerie im modernen Heer sollte die Durchquerung eines breiten Stroms geübt werden, wobei für jede Schwadron die Zeit genommen werden sollte.

Die Übung war bis in die kleinsten Einzelheiten durchgesprochen worden. Zwar hatten wir in Schwedt schon wiederholt das Schwimmen mit Pferden am Oderufer geübt, aber die Durchquerung eines solchen Stromes war neu und nicht ohne Risiko. Als einziges Hilfsmittel standen jeder Schwadron ein paar Schlauchboote zur Verfügung. Mit ihnen sollten die Nichtschwimmer sowie Sättel, Waffen, Mantelsäcke und Uniformen ans andere Ufer gebracht werden. Die abgesattelten Pferde waren dann von den Soldaten schwimmend durch den Strom zu führen.

Gern ließ ich mich zu den freiwilligen Schwimmern einteilen, denn das Abenteuer reizte mich. Zuerst waren Trensen- und Kandarengebiß auszuschnallen; als einziger Zügel blieb der hinten geöffnete Trensenzügel in der Hand des Reiters. Es kam darauf an, zuerst diejenigen Pferde hinüberzubringen, die am Schwimmen Spaß hatten. Die älteren Unteroffiziere wußten aus Erfahrung, welche das

Kavallerie-Schwadron bei der Überquerung der Elbe

waren. Heldensang gehörte dazu. Waren am jenseitigen Ufer erst ein paar Pferde zu sehen, dann gelang es leichter, die übrigen und schließlich auch die wasserscheuen Pferde durch den Fluß zu bringen. Man ritt also, nur mit der Badehose bekleidet, mit seinem Pferd geradewegs hinein in den Strom. Mit dem Trensenzügel sorgte man dafür, daß der Kopf des Pferdes nach vorn blickte. Kam dann der kritische Augenblick, in dem das Pferd den Boden unter den Füßen verlor, mußte man sich sofort flach über den Pferderücken legen, mit einer Hand in der Mähne Halt suchend, mit der anderen die lokkeren Trensenzügel führend. Vor allem galt es, das jetzt schwimmende Pferd nicht mehr mit dem Gewicht des Reiters zu belasten, sondern sich schwimmend von ihm ziehen zu lassen. Spürte man, daß das Pferd mit aller Kraft dem gegenüberliegenden Ufer zustrebte, ließ man die beiden Trensenzügel wie auch die Mähne los und hängte sich zum eigenen Vergnügen an den Schweif des Pferdes. Drüben standen dann schon die Nichtschwimmer bereit, um das Tier einzufangen.

Mit Heldensang gelangte ich schnell ans andere Ufer, und sofort saß ich wieder in einem Schlauchboot, um zurückzufahren und weitere Pferde zu übernehmen. Ich weiß nicht mehr, wie viele Pferde ich in jenen Stunden durch die Elbe gebracht habe. Ich weiß nur noch, daß es mir unbändigen Spaß gemacht hat. Unvergessen bleibt mir aber auch, was ich mit einem der letzten Pferde erlebte, der zwölfjährigen Stute »Alma«. Es gelang mir nicht, sie ins Wasser zu bekommen. Ein paarmal machte sie schon am Ufer Anstalten, zu »steigen«, das heißt, sich auf die Hinterhand zu stellen. Zwei Helfer waren eingeteilt, um das Zaumzeug zu fassen, zwei weitere schoben das panische Pferd mit aller Kraft ins Wasser. So gelang es schließlich, die arme Alma soweit in den Strom zu zwingen, bis der Augenblick des freien Schwimmens kam. Doch nun wurde es für den Reiter gefährlich, denn das schwimmende Pferd »stieg«. Ich konnte nichts mehr tun, als mich blitzartig mit den Füßen vom Rücken der Stute abzustoßen. Nur weg vom Pferd! So hatte man es uns gelehrt, denn ein Pferd, das sich im Wasser rückwärts überschlägt, wird mit seinen eisenbeschlagenen Hufen für seinen Reiter zur tödlichen Gefahr.

Alma überschlug sich – und tauchte nicht mehr auf. Ein Pferd, das Wasser in die Ohren bekommt, verliert sein Gleichgewicht und ist verloren. Alma wurde erst einen Kilometer weiter stromabwärts wiedergesehen und tot an Land gezogen. Die wasserscheue Stute war nicht mein Pferd gewesen, doch traf mich ihr Verlust tief.

Ein paar Tage später wurde ich in Altengrabow zum Wachtmeister der Reserve befördert. Die Unteroffiziere der 3. Schwadron schenkten mir ein Portepee – eine alte Tradition im preußischen Heer. Das Portepee – vom französischen »porte-épée« = Degenträger – ist eine silberne Quaste, am durchwirkten Lederriemen um Griff und Bügel der Seitenwaffe geschlungen; es wurde ausschließlich von Offizieren und höheren Unteroffizieren getragen. Jetzt war ich also »Portepee-Unteroffizier«. Noch eine Beförderung, und ich würde das Ziel erreicht haben, das ich mir im Jahre 1935 gesetzt hatte: Offizier zu sein, bevor eintreten würde, was mir schon damals drohend vor Augen stand: bevor Hitler einen Krieg beginnen würde.

Fehrbellin

Unvergeßlich bleibt mir der Rückmarsch von Altengrabow nach Schwedt. Gerne wären wir quer durch Berlin geritten, das auf der Luftlinie unseres Weges lag. Doch die Reichshauptstadt war natürlich nicht das geeignete Gelände für einen feldmarschmäßigen Übungsritt mit reichlich verschmutzten Pferden. Wir ritten also in einem großen Bogen nördlich um Berlin herum. Jede Schwadron bekam ihren eigenen Marschweg zugewiesen, und zwar fast ausschließlich durch Feld und Wald. Die Nächte verbrachten wir in Bauerndörfern, wobei die Pferde in leeren Scheunen, die Soldaten in Bürgerquartieren untergebracht wurden. In liebenswerter Weise wurden wir von den Gastgebern verwöhnt. Nicht selten erschienen bei der Schwadron Dorfbewohner, um sich zu beklagen, daß sie keinen Soldaten abbekommen hatten.

An den Abenden veranstalteten die Schwadronen in »ihrem« Dorf einen Manöverball. Das Trompeter-Korps des Regiments wurde dafür in Gruppen aufgeteilt, so daß jede Schwadron ihre eigene Tanzkapelle hatte. Auf solchen Festen herrschte eine kaum vorstellbare Ausgelassenheit. Ließ dann der Schwadronschef zu mitternächtlicher Stunde das Halali blasen, gab es manche heimliche Träne. Zwischen Militär und Volk herrschte ungetrübte Verbundenheit.

Wenn während des Tagesmarsches vor uns ein größeres Dorf oder Städtchen auftauchte, wurde vor Erreichen des ersten Hauses angehalten. Rittmeister von Lewinski ließ den Helm aufsetzen und kontrollierte seine Schwadron. Ritt an einem solchen Tag das Trompeter-Korps des Regiments vor uns her, dann konnte man damit rechnen, daß die gesamte Einwohnerschaft in wenigen Minuten die

Straßen säumen würde. Handelte es sich um einen größeren Ort, dann bekamen einige Trompeter den Befehl zu einem kurzen Galopp kreuz und quer durch die Straßen. Dort hielten sie an Ecken und Plätzen, um ihre Signale zu schmettern. Erst wenn sie zurückgekehrt waren, kam der Befehl zum Anreiten. Noch hielt der Rittmeister neben seiner schon im Marsch befindlichen Schwadron, doch dann ertönte laut schallend sein Kommando »Säbel auf!«, und mehr als hundert Säbel sausten aus ihren Scheiden und wurden »präsentiert«, aufgesetzt auf den rechten Oberschenkel und angelehnt an die rechte Schulter. Vorn an der Spitze sah man die weißen Stulpenhandschuhe des Musikmeisters mit den Paukenschlägern kerzengerade aufsteigen – das Zeichen zum Einsatz des Kavalleriemarsches. Unteroffiziere und Soldaten hatten aufrecht und unbe-

Das Trompeter-Korps eines Kavallerie-Regiments beim Marsch durch eine brandenburgische Kleinstadt

weglich zu sitzen und auch den Kopf unter dem Helm nicht zu rühren. Doch entging uns nicht, wenn unsere Offiziere vor einem hübschen Mädchen grüßend ihren Säbel senkten.

Auf diesem großen Marsch durch die Mark Brandenburg passierten wir auch die Stadt Fehrbellin. Wir hatten Glück: Das Trompeter-Korps ritt vor uns her. Fehrbellin ist in der Geschichte Brandenburgs und Preußens ein Ort von großer Bedeutung. Im Jahre 1675 kam es dort zur Schlacht der Brandenburger gegen die Schweden, in deren Folge die Schweden die Mark Brandenburg und wesentliche Teile Pommerns räumen mußten. Mit diesem Sieg sah sich der Kurfürst von Brandenburg in der Lage, das Reformwerk zu beginnen, für das ihm Holland, das Land seines Schwiegervaters, als Vorbild diente. Er ließ einen Wasserweg anlegen, der die Elbe mit der Oder verband; selbstverständlich über Berlin, denn hier bot sich das Wasser von Spree und Havel an, und hier zeichnete sich die Möglichkeit ab, aus der kleinen kurfürstlichen Residenz einen bedeutenden Handelsplatz zu machen. Außerhalb der Stadtmauern Berlins gab es genügend Platz, um mit staatlicher Hilfe eine moderne Siedlungspolitik einzuleiten. Seine zukunftweisenden Pläne ergänzte der Kurfürst mit einer Tat von größter Bedeutung, dem »Edikt von Potsdam«. Mit ihm öffnete er die Grenzen Brandenburgs für die Hugenotten, die in Frankreich wegen ihres Glaubens verfolgten Protestanten. Jahrzehntelang hielt der Strom französischer Asylsuchender nach Berlin an, zum wirtschaftlichen wie kulturellen Wohle Brandenburgs.

Während wir uns Fehrbellin näherten, entsann ich mich dieser glorreichen Anfänge der preußischen Geschichte. Doch ich war nicht der einzige, dessen Gedanken zum Großen Kurfürsten zurückschweiften. Als wir das Ortsschild passierten, setzte unsere Regimentsmusik mit einem der schönsten preußischen Kavalleriemärsche ein: »Des Großen Kurfürsten Reitermarsch«.

Abschied von Schwedt

Ich bin mit Leib und Seele Kavallerist gewesen. Um so mehr traf mich im Herbst 1937 die Nachricht, daß das 6. Kavallerie-Regiment von Schwedt nach Darmstadt verlegt würde. Den Reservisten wurde freigestellt, auch in Hessen beim Regiment zu bleiben. Wer das nicht wünschte, war aufgefordert, sich einen Truppenteil seiner Wahl zu suchen. Ich entschied mich für meine Heimatstadt Stettin. Dort stand die alte 2. Infanterie-Division. Leider bedeutete das den Abschied von der Kavallerie, denn die »2. I. D.« war bereits motorisiert. Doch sollte es wirklich zum Krieg kommen, so beruhigte ich mich, dann würde die Kavallerie kaum mehr eine bedeutende Rolle spielen. Schon im Krieg von 1914 war es so gewesen. Ein künftiger Krieg aber würde ein vollmotorisierter sein.

In Schwedt gab es zum Abschied ein rauschendes Fest im alten markgräflichen Schloß und eine große Reitjagd – die berühmt-berüchtigte Hubertus-Jagd über die Felder und Wiesen des Arnimschen Gutes Criewen. Sie war berühmt, weil sie im Reigen der Schwedter Reitjagden die längste und schwierigste war, und sie war berüchtigt wegen ihres letzten Hindernisses, des »Criewener Grabens«. Angeblich hatte der vertieft liegende Wiesengraben eine Wasserbreite von vier Metern. Es kam also darauf an, ein Pferd zu reiten, das ein solches Hindernis sprang. Als »alter Schwedter« wußte ich das natürlich, auch wenn ich diese Jagd noch nie mitgeritten war.

Ein paar Stunden vor dem »Stelldichein« fuhr ich nach Schwedt und suchte zuerst unseren alten Spieß auf. »Du bekommst das beste Pferd, das einem Wachtmeister zusteht«, begrüßte er mich und ging mit mir in den Schwadronsstall. Als ich den mir zugedachten Braunen in seinem Ständer sah, verschlug es mir die Sprache. Ich kannte den Wallach nicht, denn er war erst einige Monate zuvor zum Regiment gekommen. Um es kurz zu machen: Er hatte »Säbelbeine« und stand »kuhhässig«, hatte also einen Stellungsfehler in der Hinterhand. Der Spieß spürte meine Enttäuschung und sagte: »Er ist sicher das häßlichste Pferd der Schwadron. Doch Du wirst Dich wundern, wie er springen kann. Im vergangenen Jahr hat er zu den Pferden gehört, die die Kavallerie-Regimenter für die Olympischen Spiele zu stellen hatten. Ein südamerikanischer Offizier hat ihn geritten und ist mit ihm fehlerfrei ins Ziel gekommen.«

Was konnte ich für Criewen Besseres bekommen! Es wäre töricht gewesen, um ein »schöneres« Pferd zu bitten. Man hatte mir sogar einen Offizierssattel besorgt; ich brauchte also nicht einmal auf dem harten Kommißsattel zu reiten. Ich ließ mir das Pferd satteln und hatte genug Zeit, vor Beginn der Jagd auf dem Viereck zu reiten und einmal durch den Sprunggarten zu gehen. Wahrhaftig, dieses Pferd sprang traumhaft. Wenn ich mit ihm am Criewener Graben scheitern sollte, dann würde es meine eigene Schuld sein.

Dann strömten die Reiter zum Stelldichein. Niemals wieder habe ich ein so großes Jagdfeld gesehen. Aus allen Teilen der Mark Brandenburg, aus Mecklenburg, Pommern und Berlin waren sie gekommen, um den Abschied von Schwedt mitzuerleben. Auch bekannte deutsche Turnierreiter hatten sich eingefunden, unter ihnen Nora Cammineci aus Zethun in Pommern. Nora war eine sehr begabte Springreiterin, die in Berlin bei keinem Hallenturnier fehlte. Sie saß blendend im Sattel, ritt schneidig und mit leichter Hand. Ihr Vater, Oskar Cammineci, ein berühmter italienischer Turnierreiter, wurde 1944 von der SS ermordet.

Wie bei großen Reitjagden üblich, wurde das Teilnehmerfeld in mehrere Treffen eingeteilt. Im ersten ritten die Honoratioren, die Generalität und die Damen, im letzten die Fahnenjunker, Reserveoffiziersanwärter und Portepee-Unteroffiziere. Vom Trompeter-Korps auf der Schloßfreiheit verabschiedet, setzte sich die bunte Kavalkade in Bewegung.

Im letzten Treffen zu reiten war höchst amüsant, hatte man doch einen wunderbaren Überblick über das ganze Geschehen. Wir mochten wohl schon einen guten Kilometer galoppiert sein, als plötzlich neben mir Nora Cammineci erschien. Ihr Pferd pullte stark, und Nora war offenbar am Ende ihrer Kräfte. »Bitte«, rief sie, »dränge mich aus dem Feld in eine Volte. Ich kann mein Pferd nicht mehr halten!« Ich tat, was sie wünschte; nun waren wir bei den letzten Pferden der Jagd. »Warum mußt Du denn ausgerechnet auf dieser Jagd ein so heftiges Pferd reiten?« fragte ich sie. »Der Hengst kommt von der Rennbahn«, rief sie. »Es ist Vaters bester Steepler*. Vater ritt mit mir im ersten Treffen, und ich war schon ein paarmal drauf und dran, den Master zu überholen**, als Vater plötzlich neben mir war und mich anpfiff wie noch nie. Das soll er mir erst einmal nachmachen, auf einem Steepler das gesamte Feld in Volten nach rückwärts zu passieren!« Und schon war sie wieder an der Spitze unseres Treffens, und ich hatte Mühe, ihr zu folgen.

Wahrhaftig, es wurde eine bewegte Jagd. Noras Vollblut-Hengst und mein tapferer Olympia-Wallach hatten infolge unserer Volten eine weit größere Distanz zu gehen als die anderen Pferde. Würden sie am Ende noch die Kraft haben, über den Criewener Graben zu springen, der nun in der Ferne vor uns auftauchte? Das heißt, man sah ihn nicht, weil sein Wasserspiegel tief lag, aber er mußte es sein, denn auf einer Breite von hundert Metern sah es abenteuerlich aus. Reiter zu Pferde, Reiter ohne Pferd, Pferde ohne Reiter – ein gewaltiges Durcheinander. Würden Nora und ich da eine Lücke finden?

Auf einer Anhöhe jenseits des Grabens sah man die Zuschauer, denen sich ein Schauspiel von unglaublicher Komik bot: Pferde, die den Graben verweigerten, im Kampf gegen ihre Reiter. Reiter und Reiterinnen, die sich mangels ihres Pferdes mehr oder weniger erfolgreich bemühten, nach einem kühlen Bad die schlüpfrige Böschung zu erklimmen. Dazwischen heranpreschende Damen und Herren, die den Graben nahmen, als sei es ein Kinderspiel. In einiger Entfernung andere Jagdteilnehmer, die dort – welch gütige Fügung! – eine rettende Brücke entdeckt hatten. Für alt und jung, für Reiter wie Zuschauer ein herrliches Spektakel! Am Ende auch für Nora und mich, denn wir saßen auf Pferden, die aus Passion am Springen, fast ohne Zutun des Reiters, rechtzeitig und kraftvoll anzogen. Wir flogen förmlich über den Graben.

* Steepler = Hindernis-Rennpferd

** Den Master an der Spitze der Reitjagd zu überholen, gilt als schweres reiterliches Vergehen.

So endete Schwedt mit viel Glanz und Gloria in einem großen Fest im markgräflichen Schloßpark, mit Fackeln, mit Musik und Tanz, und zum Schluß mit Zapfenstreich und Halali. Auch unser Regimentskommandeur, Oberstleutnant Arno von Lenski, huldigte dem Opportunismus dieser Zeit. Zum letztenmal hörte ich seinen Hurraruf - nicht, wie von höchster Stelle befohlen, »auf den Führer und Obersten Befehlshaber der Wehrmacht«, sondern »auf unseren geliebten Führer und Oberbefehlshaber Adolf Hitler!«

So wunderte ich mich nicht, als ich Jahre später las, daß er Beisitzer an Hitlers Volksgerichtshof geworden sei. Zu seinen höchsten militärischen Ehren aber kam er erst nach Ende des Zweiten Weltkriegs, als er seine Karriere mit dem Rang eines Generals der kommunistischen Nationalen Volksarmee der DDR krönte. Wie dicht beieinander lagen doch die Diktaturen unseres Jahrhunderts!

Generalfeldmarschall von Mackensen

»Ich möchte Dich bitten, mich an einem der nächsten Tage nach Falkenwalde zu fahren. Ich habe den Feldmarschall von Mackensen gebeten, mich zum Tee zu empfangen. Es wird gewiß auch Dich interessieren, ihn persönlich kennenzulernen.« Mit diesen Worten überraschte mich meine Großmutter eines Tages im Jahre 1938 in Stettin. Selbstverständlich interessierte es mich, »den alten Mackensen«, den seit dem Tode Hindenburgs letzten noch lebenden Feldmarschall des kaiserlichen Deutschland, zu sehen. Ich äußerte mein Erstaunen darüber, daß Großmutter den alten Herrn persönlich kenne, denn noch nie hatte ich sie von ihm erzählen gehört. Nein, entgegnete sie, auch sie sei ihm bisher nicht begegnet, jetzt aber liege ihr daran, ihn zu sprechen, denn sie wisse aus den Zeitungen, daß er gelegentlich von Hitler eingeladen werde, um bei Paraden und ähnlichen Anlässen in seiner schönen Uniform der Danziger Husaren neben ihm zu stehen. Und es sei ein ungeschriebenes Gesetz, daß derjenige, der von höchster Stelle eingeladen werde, die Möglichkeit habe, um eine Audienz zu bitten. Ursprünglich habe sie die Absicht gehabt, »diesen Herrn Hitler« einmal selbst aufzusuchen, um ihm verschiedene Dinge zu sagen, die ihm offenbar kein anderer zu sagen wage. Aber alle hätten ihr gesagt, daß sie nicht die geringste Chance habe, von Hitler empfangen zu werden.

Ich fragte sie nach dem Grund ihres Plans und erfuhr, es gehe ihr um Fragen der Kirchenpolitik, und sie habe gehört, daß Mackensen ein frommer Christ sei; also sei sie auf den Gedanken gekommen, ihn einzuschalten, denn er habe doch offenbar guten Kontakt zu Herrn Hitler. Ein frommer Christ aber sei verpflichtet, sich für christliche Brüder, denen Unrecht geschehe, einzusetzen. Sie habe erfahren, daß der Berliner Pastor Martin Niemöller in das Konzentrationslager Oranienburg verschleppt worden sei, und es müsse dringend etwas geschehen, um ihn zu befreien und überhaupt gegen die Verfolgung von Pastoren beider christlicher Konfessionen zu protestieren.

Pfarrer Niemöller war ein weit über Berlin hinaus bekannter Mann. Unter dem Titel »Vom U-Boot zur Kanzel« hatte er ein autobiographisches, sehr patriotisches Buch geschrieben. Die Zeit der Weimarer Republik hatte er als »vierzehn Jahre Dunkelheit« bezeichnet, und im Jahre 1933 hatte er noch zu denen gehört, die Hitlers »Machtübernahme« lebhaft begrüßten. Als dann aber die Nazis mit dem nationalsozialistischen »Reichsbischof« Ludwig Müller – er trug seine deutschen und türkischen Kriegsorden sogar auf dem geistlichen Rock – darangingen, die evangelische Kirche »gleichzuschalten« und einen antisemitischen »Deutsch-Evangelischen Kirchenbund« zu etablieren, war es 1934 auf einer Synode in Barmen zur Kirchenspaltung gekommen. Zu den führenden Pastoren der neuen »Bekennenden Kirche« gehörte auch Martin Niemöller. Von seiner Dahlemer Kanzel aus predigte er freimütig gegen die Nazis. Bald aber wurden seine Telefongespräche abgehört; die Folge war ein Verfahren wegen »staatsfeindlicher Äußerungen«. Als ihn das Gericht mangels Beweisen freisprach, wurde er beim Verlassen des Gerichtsgebäudes von der SS verhaftet.

Auch mich hatte diese Nachricht aufs äußerste erregt. War sie doch eine erneute Bestätigung, daß das Deutsche Reich kein Rechtsstaat mehr war. An einem der nächsten Tage fuhren Großmutter und ich also nach Falkenwalde in Vorpommern. Wir näherten uns bereits unserem Ziel, als ich merkte, daß wir zu früh ankommen würden. Ich hielt an und parkte den Wagen am Straßenrand im Schatten eines Baumes. Schon nach wenigen Minuten näherten sich uns auf einem Feldweg zwei Reiter im Trabe, und es dauerte nicht lange, da erkannte ich auf einem der Pferde den berühmten Mackensen. Hinter ihm ritt, in einfacher Heeresuniform, sein Stallbursche. Der Feldmarschall trug die kurze Attila, die mit Schnüren besetzte Husarenjacke seines Danziger Regiments, jedoch ohne jedes Rangabzeichen; auf dem Kopf saß eine einfache Schirmmütze. Das Bemerkenswerteste aber war, daß der nahezu neunzig Jahre alte Herr »deutsch« (ausgesessen) trabte, während sich der junge Soldat hinter ihm mit »englischem Trab« begnügte. Ein paar Meter vor uns bogen die beiden in die Chaussee ein, der Feldmarschall parierte sein Pferd durch, und im Schritt strebten die Pferde am langen Zügel der vor uns liegenden Ortschaft zu. Nur ein Reiterherz kann ermessen, welch ein Erlebnis diese kurze Begegnung mit dem ältesten Kavalleristen Preußens für mich war.

Wir ließen den beiden Reitern einigen Vorsprung, um nicht vor ihnen am Ziel unserer Fahrt einzutreffen. »Was sagst Du eigentlich, wenn der Feldmarschall Dich auf Onkel Rob anspricht?« wollte ich von Großmutter wissen. Ohne Zweifel hatte sie sich auf diesen Fall vorbereitet, war doch Mackensen als junger Offizier Adjutant des damaligen Kronprinzen und späteren Kaisers Wilhelm II. gewesen und somit über die Verhältnisse am kaiserlichen Hofe nicht weniger informiert als Onkel Rob, Großmutters Bruder, der das so heiß umstrittene Buch »Zwölf Jahre am deutschen Kaiserhof« geschrieben hatte. Großmutter meinte, daß Mackensen sie wohl kaum auf Onkel Rob ansprechen werde; sollte er es aber doch tun, dann werde sie mit ihrer Meinung nicht hinter dem Berg halten.

Mit dieser sphinxhaften Antwort näherten wir uns dem Haus des Feldmarschalls. Man führte uns in ein großes Wohnzimmer und bat uns, einen Augenblick zu warten, da der Hausherr soeben erst von seinem täglichen Ausritt zurückgekehrt sei. Der Raum war beherrscht von einem großen Flügel, der jedoch nicht den Eindruck machte, als werde er täglich gespielt, denn auf ihm lag eine schwere bestickte Brokatdecke, die den Klavierdeckel über seine gesamte Länge bedeckte. Auf dieser wiederum stand eine Unzahl silbergerahmter Bilder. Es schien, als hätten sich alle illustren Persönlichkeiten, die dem jungen Adjutanten des letzten Kaisers und berühmten Feldherrn jemals begegnet waren, hier mit ihrer persönlichen Widmung niedergelassen.

Während Großmutter und ich uns noch mit den Bildern beschäftigten, stand plötzlich der Hausherr neben uns, küßte Großmutter vollendet die Hand und fragte dann mich, obwohl ich Zivil trug, wie selbstverständlich, bei welchem Regiment ich stehe. Mit dem 6. Kavallerie-Regiment in Schwedt schien er zufrieden, an der 2. Panzerabwehr-Abteilung in Stettin zeigte er sich nur leidlich interessiert.

Dann wurde der Tee serviert, und Großmutter ging geradewegs »medias in res«. Der alte Herr hörte aufmerksam zu. Die Sache mit dem Pastor Niemöller sei tatsächlich eine schlimme Geschichte, sagte er. Doch was solle gerade er dazu beitragen, dem es nicht einmal gelungen sei, die Rehabilitierung der von der SS ermordeten Generale von Bredow und von Schleicher zu erreichen. Wiederholt habe er sich bei Hitler für diesen Akt der Gerechtigkeit eingesetzt, doch ohne den geringsten Erfolg. »Der Hitler ist eben nicht Offizier gewesen«, sagte er, »sonst würde er gewiß auf mich hören.« Es dürfe nicht vergessen werden, bemerkte Großmutter, daß es sich im Falle Schleichers immerhin um den Vorgänger Hitlers im Amt des deutschen Reichskanzlers gehandelt habe.

Damit war der Anlaß unserer Tee-Visite eigentlich erledigt, doch Großmutter wußte, wann es sich schickte, den Besuch zu beenden. Sie nutzte die Gelegenheit bis zur letzten Minute, um den alten Mackensen mit ihren politischen Ansichten förmlich zu überschütten. Und der alte Herr war so höflich, aufmerksam zuzuhören, ihr zuzustimmen, wo immer er um seine Meinung gebeten wurde, und vor allem nicht auf Onkel Rob zu sprechen zu kommen. Er entließ

Generalfeldmarschall August von Mackensen nimmt in der Uniform seines Regiments, der »Danziger Husaren«, auf seinem Gut Büssow in der Uckermark die Glückwünsche Adolf Hitlers zu seinem neunzigsten Geburtstag entgegen.

uns in vollendeter Höflichkeit, geleitete uns zum Abschied vor die Haustür und wartete dort, bis ich die Vorfahrt seines Hauses verlassen hatte.

Bald danach las man in den Zeitungen, daß Hitler dem Generalfeldmarschall August von Mackensen zu seinem neunzigsten Geburtstag die Staatsdomäne Brüssow geschenkt habe. Nun besaß auch er, wie Hindenburg, der Hitler zum Reichskanzler ernannt hatte, ein Rittergut. Pastor Niemöller aber blieb bis zum Ende des Krieges 1945 im Konzentrationslager.

Anastasia

Ein großfürstlicher Pflegefall

Es war im Sommer 1934 in Berlin. Bei Mutter, die inzwischen in eine etwas kleinere Wohnung in der Brandenburgischen Straße gezogen war, meldete sich am Telefon ihre Cousine Johanna von Tresckow. Es handele sich, so begann sie, um ihren Schützling, die Großfürstin Anastasia von Rußland, die jüngste Tochter des letzten Zaren, die sie seit einiger Zeit bei sich habe. Sie suche für Anastasia eine neue Bleibe, da sie zu einer klinischen Untersuchung in ein Krankenhaus eingewiesen worden sei, und bitte Mutter, sie für zwei Wochen bei sich aufzunehmen.

Mutter war entsetzt über das Ansinnen ihrer Cousine, nicht etwa aus Mangel an Hilfsbereitschaft, sondern weil die angebliche Zarentochter seit mehr als zehn Jahren in der Öffentlichkeit rund um die Welt ein heißumstrittener »Fall« war. Zar Nikolaus II. war in der Nacht des 16. Juli 1918 mit seiner Familie und seiner nächsten Begleitung in Jekaterinburg, dem späteren Swerdlowsk, von der Tscheka, der Geheimpolizei des neuen Sowjetregimes, ermordet worden, vermutlich auf Befehl Lenins. Aber dann, im Jahre 1922, war in Berlin eine Frau aufgetaucht, die von sich behauptete, Anastasia, die jüngste der vier Zarentöchter, zu sein und das Massaker in Jekaterinburg überlebt zu haben.

Es gab damals wohl keine Zeitung, die diese sensationelle Meldung nicht verbreitet hätte. Schon bald bildeten sich zwei Parteien: Die eine war überzeugt davon, daß die Unbekannte tatsächlich die jüngste Romanow-Tochter sei; die andere – darunter eine Anzahl fürstlicher Verwandter des russischen Zarenhauses – zeigte sich anfangs ebenfalls überzeugt von der Identität der russischen Cousine, wandte sich dann jedoch von ihr ab und behauptete, es handele sich nicht um die Tochter des Zaren, sondern um eine ganz ordinäre Person, eine Schwindlerin, eine Hochstaplerin. Die Gründe für diesen

Zarin Alexandra Feodorowna mit ihren Töchtern Tatjana, Olga, Anastasia und Maria (von links), etwa 1915

Meinungswandel waren umstritten. Lagen sie in der Persönlichkeit dieser Frau? Oder ging es womöglich um die Erbschaft des im westlichen Ausland angeblich noch vorhandenen riesigen Zarenvermögens?

Mutter hatte bis dahin nicht gewußt, daß sich die angebliche Anastasia seit längerer Zeit bei ihrer Cousine aufhielt, denn die unverheiratete Hanna Tresckow lebte sehr zurückgezogen. So reagierte Mutter erst einmal mit Ablehnung. Ob Großfürstin oder Hochstaplerin, Mutter sträubte sich, in diese Affäre hineingezogen zu werden. Cousine Hanna aber beharrte, es handele sich nicht um eine Schwindlerin, sondern um ein »liebebedürftiges, armes und krankes Menschenkind«, das ein grausames Schicksal erlitten habe; wenn Mutter sie erst einmal kennengelernt habe, werde sie ihr beipflichten. Außerdem gebiete es die christliche Nächstenliebe, der Unglücklichen, die zudem noch ständiger Fürsorge und Pflege bedürfe, hilfreich zur Seite zu stehen.

Vor diesen Argumenten kapitulierte Mutter schließlich. Am Ende fragte sie Hanna, wer in aller Welt ihr denn geraten habe, sich ausgerechnet an sie zu wenden. Als Hanna Tresckow erwiderte, es sei ihr Bruder Henning gewesen, waren die Würfel gefallen, und Mutter erklärte sich einverstanden, denn Vetter Hennings Rat und Urteil hatten in der Familie Gewicht. Und schließlich handelte es sich ja nur um zwei Wochen.

Um es vorwegzunehmen: Hanna Tresckow blieb nicht zwei Wochen im Krankenhaus, sondern verließ es nicht mehr lebend. Am 2. April 1935 starb sie an Lungentuberkulose. Und so geschah es, daß die angebliche Anastasia nicht zwei Wochen bei uns blieb, sondern zwei Jahre, angefüllt mit mancherlei merkwürdigen Ereignissen.

Als Anastasia vom Tod ihres vormaligen Schutzengels hörte, widmete sie der Verstorbenen ein nicht gerade pietätvolles Wort: »Da sehen Sie, Frau Stahlberg, so geht es allen, die sich für mich eingesetzt haben. Rasputin* wurde ermordet. Auch Alexander Tschaikowski, der mich in Jekaterinburg gerettet hat, starb in Bukarest durch Mörderhand. Frau von Rathlef** starb, nachdem wir uns getrennt haben, und nun ist auch Frau von Tresckow gestorben, nachdem sie mich gepflegt hat.« Mutter erschrak. Was war das für ein Mensch, der so reden konnte?

* Rasputin, ein russischer Abenteurer und Wanderprophet, lebte seit 1907 am Zarenhof und gewann starken Einfluß auf den Zaren und seine Familie, bis er 1916 von Angehörigen der Hofgesellschaft ermordet wurde.

** Harriet von Rathlef-Keilmann, die Anastasia mehrere Jahre lang in Berlin betreut hatte, starb 1933 an Blinddarm-Durchbruch.

Erste Begegnung mit Anastasia

Mutter gehörte zu den wenigen Menschen, die noch regelmäßig korrespondierten. Und da ich zu dieser Zeit in Hamburg meiner beruflichen Ausbildung nachging, bekam ich oft Post von ihr. So erfuhr ich bald von der Neuigkeit zu Hause und meldete mich zum nächsten Wochenende in Berlin an.

Mutter hatte ihren Gast über meinen bevorstehenden Besuch informiert. Trotzdem saßen wir schon einige Zeit beim Tee, während Anastasia auf sich warten ließ. Das sei stets so, bemerkte Mutter. Anastasia lebe völlig ungebunden von Zeit und Stunde. Und wenn ein Herr angemeldet sei, lasse sie doppelt so lange auf sich warten. »Sie schmückt sich dann sorgfältig«, fügte sie etwas spitz hinzu. Dann erzählte sie mir, daß die Großfürstin unter einem Pseudonym lebe. Sie ging an ihren Schreibtisch und holte einen deutschen Reisepaß hervor, den sie in Verwahrung genommen hatte. Erstaunt las ich: Anna Anderson. Ausstellende Behörde: der deutsche Generalkonsul in New York, USA. Mutter bemerkte, dies sei so etwas wie ein »Künstlername«. Anastasia habe mehrere Jahre bei einer Cousine in Amerika gelebt, und die Behörden hätten einen ordnungsgemäßen Ausweis verlangt. Ich solle Mrs. Anderson nur unter diesem Pseudonym ansprechen und sie nicht nach ihrer Vergangenheit fragen. Es könne sein, daß sie sonst sofort das Zimmer verlasse.

Ganz unvermutet stand sie plötzlich vor uns. Ich hatte gar nicht bemerkt, daß sie das Zimmer betreten hatte. Mutter stellte mich vor. Wie selbstverständlich bot sie mir ihre Rechte zum Handkuß. Ich war erstaunt, wie klein sie war (sie soll eine Körpergröße von nur 157 cm gehabt haben). Während ich mich über ihre Hand beugte, sah sie mich mit ungewöhnlich ausdrucksvollen Augen an. In der linken Hand hielt sie ein Taschentuch, mit dem sie die untere Partie ihres Gesichts verbarg.

Mutter und ich setzten die unterbrochene Unterhaltung fort. Mrs. Anderson hörte interessiert zu, ohne sich zunächst an unserem Gespräch zu beteiligen. Ihre Tischmanieren zeigten eine äußerlich perfekte Erziehung, etwa wie sie die Tasse hielt oder ein Stück Gebäck auswählte. Doch auch beim Essen und Trinken hielt sie das Taschentuch vor den Mund.

Erst allmählich gelang es uns, sie ins Gespräch zu ziehen. Offensichtlich verstand sie, was wir sagten, denn ein paarmal bestätigte sie unsere Äußerungen mit lebhaftem Kopfnicken, und bald äußerte sie sich zu dieser oder jener Frage mit kurzen Bemerkungen. Sie sprach Deutsch, aber ihre Grammatik war nicht frei von Fehlern. Ihre Aussprache hatte einen merkwürdigen Akzent. Mir schien es eine Mischung von englischen und russischen Spracheinflüssen. Immer wieder beeindruckte mich die Lebhaftigkeit ihrer Augen.

Ganz plötzlich und unvermittelt erhob sie sich, nickte uns freundlich zu und verließ wortlos das Zimmer. Erstaunt fragte ich Mutter, was das zu bedeuten habe. Sie beruhigte mich; das sei ihre Art. Sie habe jedoch ein paarmal beobachtet, daß die Augen ihrer Schutzbefohlenen »etwas zu lange« auf mich gerichtet gewesen seien. Ich möge doch, bitte schön, auf Distanz halten. Mutter brauchte in dieser Hinsicht keine Sorge zu haben, denn Mrs. Anderson besaß für mich nicht die geringsten weiblichen Reize. Selbstverständlich interessierte mich die angebliche Zarentochter, aber nicht als Frau. Tante Hanna hatte völlig recht gehabt, als sie sie ein armes und krankes Menschenkind genannt hatte.

Nun wollte Mutter wissen, wie mein erster Eindruck gewesen sei. Eine Schwindlerin, Hochstaplerin oder gar »ordinäre polnische Landarbeiterin«, wie eine Berliner Boulevard-Zeitung geschrieben hatte, sei sie nie und nimmer, erklärte ich entschieden. Doch diese erste Begegnung mit einer zur Hälfte vermummten und meist schweigsamen Frau biete keine Grundlage für ein Urteil. Auf meine Frage, warum sie denn ihren Mund verberge, erfuhr ich, daß sie nur noch wenige Zähne habe und daß ihr Unterkiefer gebrochen gewesen und schief zusammengewachsen sei. Alle Bemühungen jedoch, mit ihr zu einem Zahnarzt zu gehen, seien bisher fruchtlos gewesen. Sie habe offenbar panische Angst vor Ärzten.

Vor einigen Tagen, erzählte Mutter weiter, habe sie Mrs. Anderson beim Haarewaschen geholfen und dabei mit Entsetzen festgestellt, daß ihr Schädel schwere Deformationen aufweise. Einmal habe sie ihr auch beim Baden geholfen, weil sie am linken Unterarm eine offene Wunde habe, die nicht ins Wasser kommen dürfe. Ihr Körper sei mit Narben übersät. Sie müsse schrecklich mißhandelt worden sein. Auf einem der Füße sei eine dreieckige Narbe, wie sie sie noch nie gesehen habe. Das sei ein Bajonett-Durchstich, habe Mrs. Anderson gesagt. Tatsächlich befinde sich auf der Fußsohle eine ähnliche Narbe.*

Dann erzählte Mutter, sie habe mit Hanna Tresckow im Krankenhaus telefoniert. Es gehe ihr leider gar nicht gut, und nun sehe sie kommen, daß Mrs. Anderson doch länger bei ihr bleiben werde. Man könne sie nicht allein lassen. Es vergehe kaum eine Stunde, in der sie nicht irgendeiner Hilfe bedürfe. »Du weißt ja«, bemerkte sie entschlossen, »daß Geduld nicht meine Stärke ist. Aber diese Frau beginnt mich zu interessieren.«

Die Anwälte

Von nun an gehörte Anastasia zur Familie. Wohin Mutter auch ging, ihre »Pflegetochter« nahm sie mit. Man konnte sie einfach nicht allein zu Hause lassen, was auf Dauer eine arge Belastung war. Es kamen auch Besucher, um Anastasia zu sehen. Dann war das Wohnzimmer für Mutter blockiert. Regelmäßige Besucher waren zwei Hamburger Rechtsanwälte, Paul Leverkuehn und Kurt Vermehren, die Mrs. Anderson vor Gericht vertraten. Zu ihnen gesellte sich bald ein junger Jurist, der in meinem Leben später noch eine bedeutende Rolle spielen sollte: Fabian von Schlabrendorff. Die beiden Anwälte hatten ihn gebeten, an der Erörterung der Rechtslage mitzuwirken, war dies doch ein ganz ungewöhnlicher Rechtsfall.

Im Jahre 1920 war der Zar von Rußland, Nikolaus II., mit seiner

* Die russischen Truppen hatten ein dreikantiges Bajonett.

Frau Alexandra Feodorowna, geborene Prinzessin Alix von Hessen, ihren vier Töchtern Olga, Tatjana, Maria und Anastasia sowie ihrem jüngsten Kind, dem Thronfolger Alexej, von einem Londoner Gericht amtlich für tot erklärt worden. Allgemein wurde davon ausgegangen, daß in London auch Erbscheine ausgestellt worden sind. Es mußte also vor Gericht bewiesen werden, daß die jüngste Tochter Anastasia nicht tot war. Es ging somit um die Identität von Anastasia alias Anna Anderson mit der jüngsten Zarentochter.

Nach ihrer angeblichen Errettung in Jekaterinburg im Jahre 1918 hatte Anastasia ihren Retter, Alexander Tschaikowski, in Bukarest geheiratet, weil sie sich schwanger fühlte. Zumindest hatte man dem siebzehnjährigen Mädchen in einer schwach erleuchteten Kirche eine Eheschließung vorgegaukelt. Sie hatte die Verheiratung verlangt, um nicht ein uneheliches Kind zur Welt zu bringen. Alexander Tschaikowski, so berichtete sie, sei jedoch bald danach auf offener Straße ermordet worden. Der Verdacht lag nahe, daß die Tscheka ihre Hand im Spiel hatte.

Für die Rechtslage war auch zu bedenken, daß Anastasia nach ihrer Flucht aus Rußland in Bukarest einen Sohn geboren hatte. Die juristischen Konsequenzen lagen auf der Hand, war doch dieser Sohn, den sie auf den Namen Alexej hatte taufen lassen, der einzige direkte Nachkomme des letzten Zaren von Rußland. Dabei trat die Frage auf, ob Anastasias Retter Alexander Tschaikowski der Vater des Kindes war oder ob sie vor Ermordung der Zarenfamilie ein Opfer der Tscheka-Leute geworden ist. Mutter gegenüber hatte sie gesagt, sie sei von den Tschekamännern mehrmals vergewaltigt worden. Alexander Tschaikowski habe sie sich später »aus Dankbarkeit« hingegeben.

Die Vaterschaft blieb also ungeklärt. Mutter fragte Anastasia mehrfach, was aus ihrem Sohn geworden sei, doch bekam sie nur unbefriedigende Antworten. Sie habe das Kind nicht aus freiem Willen empfangen und wisse nicht, wer der Vater sei, denn sie sei nach ihrer Errettung erst während der Flucht, in einem Panjewagen auf Stroh liegend, wieder zur Besinnung gekommen, berichtete Anastasia. Sie habe grauenhafte Schmerzen gehabt. Oft habe

Tschaikowski sie, wenn sie vor Schmerzen nicht mehr habe liegen können, getragen. Sie wisse nicht, wieviel Tage, Wochen oder Monate sie bewußtlos gewesen sei. Als sie schließlich das volle Bewußtsein wiedererlangt habe, seien nur fremde Gesichter um sie gewesen.

Mutter bedrängte Anastasia, ihr zu sagen, wo sich ihr Sohn befinde; als leibliche Mutter sei sie verpflichtet, sich um ihn zu kümmern. Doch diese erwiderte nur, sie habe ihre mütterlichen Pflichten erfüllt; sie habe das Kind lange genährt, und sie habe den Angehörigen ihres ermordeten Mannes ihre in den Kleidern eingenähten Perlen und Smaragde überlassen. Es seien genug gewesen, um die Existenz des Jungen zu sichern. Schließlich forderte Anastasia Mutter mit schneidenden Worten auf, sie nicht weiter nach ihrem Sohn zu fragen.

Paul Leverkuehn und Kurt Vermehren hatten Mutter gebeten, bei den Besprechungen mit Anastasia anwesend zu sein. Sie hatten es schwer mit ihrer Mandantin. Immer wieder erklärte Anastasia ihnen, sie denke gar nicht daran, vor einem Gericht zu erscheinen, denn sie habe niemals in ihrem Leben einem Menschen etwas Böses getan. Und was den Nachweis ihrer Identität betreffe, so könne sie nur sagen, daß sie wisse, wer sie sei; sie bedürfe dazu nicht der Meinung eines Richters. Die Richter aber, die die Sache zu bearbeiten hatten, lehnten es ab, tätig zu werden, ohne die Person, um die es ging, jemals auch nur gesehen zu haben.

Zweimal traf ich bei Mutter einen nahen Verwandten Anastasias. Es war ihr Vetter Prinz Friedrich von Sachsen-Altenburg. Er und der Herzog von Leuchtenberg Romanowski de Beauharnais, der Anastasia eine Zeitlang in seinem Schloß Seeon am Chiemsee aufgenommen hatte, waren wohl die einzigen der zahllosen fürstlichen Verwandten, die von der Identität der Anna Anderson mit Anastasia, der Großfürstin von Rußland, überzeugt waren.

Als Prinz Friedrich von Sachsen-Altenburg sich am Ende seines Besuchs von Mutter verabschiedete, zog er aus seiner Brusttasche einen verschlossenen Briefumschlag und legte ihn auf den Flügel. Ich höre noch die Worte, die er an Mutter richtete: »Gnädige Frau, es ist für uns, Anastasias Verwandtschaft, beschämend zu erleben, daß kein Weg gefunden wird, für unsere arme Cousine zu sorgen. Bitte nehmen Sie den Inhalt dieses Briefes als ein Zeichen meines persönlichen Dankes an Sie.« Mutter bat Prinz Friedrich, das nicht zu tun; sie empfinde ihre Hilfe als einen kleinen Beitrag zur Linderung dieser so offensichtlichen menschlichen Not, die sie aufs tiefste bewege. Doch Prinz Friedrich weigerte sich, den Brief wieder einzustecken. Jahre später erzählte mir Mutter, daß sich diese Szene etwa alle zwei bis drei Monate wiederholt habe. Prinz Friedrich und der Herzog von Leuchtenberg kümmerten sich um diese unglückliche Cousine, soweit mir bekannt, bis zu ihrem Tode.

Harriet von Rathlef-Keilmann

Nach meiner ersten Begegnung mit Anastasia drückte mir Mutter ein Buch in die Hand, das die Geschichte der Zarentochter ausführlich schildert. Die Autorin, Harriet von Rathlef-Keilmann, war 1933 im Alter von nur vierundvierzig Jahren gestorben. Sie hatte Anastasia lange Jahre hindurch in Berlin betreut, bis es zwischen beiden zum Zerwürfnis gekommen war. Ihr Buch ist unter den zahllosen Werken, die sich seitdem mit Anastasia befaßt haben, das wichtigste, weil es aus persönlicher Kenntnis geschrieben wurde und weil es eine Fülle von Dokumenten enthält, die inzwischen in Vergessenheit geraten sind.

Harriet von Rathlef hat ihr Buch »in Verbindung mit Großfürst Andreas von Rußland, Herzog Georg von Leuchtenberg u.v.a. mehr« geschrieben. Andrej Wladimirowitsch, Großfürst von Rußland, war ein Vetter von Zar Nikolaus II., also ein Onkel von Anastasia. Herzog Georg von Leuchtenberg war ein Großenkel von Zar Nikolaus II. Das Buch von Frau von Rathlef darf also mit Recht Authentizität beanspruchen. Es schildert ausführlich das tragische Ende der russischen Zarenfamilie, und die Autorin läßt Anastasia selbst erzählen. Der Bericht beginnt mit Anastasias Selbstmordversuch am 17. Februar 1920, als sie sich im Zustand tiefster Depression in Berlin von der Bendlerbrücke in das eiskalte Wasser des Landwehrkanals stürzt und von einem Polizisten gerettet wird. Im Elisabeth-Krankenhaus in der Lützowstraße weigert sie sich, den Ärzten und den Diakonissinnen zu sagen, wer sie ist. Man hat bei ihr keinen Ausweis und keinerlei Erkennungszeichen gefunden, und im Vermißtenregister der Berliner Polizei ist keine Person zu finden, deren Beschreibung auf sie zuträfe. Tagelang bemüht man sich vergeblich, sie nach ihrer Herkunft und Identität zu fragen. Sie schweigt beharrlich. So verlegt man sie schließlich in Berlins Irrenanstalt Dalldorf, die heutigen Bonhoeffer-Heilstätten. Zwei Jahre lang liegt sie dort im Schlafsaal der Geisteskranken, ohne geisteskrank zu sein.

Eines Tages erzählt eine aus Dalldorf entlassene, russischsprechende Patientin in russischen Emigrantenkreisen, in Dalldorf befinde sich eine Tochter des letzten Zaren. Sie habe sie im Fieber sprechen gehört. Nun holt man sie aus der Irrenanstalt heraus und reicht sie unter den Emigranten herum. Auch zwei nahe Verwandte erscheinen, um sie zu sehen. Beide kennt Anastasia aus ihrer Kindheit. Die ehemalige deutsche Kronprinzessin Cecilie erklärt nach ihrem Besuch: »Haare, Augen und Mund wiesen eine auffallende Ähnlichkeit mit dem Zarenkinde auf.« Doch sie bleibt unsicher. Prinzessin Irene von Preußen, Anastasias Patentante und Schwester ihrer Mutter, läßt sich bei der Begegnung unter falschem Namen vorstellen. Anastasia ist tief gekränkt, denn sie hat ihre Tante sehr wohl erkannt, obwohl sie sie zum letztenmal vor zehn Jahren gesehen hatte. Prinz Oskar von Preußen, der Sohn des letzten Kaisers, der sich für diese Begegnung eingesetzt hatte, antwortet auf Anastasias entsprechende Bitte, eine weitere Begegnung komme nicht in Frage. Die ganze Sache habe Irene »so schrecklich« aufgeregt, daß ihr Gatte, Prinz Heinrich, verboten habe, das Thema Anastasia in ihrem Hause zu erwähnen.

Anastasia aber ist krank. Das Rathlef-Buch zählt ihre Leiden auf, ihre Verletzungen aus der Mordnacht in Jekaterinburg: Streifschuß am Kopf, Bajonettdurchstich an einem Fuß, Schädelfrakturen, Frak-

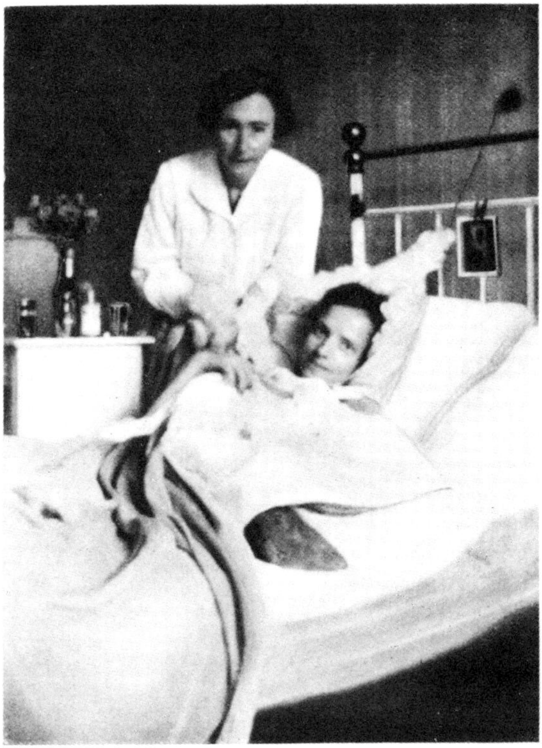

Anastasia mit
Harriet von Rathlef
im Mommsen-
Sanatorium
in Berlin 1925

tur des Unterkiefers, Fehlen von dreizehn Zähnen. Hauptursache ihres akuten Leidens aber ist ein Infektionsprozeß im linken Arm, wo »eine chronische Erkrankung durch Tuberkulose sich durch eine Staphylokokken-Infektion verschlimmert hat«. Diese Erkrankung ruft eine hohe Temperatur von 39 bis 40 Grad hervor, die wiederum eine vollständige Zerrüttung des Nervensystems zur Folge hat. Diese Diagnose findet sich in einem ärztlichen Gutachten des Chirurgen Professor S.M. Rudneff vom Mommsen-Sanatorium in Berlin, abgegeben im März 1926. Rudneff hatte bis 1917 zum Team der Leibärzte des Zaren gehört. Für ihn gibt es nicht den geringsten Zweifel an der Identität Anastasias mit der Zarentochter.

Ärztliche Gutachten

Zu den behandelnden Ärzten im Jahre 1926 gehörte auch Professor Karl Bonhoeffer, Namensgeber der Berliner Bonhoeffer-Heilanstalten. Sein Sohn, der Theologe Dietrich Bonhoeffer, ist in die Geschichte des Widerstands gegen Hitler eingegangen. Professor Bonhoeffer hat die Kranke zwei bis drei Wochen lang in unregelmäßigen Abständen besucht. Frau von Rathlef berichtet, Anastasia sei sehr ängstlich gewesen, wenn ihr eine fremde Person gegenübertrat. Nachdem Bonhoeffer sie eines Tages über ihre Erinnerungen an die Zeit im Irrenhaus ausgefragt und ihr erklärt habe, sie müsse alles tun, um ihr Gedächtnis zu üben, habe sie, kaum daß sich die Tür hinter ihm schloß, voller Empörung ausgerufen: »Ich gebe mir die blutigste Mühe, alles zu vergessen, und dieser Mensch wühlt mir mein ganzes Gedächtnis wieder auf. Das will ich nicht.«

Hier ein Auszug aus dem Gutachten Karl Bonhoeffers:

> »Einer eingehenden physischen Untersuchung setzen sich insofern Schwierigkeiten entgegen, als die Patientin nach kurzer Zeit anzugeben pflegte, daß sie durch die Schmerzen im Arm erschöpft sei. Sie legt sich dann im Bett zurück und schließt mit angegriffenem Ausdruck die Augen. . . . Es ist nicht möglich, von ihr im Zusammenhang über ihre Kindheit und ihre späteren Erlebnisse einen Bericht zu bekommen. Vielfach entzieht sie sich auch einer eingehenden Exploration dadurch, daß sie sagt oder durch den Gesichtsausdruck einer gewissen Verzweiflung es zum Ausdruck bringt, daß ihr die Besprechung ihrer Erinnerungen peinlich ist und daß sie sich zu krank fühle. Sie sei nicht nur körperlich krank, sondern auch geistig nichts mehr wert. Es lohne sich für sie nicht mehr, weiterzuleben. Sie habe auch keine Interessen mehr . . .
>
> Ihre Ausdrucksweise ist in der Wortwahl oft ungewöhnlich geschickt. Die Aussprache ist ausländisch, mit einem russischen Akzent, der aber noch eine besondere Nuance zeigt . . . Sie erinnert

sich, mit ihren Geschwistern in Zarskoje Selo als Kind im Garten gespielt zu haben. Die Mutter habe meist Englisch mit ihnen gesprochen. Sie erinnert sich, daß sie im Sommer in der Krim war, den Ort kann sie nicht nennen. Auch in deutschen Bädern sei sie mit der Mutter gewesen ... An den Aufenthalt in Tobolsk und Jekaterinburg will sie sich auch erinnern. Sie hätte dort mit ihren Schwestern ein Zimmer gehabt ... Von den letzten Erlebnissen der Zarenfamilie gibt sie an, daß ihr Vater zuerst erschossen worden sei. Sie erinnert sich an eine Anzahl von Männern, die gekommen seien, und an einen glänzenden Sternhimmel ...

So eindeutig das Benehmen, der sprachliche Ausdruck in der Unterhaltung, eine gewisse liebenswürdige Grazie im Spiele der Mimik und in der Art, sich zu geben, auf die Herkunft der Untersuchten aus gebildeten Kreisen hinweist, so schwierig und mühsam ist es, ein geschlossenes Bild ihrer Persönlichkeit zu bekommen ... Für die hier interessierende Identitätsfrage ergeben sich einige wichtige psycho-pathologische Feststellungen. Eine Geisteskrankheit im eigentlichen Sinne liegt bei der Untersuchten nicht vor, dagegen zeigt sie die Züge einer psychopathischen Konstitution. Das tritt in ihrer emotionellen Erregbarkeit, in der Neigung zu Stimmungsschwankungen, insbesondere zu depressiven Reaktionen, und in der eigenartigen Erinnerungsstörung hervor ...

Im Zusammenhang mit den übrigen Feststellungen an Erinnerungsvermögen spricht die Wahrscheinlichkeit dafür, daß es sich um einen autosuggestiven Erinnerungsausfall handelt, der aus dem Wunsche nach Verdrängung des Erlebten erwachsen ist. Es ist die Frage, ob hypnotische Beeinflussung der Patientin durch Dritte in Betracht kommt, gestellt worden. Sie ist zu verneinen. Ebenso wie die andere, ob ein bewußtes Vortäuschen anzunehmen ist.

Berlin, 16.3.1926 gez. Prof. Dr. Bonhoeffer«

Nahezu acht Monate lang lag Anastasia im Mommsen-Sanatorium in Berlin. Der Anstaltsarzt, Dr. Lothar Nobel, besuchte sie in dieser Zeit fast täglich. In seinem Gutachten, ebenfalls vom März 1926, bestätigt er das Gutachten Bonhoeffers. Hier einige Auszüge, die ich dem Buch von Harriet von Rathlef entnommen habe:

»Die Patientin wurde hier mit hohem Fieber eingeliefert. Der Körper zeigte starke Abmagerung, die Haut ist tiefblaß ... Verschattung des linken Siebbeines, linke Kieferhöhle und Keilbein schattiert, Warzenfortsetzung höchstwahrscheinlich etwas verwachsen. Verschattungsstelle über dem rechten Gehörgang, verschiedene Defekte des Ober- und Unterkiefers und Zahnlücken. Zweifelhaft ist, ob am Schädelbruch eine Impression vorliegt. Genauerer Befund läßt sich an den Röntgenplatten wegen der fehlenden Kontrollaufnahmen nicht erheben.

Nach Abfall der Temperatur ist es möglich, mit der Patientin einige Worte zu sprechen. Die Patientin spricht mit typisch fremdländischem, höchstwahrscheinlich russischem Akzent, mit gewählten, aber nicht affektierten Worten, ist im Wesen freundlich, höflich und liebenswürdig, zeigt jedoch eine deutliche Scheu und ängstliche Zurückhaltung, besonders, sobald sie in den Fragen oder Unterhaltungen ein Anspielen auf ihre Vergangenheit vermutet, und schweigt dann auf jede Frage dieser Art, indem sie ihr Schweigen mit Überanstrengung und Schmerzen im Arm entschuldigt. ...

Spontan erzählt die Patientin manchmal, wenn sie sich wohler fühlt, Personen, mit denen sie näher bekannt ist, Einzelheiten ihres früheren Lebens in Zarskoje Selo, von Kinderstreichen, von Sommerreisen in die Krim und Seereisen auf der Jacht ›Standard‹ in den finnischen Schären, von einer stattgehabten Havarie der Jacht und ihrem Lieblingshund und auch von der Krankheit ihres Bruders.* Auch von den Stunden der Erschießung, von ihrer Flucht durch Rußland auf einem Bauernwagen, der Behandlung

* Der Bruder war Bluter.

Anastasia nach ihrer Genesung, 1926

ihrer Kopfverletzungen durch nasse Umschläge, ihrem Aufenthalt in Rumänien, ihrer Fahrt nach Deutschland, ihrem Selbstmordversuch aus Verzweiflung, ihrem Aufenthalt in verschiedenen Krankenhäusern und zuletzt aus Dalldorf berichtet sie gewisse Einzelheiten, die, soweit ich sie beurteilen und nachprüfen konnte, vollkommen der Wahrheit entsprechen. ...

Die Patientin spricht jedoch nicht Russisch. Nach dem Grunde gefragt, gibt sie an, sie habe in Rußland soviel Elend und Unglück erlebt, daß ihr diese Sprache unsympathisch sei und sie sie nicht sprechen wolle. Sie habe sich das vorgenommen und werde das auch durchführen. Ich war aber Zeuge davon, daß sie Russisch versteht. Bei einer russischen Unterhaltung zwischen zwei anderen Personen verfolgte sie aufmerksam das Gespräch und gab deutsche Antworten dazwischen. Ebenso monierte sie falsch ausgesprochene russische Worte. ...

Nun noch einige Bemerkungen zur Identifizierung der Patientin. Natürlich kann von einem Beweis von meiner Seite keine Rede sein. Unmöglich erscheint es mir jedoch, daß ihre Erinnerungen auf Suggestion beruhen und daß die Kenntnis mancher kleiner Einzelheiten einem anderen Umstande als dem eigenen Erlebnis zu verdanken ist. Ferner ist psychologisch kaum denkbar, daß jemand, der aus irgendeinem Grunde die Rolle einer anderen Person spielt, sich im Wesen so zeigt wie die Patientin und selbst so wenig Initiative zur Durchsetzung ihrer Pläne an den Tag legt.

Berlin, Ende März 1926 gez. Dr. Lothar Nobel«

Harriet von Rathlef läßt in ihrem Buch noch weitere Gutachter sprechen. Anastasias tuberkulöse Befunde gaben Anlaß, sie in Begleitung ihrer Betreuerin Rathlef zu einer Kur nach Oberstdorf zu schikken. Von Juni bis Dezember 1927 hielt sie sich dort in der Kuranstalt für Nervenkrankheiten »Stillachhaus« auf. Chefarzt Dr. Saathof schreibt am 26. Dezember 1926 an ihren Vetter, den Herzog von Leuchtenberg:

»Nach meinem Dafürhalten ist es ganz ausgeschlossen, daß Frau T. [Anastasia] eine bewußte Schwindlerin ist. Sie hat sich auch in wichtigen Momenten fast immer genau umgekehrt verhalten, als man es von einer Hochstaplerin erwarten müßte, und zwar ganz zweifellos nicht aus Berechnung, sondern vor allem gerade in den Momenten, wo sie ganz impulsiv und triebartig gehandelt hat. ... Da Sie mich direkt fragen, so kann ich als ganz nüchterner und objektiver Beobachter mein Urteil nur dahin abgeben, daß ich es für vollkommen ausgeschlossen halte, daß diese Frau die Rolle einer anderen spielt und daß ihr ganzes Verhalten, wenn man es summarisch betrachtet, jedenfalls in keinem Punkte dagegenspricht, daß sie diejenige ist, die sie zu sein behauptet. ...

gez. Dr. Saathof«

Und schließlich lesen wir im Rathlef-Buch Auszüge aus dem »Ärztliche[n] Gutachten über Frau Anastasia Tschaikowski auf Grund sechsmonatlicher Beobachtung und an Hand ärztlicher Gutachten von Geheimrat Bonhoeffer, Professor Rudneff und Dr. Nobel, alle wohnhaft in Berlin«, verfaßt von Dr. med. Theodor Eitel, Kuranstalt Stillachhaus in Oberstdorf:

»Die kleine, zarte Patientin befand sich in einem ganz ungenügenden Ernährungs- und Kräftezustand. Das Körpergewicht mit Kleidern betrug 47 kg. Sie machte einen elenden, schwerkranken, körperlich und nervlich erschöpften Eindruck und schien viel älter als 25 Jahre. ...

Erst nach langen Wochen trat ganz allmählich eine Besserung ein. Das große Müdigkeitsgefühl und das allgemeine Erschöpftsein schwanden. Die körperliche Besserung drückte sich aus durch eine Gewichtszunahme von 5 Pfund. Die Wunde am linken Ellenbogen heilte langsam zu. Auch nervlich wurde sie etwas ruhiger, obwohl eine deutliche Übersensibilität weiter bestand. Vor allem aber trat in psychischer Hinsicht eine wesentliche Änderung des Bildes ein. Die Pat. faßte Vertrauen zu ihrer allernächsten Umgebung, fühlte sich sicherer und fing an, anläßlich kleiner Tagesbegebenheiten spontan und ganz unbefangen von Kindheitserinnerungen aus ihrem Elternhause, dem Zarenhofe, zu sprechen. Sie erzählte zunächst Begebenheiten am Hofe selbst, von ihren Eltern und Geschwistern, von Reisen, die sie mit den Eltern nach der Krim und nach Deutschland gemacht hat, beschreibt einen Besuch Kaiser Wilhelms II. in Petersburg. Die Schilderungen waren infolge ihrer ungenügenden Ausdrucksmöglichkeiten lückenhaft, aber klar und bestimmt und ohne jegliche Überbetonung oder Wichtigtuerei. Jeder Monat brachte mit zunehmender nervlicher Erholung eine bessere Verdichtung ihres Gedächtnisses und eine bessere Möglichkeit der Verständigung. Die Pat. fühlte diesen Fortschritt selbst und sagte eines Tages zu mir, ›sie sei jetzt wieder auf dem Wege, ein Mensch zu werden‹. ...

All die Angaben, die die Pat. mir oder ihrer allernächsten Umgebung machte, habe ich im Verlauf der Monate immer wieder nachgeprüft und konnte feststellen, daß die Pat. nie eine widersprechende Aussage gemacht hat. Die Erzählungen und Schilderungen der Erlebnisse sind jetzt immer frei, ganz bewußt und überlegt, mit einer echten Affektbetonung, ohne jegliche Übertreibung. Es muß deshalb angenommen werden, daß die Pat. das Erzählte wirklich erlebt hat. Es ist ausgeschlossen, daß ein körperlich so kranker Mensch, der keine psychopathische Komponente hat, einen Zustand demonstriert, ohne ein einziges Mal von seiner Linie abzuweichen.

Wenn ich nun zur Frage der Identität Stellung nehme, so folgt mein Urteil regelmäßigen, monatelangen, objektiven Beobachtungen. Für die bisherigen Gutachter war die Entscheidung dieser Frage dadurch erschwert, daß die Pat. infolge körperlicher und psychischer Erschöpfung ein Eindringen in ihr subjektives Erleben durch ihr Schweigen unmöglich machte.

Es sind keinerlei Symptome einer Geisteskrankheit vorhanden und keine eindeutigen Zeichen einer Psychopathie. Die Frage einer Autosuggestion muß verneint werden. Für eine Hysterie, ein Vortäuschen, eine Hypnose fehlt bei der Pat. jegliches Anzeichen. Das wirklich geschlossene Bild ihrer Persönlichkeit in seiner ganzen Abrundung entstand erst in den letzten 8 Wochen, als eine gewisse innere Ruhe und die nervliche Erholung eintrat. Meines Erachtens ist man erst jetzt imstande, auf die Frage der Identität, der auch wir von vornherein mit der größten Reserve gegenüberstanden, einzugehen. In Frau Tschaikowski erkennt man einen ethisch ungewöhnlich hochstehenden Menschen. Ihr hohes Niveau, ihre edle innere Gesinnung, die besonders ausgeprägte Wahrhaftigkeit in großen wie in kleinen Dingen, ihre vornehme Distanz, die sie vom ersten Tage bis heute jedermann gegenüber durchgeführt hat, zwingen zu der Annahme, daß Frau Tschaikowski von frühester Jugend an in ungewöhnlich hochstehenden Kreisen gelebt hat.

Unsere Beobachtungen zusammen mit den Angaben von Professor Rudneff und die hier stattgefundene Gegenüberstellung mit Frau Melnik, der Tochter des Leibarztes des Zaren Nikolaus II., lassen uns zu dem Schluß kommen, daß Frau Tschaikowski die Großfürstin Anastasia Nikolajewna ist.

sign. Dr. med. Theodor Eitel«

Soweit die ärztlichen Gutachten. Zu ihrer Ergänzung soll Anastasia selbst noch einmal zu Wort kommen. Ihre Schilderung der letzten Stunden in Jekaterinburg und ihrer Flucht entnehme ich wiederum den Aufzeichnungen Harriet von Rathlefs, die Anastasia wörtlich zitiert:

»Ich weiß so vieles nicht mehr, aber dessen erinnere ich mich, daß wir viel mit Mama zusammensaßen und Handarbeiten machten, auch hat Papa uns viel erzählt in der letzten Zeit. Er sprach so viel über die letzten Ereignisse in Rußland, die für uns Kinder ein Rätsel waren, denn Papa hat doch immer nur das Beste gewollt und war auch gut zu seiner Umgebung, wie auch Mama, und trotzdem hatten sie uns alle verlassen ...

Damals, in dieser einen schrecklichen Nacht, wurden wir plötzlich alle geweckt. Wir vier Mädchen schliefen in einem Zimmer, die Eltern mit unserem Bruder zusammen. Es wurde uns gesagt, wir sollten schnell aufstehen und uns ankleiden, weil es in der Stadt unruhig sei und wahrscheinlich geschossen würde. Deshalb sollten wir in die unterste Etage geführt werden. Ich glaube, ich zog einen Kostümrock an und eine Bluse, doch die Kostümjacke, in deren Knöpfe Brillanten eingenäht waren, zog ich nicht an, die Schwestern, glaube ich, taten es auch nicht, es war ja Sommer, und wir sollten ja nur hinuntergehen. Ich weiß noch, daß ich mir leichte Schuhe, Pumps, anzog. Meine Schwester Olga war die ruhigste. Papa trug unsern Bruder, Mama war halb ohnmächtig vor Angst, sie hat vielleicht am allerwenigsten das Furchtbare erlebt, was wir andern erlebten, da sie ja halb besinnungslos war. ...

Ich weiß sonst nichts, als daß ich plötzlich sah, daß geschossen wurde, daß in der Mitte Jurowski stand und auf Papa schoß. ... Ich weiß, ich stand neben meiner Schwester Olga und suchte hinter ihrer Schulter Schutz. Aber dann weiß ich auch nichts mehr. Ich erinnere mich nur, daß ich das Gefühl hatte, mich um mich selbst zu drehen, über mir war es wie ein blauer Himmel, und viele goldene Sterne funkelten und blitzten. Dann weiß ich nichts mehr. ...

Als ich wieder zur Besinnung kam, da lag ich im Stroh eines Wagens. Ich kannte die Menschen nicht, die ich sprechen hörte, konnte auch nichts fragen. Ich fühlte nur, wie der Wagen mich schüttelte; mein Kopf schmerzte, es lagen nasse Tücher darauf, und mein Haar war blutig verklebt. Damit ich zum Bewußtsein komme, wurde mein ganzer Körper mit Essig und Zwiebeln eingerieben.

Ich kann nicht sagen, daß ich bei Besinnung war; denn ich weiß nichts, als daß ich sterbenskrank war, nichts denken konnte und nur das eine ersehnte, daß dieses furchtbare Schütteln, wobei mir der Kopf auseinanderzuspringen drohte, aufhören möchte. ... Wissen Sie, was ein russischer Bauernwagen ist? Nein, das wissen Sie nicht. Um das zu wissen, muß man mit zerschlagenem Schädel in solch einem Wagen liegen.«

Zeugen

Nachdem Harriet von Rathlef Anastasia ein ganzes Jahr lang Tag und Nacht gepflegt und während dieser Zeit sämtliche ihr wichtig erscheinenden Aussprüche ihres Schützlings notiert hatte, sandte sie die Aufzeichnungen im Herbst 1926 durch Vermittlung des dänischen Gesandten in Berlin, Herluf Zahle, nach Kopenhagen. In einem Begleitbrief an die dort lebende Großfürstin Olga, die Schwester des Zaren, bat sie darum, das Manuskript der Zarenmutter Maria Feodorowna, ehemals Prinzessin von Dänemark, vorzulegen. Sie erhielt das Manuskript jedoch schon nach kurzer Zeit mit der Bemerkung zurück, die Großfürstin habe das Kapitel über ihren Besuch bei der Kranken gelesen, das in der Darstellung korrekt sei; da sie das Deutsche nicht gut beherrsche, habe sie die übrigen Kapitel nicht gelesen. Ob die Zarinmutter das Manuskript gelesen hat, wurde nicht erwähnt. Frau von Rathlef erfuhr später, daß man es ihr gar nicht vorgelegt hatte.

Dies, so berichtet Harriet von Rathlef, sei für sie das Signal gewesen, an die Öffentlichkeit zu gehen. Ihr Entschluß war berechtigt: »Unter den unzähligen Zuschriften, die ich bekam, meldeten sich einige Zeugen, die sich zum Teil während der Ermordung der Zarenfamilie in Jekaterinburg befunden haben. Sie bestätigten mir die Tatsache, daß eine von den Töchtern des Zaren gerettet worden sei und daß überall in der Stadt Anschläge zu sehen gewesen seien, in denen für die Auffindung der flüchtigen Großfürstin und der Deserteure, die ihr zur Flucht verhalfen, Belohnungen ausgesetzt waren.«

Einer dieser Zeugen hieß Jakimow. Das Protokoll seiner Aussagen befindet sich in dem von Frau Rathlef zitierten Bericht eines gewissen Nikolai Sokolow, Inspektor der Weißen Armee, der von der Armeeführung beauftragt worden war, die Einzelheiten der Ermordung der Zarenfamilie zu untersuchen, denn bald nach dem Massaker von Jekaterinburg war die Stadt von den »Weißen« im Kampf gegen die Rote Armee erobert worden. Im Sokolow-Bericht heißt es, als man die Leichen wegräumte, habe die Großfürstin Anastasia »wie wild geschrien«, worauf man sie mit Kolbenschlägen niedergemacht habe.

Weiter heißt es bei Harriet von Rathlef:

»Auf Grund des Materials, das mir vorliegt, und der Berichte von Zeugen, die während des Mordes in Jekaterinburg waren und die Tatsache der Errettung einer Großfürstin bestätigten, muß dies als möglich bezeichnet werden. Man darf nicht vergessen, daß die Wegschaffung der Leichen in der größten Eile vor sich gegangen ist, daß Jurowski, der Anführer der Mörder, die Leichen noch vor Sonnenaufgang im Walde verbergen wollte. Dazu kommt noch der Umstand, daß sehr viele Personen, beinahe die ganze Wachtmannschaft, die im Hause und um das Haus postiert war, gleich nach der Ermordung in das Mordzimmer befohlen wurden (Sokolow), wovon eine Anzahl in das obere Stockwerk geschickt wurde, um Bettücher und zwei Rollen Soldatentuch zu holen. Die Leichen wurden eingehüllt und das Lastautomobil mit dem Soldatentuch ausgelegt, damit keine Blutspuren auf der Landstraße blieben. Eine Anzahl von etwa 10 Rotgardisten, anscheinend aus der Zahl jener, die im Hause postiert gewesen waren, wurde dazu befohlen, das in Blut schwimmende Zimmer zu reinigen und die Wände mit nassen Lappen abzuwischen. Aus dem Buche des Untersuchungsrichters Sokolow ergibt sich, daß mindestens 30 Personen, noch während die Leichen im Zimmer waren, herunterbefohlen worden sind. Die Möglichkeit liegt vor, daß die von mir als die sogenannten Tschaikowskis vorausgesetzten Brüder Stanislaw und Nikolai Wischkewitsch, die Sokolow nennt, zu den Rotarmisten gehört haben, die für die Bergung der Leichen und das Aufwaschen der Fußböden zu sorgen hatten.

Wie ungenau übrigens die Angaben der Zeugen dem Untersuchungsrichter Sokolow gegenüber waren und wie wenig die Zahl der Ermordeten genau festzustellen ist, beweist die Aussage des Rotgardisten Lewatnich, der behauptet, daß es 13 Leichen gewesen seien, während es doch feststeht, daß die Opfer, die in das Mordzimmer gebracht worden waren, nur 11 waren: das Zarenpaar, fünf Kinder (Olga, Tatjana, Maria, Anastasia und Alexej), der Leibarzt Dr. Eugen Botkin, die Kammerfrau Anna Demidowna, der Kammerdiener Alexej Trupp und der Koch Iwan Charitomow.«

Die weiteren Zeugen, die sich auf Harriet von Rathlefs Veröffentlichung hin bei ihr meldeten, nennt die Autorin nicht mit vollem Namen, denn zu jener Zeit (1928) mußten sie um ihr Leben fürchten. Zu weit reichte der Arm der Tscheka – inzwischen in »GPU« umbenannt –, sogar weit über die Grenzen der Sowjetunion hinaus; es gab dafür zahlreiche Beweise. Und immer wieder wird in den Briefen an die Autorin auf die Fahndungsplakate in Jekaterinburg hingewiesen.

Harriet von Rathlef schließt dieses Kapitel ihres Buches mit folgenden nachdenklich stimmenden Sätzen:

> »Dem Einwand, den ich so oft zu hören bekomme, es sei doch ganz unwahrscheinlich, daß irgendeine Person aus dem Ipatjewschen Hause gerettet worden sein könne, da zu viele Mörder sich im Zimmer befunden hätten und zu viele Schüsse abgegeben worden seien, als daß eines der Opfer der tödlichen Verwundung hätte entgehen können, muß ich ein Beispiel entgegenstellen, ein Beispiel unter vielen: Der Kammerdiener der Zarin, Wolkow, den ich persönlich in Berlin gesprochen habe, war offiziell zum Tode verurteilt und mit anderen Opfern in den Wald geführt worden; man hatte den tödlichen Schuß auf ihn abgegeben und war, da er hinfiel, der Meinung, er sei tot. Man braucht nur hinzuhören, was russische und baltische Emigranten von den Erlebnissen mit den Bolschewiken erzählen. Wie oft ist es geschehen, daß sich bei Massenermordungen Menschen, schwer oder leichter verwundet, von der Richtstätte haben wegschleppen können.
>
> Es ist verständlich, wenn man in unserem Zeitalter des Skeptizismus und der großen Ungläubigkeit nicht leicht an wunderbare Errettungen glauben will. Doch wer durch das Martyrium einer politisch so schweren Zeit gegangen ist, wie es die Revolution in Rußland war, der weiß, daß gerade in dieser schwersten Zeit die größten Wunder geschehen sind.«

Es gab aber nicht nur Zeugen für, sondern auch gegen Anastasia. Ich möchte von einem erstaunlichen Versuch berichten, sie in der Öffentlichkeit unglaubwürdig zu machen. Im April 1927 brach er aus heiterem Himmel über sie herein. Sowohl Harriet von Rathlef als auch Peter Kurth in seinem 1988 auf deutsch erschienenen, glänzend recherchierten Buch »Anastasia« berichten darüber.

Kurz nach dem Abdruck der Rathlef-Aufzeichnungen in dem vom Zeitungsverlag August Scherl herausgegebenen Berliner Boulevardblatt *Nachtausgabe* veröffentlichte diese die »sensationelle Entlarvung« der Zarentochter. Sie behauptete auf der ersten Seite, Anastasia sei eine Betrügerin und in Wirklichkeit die bei der Polizei als vermißt registrierte polnische Landarbeiterin Franziska Schanzkowski. Diese Meldung stützte die *Nachtausgabe* auf die Aussage einer Frau Doris Wingender, die behauptete, in den veröffentlichten Bildern der angeblichen Anastasia die Polin Schanzkowski erkannt zu haben, die im Jahre 1920 bei ihr als Untermieterin gelebt hatte.

Diese »Entlarvung« ging um die ganze Welt. Es lohnt nicht, sie hier im einzelnen wiederzugeben, denn sie ist schon bald ihrerseits entlarvt worden. Doch sie hat das schwache Nervenkostüm von Anastasia nicht gerade gefestigt. So absurd die Geschichte auch war, von den bösen Verleumdungen blieb doch einiges in der Öffentlichkeit hängen.

In der Nachlese ist festzuhalten, daß bei der Schanzkowski-Story für damalige Verhältnisse viel Geld im Spiel war. Die »Zeugin« Doris Wingender erhielt vom Scherl-Verlag ein Honorar von 1500 Mark, und die *Nachtausgabe* bekam - sage und schreibe - 20 000 (möglicherweise sogar 25 000) Mark vom Großherzog Ernst Ludwig von Hessen-Darmstadt, dem Bruder der ermordeten Zarin.

Das Wolga-Lied

Im Herbst 1934 ging ich zur Fortsetzung meiner kaufmännischen Ausbildung nach London. Ein halbes Jahr lang arbeitete ich dort als Volontär in einer Tochtergesellschaft der East Asiatic Company. Da über Weihnachten dort im Office nichts zu tun war, löste ich mir auf einem der großen Ozeandampfer, die regelmäßig zwischen Europa und Amerika verkehrten, eine Passage von Southampton nach Cuxhaven. Am nächsten Tag traf ich abends in Berlin ein, um die Weihnachtstage im Kreise meiner Familie zu verleben.

Zu Hause fiel mir sogleich auf, daß sich das Verhältnis zwischen

Mutter und Anastasia sichtlich gebessert hatte. Anastasia schien sich wohl zu fühlen. Mutters bestimmender Einfluß auf ihre Umgebung hatte seine Wirkung getan. Ich spürte ein gewisses Maß an Vertrauen und sogar Anhänglichkeit von seiten Anastasias.

Schon am Tag nach meiner Ankunft traten wir, Mutter, mein Bruder, Anastasia und ich, eine Reise an. Wir wollten die Feiertage bei meiner Schwester Raba in Schreiberhau im schlesischen Riesengebirge verbringen. Raba hatte einige Jahre zuvor den Chefarzt des dortigen Krankenhauses, Dr. Helmut Ripke, geheiratet. Sein Haus war groß genug, um uns vier aufzunehmen.

Ich reiste damals normalerweise nie ohne meine Musikinstrumente. Doch diesmal blieb das einzige Instrument, das ich wirklich ganz ordentlich beherrschte, die Geige, in Berlin, denn ich hatte in Schreiberhau mangels eines Flügels keine Gelegenheit zum gemeinsamen Musizieren mit Mutter. Dafür nahm ich das Instrument mit, das Mutter aus tiefster Seele haßte: das Akkordeon. Mein Vater hatte es mir im Jahr zuvor geschenkt. Er war mit mir durch den Berliner Westen gebummelt, bis wir an der Ecke Nürnberger/Augsburger Straße an einem großen Musikgeschäft vorbeikamen. Eines der zahlreichen Schaufenster war ausschließlich mit Akkordeons dekoriert. Vater hatte mich gefragt, ob ich solch ein Instrument spielen könnte. Ich hatte noch nie ein Akkordeon in den Händen gehabt und schlug ihm vor, wir könnten doch in den Laden gehen und ein wenig probieren.

Eine Stunde später verließen Vater und Sohn das Geschäft. Der Filius hielt stolz das prachtvollste Akkordeon des Ladens in den Armen. Vater hatte, wie es bei ihm üblich war, kaum Bargeld bei sich; er besaß auch kein Scheckbuch, nicht einmal eine Visitenkarte hatte er in der Tasche. Doch er hinterließ beim Inhaber des Musikgeschäftes einen so seriösen Eindruck, daß seiner Bitte, die Rechnung an die Ölfabrik Stahlberg in Stettin zu schicken, ohne Zögern entsprochen wurde.

Welch ein Akkordeon besaß ich nun! Die Manufaktur, die es gebaut hatte, war in blitzendem Straß aufgesetzt: Toffoli & Fiorani in Italia. Hundertzwanzig Bässe, zahlreiche Klangregister, dazu eine

Tastatur aus Elfenbein und Ebenholz. Und dabei hatte der so großzügig Beschenkte keine Ahnung vom Akkordeonspiel. Um so mehr hatte ich mich verpflichtet gefühlt, in Hamburg und dann in London fleißig zu üben. Schon bald galt ich als gefragter Entertainer für Tanz und Unterhaltung.

Dieses Instrument nahm ich also auf die Reise nach Schreiberhau mit. Kaum hatte der Zug den Görlitzer Bahnhof in Berlin verlassen, da packte ich es aus und begann zu spielen. Mutter saß rechts von mir, Hans-Conrad und Anastasia saßen uns gegenüber. Wir hatten das Abteil für uns allein, und ich spielte ohne Pause, damit kein Fremder zu uns einsteige. Eine Zeitlang improvisierte ich. Mutter, die unter den von mir produzierten Tönen und Harmonien litt, kommentierte: »Dein Gedächtnis für Melodien ist gut, aber Deine Harmonien sind qualvoll.« Ab und zu griff sie mir in die Tasten, vor allem, wenn sich meine musikalischen Spaziergänge in die Regionen Richard Wagners verirrten. »Übe lieber Tonleitern!«, rief sie und vertiefte sich in ihre Zeitung.

Anders die mir gegenübersitzende Anastasia. Ihre Augen glänzten, und dann sagte sie: »Du schöner spielst auf Akkordeon als Frau Stahlberg auf Klavier.« Mutter verdrehte die Augen und warf einen unmißverständlichen Blick in Richtung Gepäcknetze, enthielt sich jedoch eines Kommentars. Ich hingegen, von dem großfürstlichen Kompliment angespornt, tat das, was ich in Hamburg und London bereits mit gewissem Erfolg praktiziert hatte: Ich dudelte mich durch die seichten Gefilde der Tanz-, Operetten- und Unterhaltungsmusik. Plötzlich stand Anastasia auf und setzte sich neben mich. Auf meine Frage, ob ich ihr einen musikalischen Wunsch erfüllen könne, antwortete sie, ich möchte ihr doch bitte etwas aus ihrer Heimat spielen. Sie brachte mich in Verlegenheit. Doch dann fiel mir das Wolga-Lied von Franz Lehár ein, und ich spielte es. Als ich geendet hatte, klatschte sie in die Hände und bat mich, es noch einmal zu spielen. Gern machte ich ihr die Freude und spielte die genial-kitschige Schnulze – »Es stand ein Soldat am Wolga-Strand ...« – mit wechselnden Registrierungen und sogar mit einigem Vibrato, wie es ihr gebührt. Und ich gestehe: Man konnte diesem wundervollen italienischen Akkordeon raffinierte und verführerische Klänge entlocken.

Während ich spielte, legte Anastasia plötzlich ihren Arm um mich und schmiegte ihren Kopf an meine Schulter. Ich ließ es geschehen. Bald aber zitterte sie am ganzen Körper und begann zu schluchzen. Schnell beendete ich mein Spiel und sah nun, daß dicke Tränen über ihr Gesicht liefen. Hans-Conrad blickte stur geradeaus, als habe er nichts bemerkt, und Mutter blieb in ihre Zeitung versunken. Niemand sprach ein Wort. Anastasia wurde nun von hemmungslosem Schluchzen geschüttelt. Ich hatte nicht geahnt, daß sich unter ihrer harten Schale soviel Weichheit verbarg.

In der Narkose

An unseren Spaziergängen in Schreiberhau beteiligte sich Anastasia ungern; zu den schneebedeckten Bergen schien sie keine Beziehung zu haben. Meistens blieb sie in ihrem Zimmer. Nur wenn die Kerzen am Weihnachtsbaum angezündet wurden, kam sie und setzte sich wortlos zu uns.

Da ich meine Arbeit in London wieder anzutreten hatte, reiste ich vor den anderen ab. Als ich im Frühjahr endgültig nach Berlin zurückkehrte, erzählte mir Mutter eine Begebenheit, die sie sehr erregt hatte. Anastasias Wunde am linken Ellenbogen hatte sich wieder geöffnet, und Mutter hatte einige Not mit der Behandlung gehabt. Anastasia aber weigerte sich, zu einem Arzt zu gehen. Als sie eines Tages auch noch Fieber bekam, wurde Mutter energisch. In Harriet von Rathlefs Buch hatte sie gelesen, daß der ehemalige Moskauer Chirurg Professor Rudneff Anastasia schon vor Jahren in Berlin an dieser Wunde operiert hatte. Also eröffnete sie ihrem Schützling, sie werde mit Professor Rudneff sprechen und ihn um einen Hausbesuch bitten.

Anastasia protestierte; sie kenne keinen Arzt mit Namen Rudneff, es gebe nur einen Arzt, den sie an sich heranlassen würde, und das sei Gleb Botkin. Es handelte sich um den Sohn Sergejewitsch Botkins, des Leibarztes der Zarenfamilie, der zusammen mit dieser 1918 in Jekaterinburg erschossen worden war. Mutter nahm das Telefonbuch; doch es gab in Berlin keinen Arzt dieses Namens. Dagegen fand sie die Nummer von Sergej Michailowitsch Rudneff. Sie rief ihn an und schilderte ihm, so gut sie konnte, ihren Befund. Rudneff bat Mutter, unverzüglich mit Anastasia in seine Privatpraxis in der Nähe des Fehrbelliner Platzes zu kommen; mit einem Hausbesuch sei die Behandlung nicht durchzuführen. Seine Praxis sei zwar bereits geschlossen, doch werde er die »Kaiserliche Hoheit« selbstverständlich sofort behandeln.

Zurück in Anastasias Zimmer erklärte Mutter ihr, sie möge sich sofort anziehen und mit ihr zusammen zu »Gleb Botkin« fahren. Alles Nötige sei schon vorbereitet. Nun endlich folgte »Mrs. Anderson«, und kurz darauf standen die beiden vor Rudneffs Praxis. Der Professor öffnete selbst die Tür; eine Sekretärin oder Helferin schien nicht vorhanden. Anastasia begrüßte ihn wie einen alten Bekannten und folgte allen seinen Anweisungen. Rudneff reichte Mutter einen weißen Kittel und bat sie, ihm zu assistieren; sie brauche nur seine Anweisungen zu befolgen.

Anastasia legte sich bereitwillig auf einen primitiven Operationstisch, Mutter wurde der Platz am Kopfende zugewiesen, und mit wenigen Handgriffen begann Professor Rudneff eine Äthernarkose einzuleiten. Mutter mußte mit einer Hand für die Äthernarkose sorgen und mit der anderen Anastasias Puls fühlen. Während Rudneff mit einer Rasierklinge (!) zu operieren begann, erzählte Mutter ihm von ihrem Täuschungsmanöver mit dem Namen Gleb Botkin. Diese Verwechslung sei typisch für die Großfürstin, bemerkte der Professor; Gleb Botkin sei nur ein Jahr älter als »Ihre Kaiserliche Hoheit« und deren liebster Spielgefährte gewesen.

Mitten in der Arbeit des Chirurgen begann Anastasia in der Narkose laut zu schreien – auf englisch! Zwar sei es ein miserables Englisch mit starkem russischen Akzent gewesen, erzählte Mutter, aber eben doch unverkennbar. Im Verlauf von sechs Monaten habe sie

sie zum erstenmal englisch sprechen gehört. Als sie den Professor darauf aufmerksam gemacht habe, habe er, ohne von seiner Arbeit aufzusehen, erwidert, die »Kaiserliche Hoheit« habe schon einmal in der Narkose englisch gesprochen, als er sie nämlich vor Jahren in seiner Klinik als Patientin gehabt habe. Dies sei für ihn schon damals ein untrüglicher Beweis gewesen, daß sie eine Tochter des Zaren sei, denn im engsten Familienkreise des Zaren sei fast nur englisch gesprochen worden. Immer wieder, so erzählte Mutter, habe sie in dem Geschrei der Narkotisierten ein russisch klingendes Wort gehört, als wenn sie nach jemandem um Hilfe rufe. Sie habe Rudneff nach der Bedeutung gefragt, worauf er erwidert habe, die fünf Zarenkinder hätten für ihre Mutter einen Kosenamen gehabt: »Dieser Name ist es, den Sie hören.«

Mutter hat später den Rechtsanwälten Leverkuehn und Vermehren ihr Erlebnis bei Professor Rudneff berichtet. Diese haben die Episode dem Berliner Gericht vorgetragen und ins Gerichtsprotokoll aufnehmen lassen. Einer der Richter bemerkte, dies sei ein gewichtiges Indiz, aber kein Beweis. Jedenfalls reiche es schwerlich aus, um eine gerichtlich verkündete Todeserklärung zu Fall zu bringen.

Das Gruppenbild

Eines Tages fand Mutter in einer Illustrierten eine bebilderte Reportage über die russische Zarenfamilie. Auch Anastasia war mehrfach abgebildet. Mutter nahm Packpapier und Schere und schnitt eine Reihe von Passepartouts zurecht, mit denen sie den Text abdeckte. Dann zeigte sie Anastasia die Bilderserie. Die Reaktion war, so erzählte Mutter, ein wahrer Freudentaumel, und die kleine Mrs. Anderson wollte sich von dem Anblick der Bilder gar nicht mehr trennen. Sie identifizierte alle abgebildeten Personen. Mutter hatte sich einen Notizblock bereitgelegt und schrieb die Namen auf. Das für

Zar Nikolaus II. mit seinen fünf Kindern auf der kaiserlichen Yacht »Standard« im Jahre 1911 (dritte von rechts: Anastasia)

Anastasia wichtigste Bild schien eine Gruppenaufnahme zu sein, und auf Mutters Frage, wo das Bild aufgenommen worden sei, antwortete sie prompt, das sei eine herrliche Fahrt mit der »Standard«, der Jacht ihres Vaters, von Livadia auf der Krim hinaus ins Schwarze Meer gewesen.

Mutter fragte weiter, ob sie das Bild schon früher gesehen habe. Anastasia bejahte das und fügte hinzu, es habe in Zarskoje Selo über ihrem Bett gehangen. Es sei dort aber nicht nur größer gewesen, sondern habe auch mehr Personen gezeigt, sowohl links als auch rechts. Dann habe sie, so erzählte Mutter, eine Zeitlang angestrengt nachgedacht und schließlich die Namen derer aufgezählt, die auf dem Gruppenbild in Zarskoje Selo an beiden Rändern zusätzlich zu sehen gewesen wären. Es seien Offiziere und Hofdamen aus der Begleitung des Zaren gewesen, berichtete Mutter, und sie habe sie alle notiert. Anastasia sei in heiterster Stimmung gewesen. Die Bilder hätten in ihrer Erinnerung ein Stück schönster Vergangenheit aufleben lassen. Sie habe dann die Passepartouts weggenommen, und alle in der Illustrierten ausgedruckten Namen hätten mit Anastasias Angaben übereingestimmt.

Doch damit nicht genug. Mutter erzählte weiter, sie sei gleich am nächsten Tag in die Kochstraße gefahren, habe sich in der Redaktion des betreffenden Verlages gemeldet und dort angefragt, ob man von dem Bild der Zarenfamilie auf der »Standard« einen Abzug kaufen könne. Man habe sie an die Bildredaktion verwiesen, und dort habe man ihr erklärt, das in der Zeitschrift wiedergegebene Foto sei nur ein Ausschnitt, und sie möge doch sagen, ob sie den Ausschnitt oder das ganze Bild zu haben wünsche.

Selbstverständlich bestellte Mutter das ganze Bild, und als es eingetroffen war, ließ sie es rahmen. Bald hing es wieder über Anastasias Bett. Mit diesem Bild war ein weiteres Stück des Eises geschmolzen, das immer noch auf dem Verhältnis zwischen ihr und Mutter lag.

»Ihre Kaiserliche Hoheit«

Im Sommer 1936 waren es nun bald zwei Jahre, daß sich Anastasia in Mutters Obhut befand. Trotz manch heiterer, ja fröhlicher Tage litt Mutter unter der Launenhaftigkeit ihres Schützlings. Am tiefsten traf sie das völlige Fehlen von Dankbarkeit. Anastasia betrachtete alle Hilfe und die ständige Pflege als eine Selbstverständlichkeit. Es war eine schlimme Last, die Mutter sich aufgebürdet hatte. Manchmal blieb Anastasia tagelang im Bett, ohne krank zu sein; dann wiederum folgten Tage, an denen sie Liebenswürdigkeit und Zärtlichkeit ausstrahlte. Regelrecht bedrohlich erschienen die Wutanfälle, die oft infolge harmloser Meinungsunterschiede aus heiterem Himmel auftraten. Obwohl Mutter sich bemühte, Kontroversen zu vermeiden, war sie nicht gewillt, ihre Meinung zurückzuhalten, wenn es um wichtige oder gar grundsätzliche Dinge ging.

Mutter hatte damals einen in Berlin lebenden Cousin der Großfürstin kennengelernt. Dr. med. Wladimir Lindenberg stammte aus der Familie Romanow, war aber als Kind von einer Familie Lindenberg adoptiert worden und hatte sich als Neurologe in Berlin niedergelassen. Für Dr. Lindenberg gab es, wie er mir Jahre später persönlich bestätigte, nicht den geringsten Zweifel, daß Anastasia die Tochter des letzten Zaren war. Er bezeichnete es mir gegenüber als verständlich, daß sich die Mehrzahl der fürstlichen Verwandten von Anastasia abgewandt habe. Sie hätte »im Falle ihrer Identifizierung nur Unheil angerichtet«. Ihren Geisteszustand betrachtete er nicht als angeboren, sondern als »Folge der schweren Kopfverletzungen und Schocks«.

Mutter war in eine Situation hineingeraten, aus der sich kein Ausweg zeigte. So erschien es ihr wie ein Geschenk des Himmels, als sich im Sommer 1936 Großmutter Ruth von Kleist-Retzow erbot, Anastasia für ein paar Wochen nach Klein-Krössin zu nehmen. Nach fast zwei Jahren täglicher Pflege und Fürsorge zum erstenmal »Urlaub von Anastasia«! Mutter packte also die Koffer und fuhr mit Anastasia nach Hinterpommern. In Klein-Krössin gab es in dem schönen alten Fachwerkhaus, das Großmutter als ihren »Altenteil« bewohnte, drei Gästezimmer, die sie nach ihren drei Töchtern benannt hatte. Das Zimmer »Hoffnung« (nach Mutters Vornamen »Spes«) lag in der unteren Etage; es hatte zwei Fenster zum Garten hin. Hier zog Anastasia ein.

Auf dem Rückweg nach Berlin besuchte Mutter mich in Stettin. Sie strahlte vor Glück, Anastasia wenigstens für ein paar Wochen los zu sein. Auf meine Frage, ob sie sich denn wenigstens beim Abschied einmal bedankt habe, antwortete Mutter: »Keine Rede. Ihre Abschiedsworte waren grauenhaft. Wörtlich sagte sie: ›Sie werden sehen, Frau Stahlberg, auch Sie werden bald sterben, weil sie mir geholfen haben.‹« Das waren die Freundlichkeiten, die Mutter zu verdauen hatte.

Nun hatte also Großmutter in Sachen Anastasia das Regiment übernommen, wohl vorbereitet und ausgerüstet mit Mutters Erfahrungen. Wenn das nur gutgeht, dachte ich, als ich von dem »Wachwechsel« hörte. Doch siehe da, es ging sogar sehr gut. Großmutters Autorität wirkte offenbar Wunder. Sie war eben nicht nur durch ihr Alter, sondern auch durch ihre Persönlichkeit jemand, dem man besser nicht widersprach. Auch eine Großfürstin Anastasia erkannte diese Autorität an. Und natürlich waltete in dem kleinen ländlichen Fachwerkhaus ein anderer Stil als in der vierten Etage der Brandenburgischen Straße Nr. 28 in Berlin. Hier wurde sogar dann bei Tisch serviert, wenn nur eine oder zwei Damen zu bedienen waren.

Aus dem wenige Kilometer entfernten Kieckow erschienen Onkel Hans-Jürgen und Tante Maria, um eine Art Höflichkeitsbesuch zu machen, was Anastasia sehr genoß. Onkel Hans-Jürgen faßte einen Plan, der einer gewissen Pikanterie nicht entbehrte. Bei seinem nächsten Tee-Besuch in Klein-Krössin fragte er Anastasia, ob er ihr wohl die Freude machen dürfe, eigens für sie ein Diner mit anderen Gästen zu geben. Sie sei freudig erregt gewesen, erzählte mir Großmutter später, und sei errötet. Wer denn die anderen Gäste sein würden, habe sie wissen wollen, ehe sie dem Angebot zustimmte. Onkel Hans-Jürgen nannte mehrere Namen baltischer Emigranten, von denen es seit der russischen Revolution in Hinterpommern eine große Zahl gab. Einige Namen waren Anastasia bekannt, und so gab sie tatsächlich ihre Zustimmung zu seinem Plan.

Zur vereinbarten Zeit, so wurde verabredet, sollten Großmutter und der Ehrengast mit Pferd und Wagen abgeholt werden. Anastasia blieb an diesem Tag wieder einmal in ihrem Zimmer und ließ sich Frühstück und Mittagessen an ihr Bett bringen. Großmutter sorgte sich schon, die Hauptperson des bevorstehenden Abends werde vor Aufregung nicht imstande sein, nach Kieckow zu fahren. Doch es kam ganz anders. Etwa eine Stunde vor der vereinbarten Abfahrtszeit erschien Anastasia auf der Terrasse vor dem Hause. Ganz fürstlich in rosa gekleidet, setzte sie sich dort auf eine Bank, von der aus sie jeden Wagen, der von der Chaussee zum Gutshof abbiegen würde, sofort erkennen konnte.

Onkel Hans-Jürgen, zeitlebens zu Späßen aufgelegt, hatte sich seinerseits gedacht: Wenn wir schon solch ein Spiel in Gang setzen, dann wollen wir uns nicht lumpen lassen und zeigen, daß wir hinterpommerschen Junker immer noch wissen, was man einer Kaiserlichen Hoheit schuldig ist. Er schickte also seinen besten Kutschwagen, den »Landauer«, ein schwarzes Coupé mit aufklappbarem Lederverdeck. Den Pferden ließ er die guten Kummetgeschirre anlegen, die in der Kieckower Sattelkammer für »große« Gelegenheiten aufbewahrt wurden. Ja, er hatte noch ein übriges veranlaßt, wie ich es weder früher noch später jemals in Kieckow erlebt habe: Auf dem Bock saß nicht nur der alte Behling mit der Kokarde in den Kleistschen Wappenfarben am Zylinderhut, sondern neben diesem saß, auch er mit einem Zylinder auf dem Kopf, der Diener Albert. So zeigte sich das so einfache und sparsame, ja fast arme Kieckow im Glanz vergangener Zeiten.

Es mag sein, daß der Wagen etwas vor der Zeit in Klein-Krössin eintraf oder daß Großmutter mit ihrer Toilette noch nicht fertig war, jedenfalls hielt der Landauer – nach der üblichen Runde vor dem kleinen Fachwerkhaus – vorschriftsmäßig vor der Terrasse an, und Diener Albert, der das »Fabeltier«, die Großfürstin, schon von weitem in ihrer rosa Elegance erkannt hatte, sprang ab, lief um den Wagen herum und öffnete den Schlag, um dem hohen Gast beim Einsteigen behilflich zu sein. Anastasia jedoch, die sich von der Bank erhoben hatte, machte nicht die geringsten Anstalten, einzusteigen, sondern betrachtete, offensichtlich mit Wohlgefallen, erst einmal das prächtige Gespann. Dann geschah etwas für Diener Albert Unerwartetes. Als wäre es das Selbstverständlichste der Welt, vernahm er die Worte: »Wetter ist gut. Öffnen Sie den Wagen.« Diener Albert tat, wie ihm geheißen, und schon war aus dem Landauer ein

»Landaulet«, ein offener Wagen geworden. Darauf stieg die gute Mrs. Anderson ein und setzte sich auf die rechte Seite des Fonds, auf den Platz also, der nach allen Regeln des internationalen Protokolls der höchststehenden Person gebührt.

Da saß sie nun und harrte der Dinge, bis Großmutter erschien, einen Moment lang innehielt, um dieses unerwartete und amüsante Bild in sich aufzunehmen, dann – »seit langen, langen Jahren zum erstenmal wieder« – um den Wagen herumging und sich von Diener Albert die linke Tür öffnen ließ.

In Kieckow hatte sich alt und jung, wohl das ganze Dorf, in respektvoller Entfernung um das Rondell vor dem Gutshaus versammelt. Eine Kaiserliche Hoheit mußte man gesehen haben, wenn auch »nur« eine russische. Schließlich hatte sie doch eine deutsche Mutter gehabt! Auf dem Dach des Hauses wehte die schwarzweißrote Fahne (eine andere wurde dort nie gehißt). Auf der Terrasse vor dem Haus war die ganze Familie versammelt. Ein paar Schritte davor stand Onkel Hans-Jürgen in seiner patriarchalischen Erscheinung und begann so lautstark, wie es sich für einen ehemaligen Batteriechef der königlich preußischen Artillerie und einen pommerschen Gutsherrn geziemte, eine Begrüßungsansprache zu halten.

Ich wünschte noch heute, ich hätte diesen Tag in Kieckow miterlebt. Ich muß mich aber leider auf die Wiedergabe von Großmutters Erzählung beschränken. Trotzdem scheint es mir lohnend, sie nicht der Vergessenheit zu überlassen. Zuerst habe es im »Damenzimmer«, gleich rechts von der großen Halle, »im kleinen Kreise« Tee gegeben. Anastasia habe sich im Zimmer umgesehen und gefragt, wo denn der Samowar stehe. Tante Mieze habe entschuldigend gesagt, sie besitze keinen Samowar, worauf der hohe Gast erklärt habe: »Aber Frau von Kleist in Klein-Krössin hat Samowar.« Die Teestunde scheint also nicht sehr unterhaltsam gewesen zu sein.

Dann kam die Zeit heran, zu der »die anderen Gäste« geladen worden waren. Es waren ausschließlich Personen, die ihren Besitz im Baltikum verloren hatten und damit auch ihren politischen Rang. Die Tee-Runde hatte sich aufgelöst, und Onkel Hans-Jürgen stellte Anastasia die Gäste vor. Einige der älteren Herren waren im

Schmuck ihrer Orden aus der Zarenzeit erschienen, und die Damen an ihrer Seite versanken in tiefem Hofknicks vor der »Kaiserlichen Hoheit«. Die so Geehrte habe, wie Großmutter erzählte, diese Würdigung ihrer Person ohne erkennbare Bewegung hingenommen. Wie immer habe sie mit dem Taschentuch in der Linken die so schwer deformierte untere Gesichtshälfte bedeckt und ihre Rechte zum Handkuß geboten. Sie habe bei dieser stummen Cour wie eine Statue dagestanden.

Dann habe sie der Hausherr zu Tisch geführt, wo erst einmal zahlreiche Reden gehalten worden seien. An Ergebenheitsbeteuerungen habe es nicht gemangelt. Ein einziges Mal, gegen Ende des Essens, habe Anastasia plötzlich zu sprechen begonnen. Die Stimmung sei schon etwas gelöst gewesen; auch die Hauptperson habe ihr Weinglas mehrfach erhoben, mit dem Wein jedoch nur die Lippen benetzt, ohne zu trinken. Nun habe sie das Wort ergriffen, und sofort sei tiefste Stille im Raum gewesen. Sinngemäß habe sie mit fester, leicht metallischer Stimme folgende Ansprache gehalten: »Meine Herren, meine Damen, es ist für mich wunderschön, was Sie mir heute gesagt haben. Aber diejenigen von Ihnen, die ihren Besitz verloren haben und über kein Geld mehr verfügen, können nichts tun, um Rache zu nehmen an den Bolschewiken. Die anderen aber, die hier in Deutschland noch Besitz und Geld haben, sollten nicht nur schöne Reden halten. Sie sollten handeln. Sie sollten ein Heer aufstellen und nach Rußland marschieren und kämpfen. Wenn Sie das nicht tun, dann wird es Ihnen eines Tages so ergehen wie meiner Familie und meinem Vaterland.«

Atemlose Stille, ja Beklommenheit sei diesen Worten gefolgt. Und der Abend habe früh geendet. Auf der Heimfahrt nach Klein-Krössin sei es im geschlossenen Landauer ganz still gewesen, erzählte Großmutter. Sie habe den Eindruck gehabt, daß ihr Gast erschöpft und verausgabt war. Der Tag habe die schwachen Kräfte Anastasias wohl über ihre Grenzen beansprucht. Trotzdem habe sie den Versuch gemacht, ein Gespräch mit Anastasia zu beginnen. Zu sehr sei sie von deren Worten beim Essen irritiert gewesen. Sie habe Anastasia gefragt, ob sie sich darüber im klaren sei, daß das, was sie da gesagt habe, Krieg bedeute. Ein einziges scharfes Wort sei die Antwort gewesen: »Ja!« Und nach einer langen Pause habe sie in das Dunkel des Landauers gezischt: »Wenn ich einmal in Rußland etwas zu sagen habe, dann werden Köpfe rollen!«

Der Eklat

Der Sommer 1936 war warm und trocken. In Klein-Krössin bedeutete das, mit Wasser in Haus und Garten sparsam umzugehen. Großmutters Haus hatte einen eigenen Brunnen, der in der Küche durch die alten Steinplatten hindurch tief in die Erde führte. In früheren Zeiten hatte man einen Eimer an einer langen Kette in den Brunnenschacht gesenkt und über eine Winde wieder nach oben gezogen. Jetzt aber war diese Wasserversorgung »modernisiert« worden. Der Brunnenschacht war abgedeckt worden, und eine Pumpe holte das Wasser nach oben; nicht etwa eine »neumodische« elektrische, sondern eine mit der Hand zu bedienende Schwengelpumpe – eine kräfteraubende Angelegenheit.

Nachdem der Wassereimer abgeschafft war, hatte man auf dem Dachboden auch noch einen eisernen Vorratstank installiert. Der wurde mit der Handpumpe aufgefüllt, und sein Fassungsvermögen war so bemessen, daß man täglich einen Badeofen füllen konnte. Eine solche Anlage war für ein jahrhundertealtes pommersches Fachwerkhaus schon eine feine Sache! Und weil Großmutter auch noch eine große Blumenliebhaberin war, hatte Onkel Hans-Jürgen eines Tages seinen Hufschmied nach Klein-Krössin geschickt, und der hatte »als Geburtstagsgeschenk« ein Wasserrohr von der Küche bis zu Großmutters Staudenbeet verlegt; frostsicher, versteht sich, was in Pommern einen Meter tief bedeutete. Nun brauchte man nicht mehr die schwere Gießkanne zu schleppen. Und zu allem Überfluß wurden dann auch noch ein paar Meter Gartenschlauch angeschafft. Welch ein Luxus!

Anastasia konnte dieser »Wasserkunst« von ihrem Zimmer aus zuschauen, und so bat sie Großmutter eines Tages um ihr Einverständnis, die tägliche Bewässerung des Staudenbeetes selbst zu übernehmen. Großmutter ahnte Unheil, ließ sich aber schließlich überreden, war sie doch froh, auf diese Weise eine regelmäßige Beschäftigung für ihren Gast zu haben. Mit einem Anklang von Strenge gab sie ihre Zustimmung, jedoch unter der Bedingung, daß der Gartenschlauch nicht länger als zehn Minuten täglich benutzt werde. »Liebe Mrs. Anderson«, sagte sie, »bitte verwechseln Sie den Wasservorrat von Klein-Krössin nicht mit dem von Schloß Peterhof.«*

Entzückt rief Anastasia aus: »Sie kennen Peterhof?« Und als Großmutter verneinte, jedoch zu erkennen gab, es gehöre im Lande Preußen sozusagen zur Allgemeinbildung, von Peterhof zu wissen, begann Anastasia lang und ausführlich von Erlebnissen aus ihrer Kindheit in Zarskoje Selo, in Livadia auf der Krim und in Peterhof zu erzählen.

Am folgenden Tag nahm Anastasia ihre neue Arbeit auf. Großmutter schaute ihr eine Zeitlang zu und merkte gleich, daß das Begießen des Staudenbeetes vollkommen planlos geschah. Wie sie es geahnt hatte, war das Sprengen für Anastasia nichts anderes als kindliche Spielerei. Neben dem Staudenbeet hatte Großmutter ein paar Jahre zuvor eine Edeltanne pflanzen lassen, eine Nordmanniana. Sie war gut angewachsen. Als Anastasia Anstalten machte, auch sie zu wässern, erklärte ihr Großmutter, daß sie des Wassers nicht mehr bedürfe.

Natürlich waren an diesem ersten Tag die zehn Minuten längst überschritten, und nun erschien zu allem Ungemach auch noch die Köchin im Garten, um zu melden, der Vorratstank sei so gut wie leer. Großmutter begnügte sich fürs erste mit einem ernsten und eindringlichen Wort, mit dem Erfolg, daß Anastasia sich schmollend in

* Schloß Peterhof, Lustschloß westlich von Sankt Petersburg, erbaut 1711 von Zar Peter dem Großen, hat in seinem Park eine riesige, weltberühmte Wasserkunst.

ihr Zimmer zurückzog. Doch an den folgenden Tagen wiederholte sich die Prozedur. Alle Bitten und Ermahnungen von Großmutter blieben fruchtlos. Als dann die Köchin vom Küchenfenster aus beobachtete, wie wieder einmal die Nordmanniana gewässert wurde, entschloß sie sich zum Handeln. Schließlich war sie die erste, die einen zu hohen Wasserverbrauch zu spüren bekam. Als die zehn Minuten vorüber waren, sperrte sie kurzerhand den Leitungshahn zum Garten ab. Nach wenigen Augenblicken erschien Anastasia in der Küchentür. Bebend vor Zorn schrie sie: »Wer hat Wasser gesperrt?« In breitem Pommersch gab die Köchin zurück: »Ich. Nach zehn Minuten.«

Zwei Zimmer weiter saß Großmutter an ihrem Schreibtisch, als ihr Gast wutschnaubend vor ihr erschien und mit sich überschlagender Stimme forderte: »Frau von Kleist! Sofort Köchin entlassen!« Warum das geschehen solle, fragte Großmutter, doch Anastasia bekam kein weiteres Wort heraus. So hatte Großmutter sie noch nie erlebt. Sie bat sie, Platz zu nehmen und in Ruhe mit ihr über den Grund ihrer Aufregung zu sprechen. Ohne Erfolg, und so fand das Gespräch zwischen den beiden Damen so statt, wie es begonnen hatte: Anastasia blieb stehen, und Großmutter blieb sitzen. Sie versuchte, der Zarentochter klarzumachen, daß sie für das eigenmächtige Eingreifen ihrer Hausangestellten volles Verständnis habe; schließlich habe sie diesen Konflikt selbst verschuldet, indem sie die vereinbarten zehn Minuten nicht eingehalten habe. Und im übrigen sei es in Preußen seit vielen Generationen üblich, daß ein Untergebener, dem eine »Generalorder« erteilt wurde, zur Eigeninitiative im Sinne dieser Order nicht nur berechtigt, sondern sogar verpflichtet sei.

Es mag dahingestellt bleiben, ob Anastasia in ihrer Erregung den Sinn dieser Worte verstand, doch mit Sicherheit dürfte ihr klargeworden sein, daß Großmutter ihre Köchin gegenüber der Kaiserlichen Hoheit deckte. Jedenfalls folgte nun eine hochpolitische Erklärung, die der vor den baltischen Adligen in Kieckow gehaltenen Rede in nichts nachstand. Noch immer vor Großmutter stehend, begann Anastasia, sie müsse ihr sagen, daß sie eine völlig falsche Einstellung zum Verhältnis von Herrschaft und Bediensteten habe. Sie habe dies nun schon seit Wochen beobachtet. Sie müsse Großmutter warnen, denn sie, Anastasia, habe einschlägige Erfahrungen gesammelt, Frau von Kleist dagegen nicht. Ihr Vater sei auch zu gut zu seinen Leuten gewesen. Als dann die Revolution gekommen sei, seien ihnen nur wenige treu geblieben. Die meisten, ja sogar die Leibwache, seien zu den Bolschewiken übergegangen. Man müsse daraus lernen: »Gegen aufsässige Dienstboten hilft nur die Peitsche. Jawohl, die Peitsche.«

Großmutter war entsetzt. Welch ein Abgrund zwischen ihr und der Zarentochter war da plötzlich sichtbar geworden. Das Gespräch wurde abrupt beendet, wenn auch sicherlich nicht von Großmutter, die bei Meinungsverschiedenheiten niemals auszuweichen pflegte. Anastasia verließ eilends die Wohnstube und verschwand in ihrem Zimmer. Zum Abendessen erschien sie nicht, und auf das Klopfen an ihrer Tür reagierte sie nicht. Sie hatte sich eingeschlossen. Großmutter ließ das Abendbrot für sie auf einem Tablett anrichten und auf einem Stuhl vor ihrer Tür abstellen. Doch Anastasia rührte es nicht an.

Am nächsten Tag versuchte Großmutter, ihr durch die immer noch verschlossene Tür begütigend zuzureden, doch vergebens. Die Mahlzeiten wurden weiterhin vor die Tür gestellt, daneben frisches Wasser in Eimern, denn Anastasias Zimmer hatte keinen Wasseranschluß. Doch sie rührte nichts an und antwortete nicht. Auch am dritten Tag änderte sich nichts. Am Abend wußte sich Großmutter nicht mehr zu helfen und rief in Berlin an. Mutter beruhigte sie: »Das kriege ich wieder hin.« Sie werde sich morgen früh ins Auto setzen und nach Klein-Krössin kommen.

Der nächste Tag, ein Sonnabend, war ein herrlicher Sommertag. Nicht ahnend, was sich bei Großmutter zugetragen hatte, setzte ich mich in Stettin nach Büroschluß in meinen Wagen, um das Wochenende in Klein-Krössin zu verbringen. Es bedurfte keiner Anmeldung, ich war hier wie in Kieckow immer willkommen. Und es war jedesmal interessant, einen oder mehrere Tage dort zu sein; oft genug gab es aufschlußreiche politische Gespräche.

Als ich meinen Wagen in Klein-Krössin abstellte, kam der Hofmeister im Laufschritt auf mich zu: »Haben Sie schon gehört? Die russische Frau ist weg! Ob die Russen sie nachts geholt haben?« Ich lief ins Haus und fand Großmutter am Schreibtisch. Was war geschehen?

Mutter war gegen Mittag eingetroffen und hatte sogleich versucht, durch die immer noch verschlossene Tür des Gästezimmers ein Gespräch anzuknüpfen. Nichts hatte sich gerührt. Dann hatte Mutter sich eine Leiter bringen lassen und diese an eines der beiden Fenster von Anastasias Zimmer gesetzt. Sie war hinaufgestiegen, hatte durch das offene Fenster ins Zimmer geschaut und überrascht festgestellt, daß sich niemand darin befand. Anastasia war verschwunden. Man holte einen Knecht vom Hof, der über die Leiter einstieg und die Zimmertür von innen öffnete. Großmutter und Mutter begannen nun mit dem, was die Polizei Spurensicherung zu nennen pflegt.

Die einzigen Dinge, die man nicht fand, waren ein rosafarbener Mantel und der vom deutschen Generalkonsul in New York ausgestellte Reisepaß. Alles übrige – Garderobe, Leibwäsche und persönliche Utensilien – war vorhanden. Anastasia mußte, so schloß man, das Haus bei Nacht durch das Fenster verlassen haben. Auf eine gewaltsame Entführung deutete nichts hin. Schließlich stellte man an der Außenwand des Hauses, unterhalb des offenstehenden Fensters, auf dem weißen Fachwerkfeld Kratzspuren fest, die offenbar von Schuhen verursacht waren.

Nun versuchte man, den Weg festzustellen, den die Verschwundene vom Haus aus genommen hatte, und bald schon fand man vor der kleinen Pforte, die den Garten von der Chaussee zur Bahnstation Groß-Tychow trennte und deren Schlüssel normalerweise auf der Gartenseite neben dem Torpfosten hing, ein weißes Taschentuch, wie Anastasia es sich vor das Gesicht zu halten pflegte. Die Pforte stand offen, und der Schlüssel steckte auf der Gartenseite im Schloß.

Mutter war dann zur nächstgelegenen Polizeiwache nach Groß-Tychow gefahren. Während ich noch bei Großmutter saß und mir

Großmutters Haus in Klein-Krössin von der Gartenseite. Die beiden mittleren Fenster gehörten zum Gästezimmer, das Anastasia bewohnte.

die dramatische Geschichte anhörte, kehrte sie zurück. Das Polizeirevier in Groß-Tychow bestehe nur aus einem einzigen Gendarmen, berichtete sie. Dieser sei gar nicht erbaut gewesen, daß er am Samstag nachmittag noch eine Vermißtenmeldung aufnehmen sollte, und noch dazu eine so sonderbare. Er habe immer wieder den Kopf geschüttelt und schließlich erklärt: »Im rosa Mantel, ohne Gepäck, Essen und Geld? Entweder hat sie sich umgebracht, oder sie kommt zurück, wenn sie genügend Hunger hat.« Immerhin aber habe er versprochen, in Belgard, der Kreisstadt, Bescheid zu sagen.

Während wir gemeinsam überlegten, was man tun könne, erschien auch Onkel Hans-Jürgen und bot seine Hilfe an. Wir hatten nun drei Autos zur Verfügung und beschlossen, mit diesen auf die Suche zu gehen. Hintereinander fuhren wir, Mutter, Onkel Hans-Jürgen und ich, erst einmal zum Bahnhof Groß-Tychow, und tatsächlich nahmen wir schon dort eine Fährte auf. Der Bahnbeamte hatte am frühen Morgen eine kleine Frau in einem rosa Mantel gesehen. Sie habe aber keine Fahrkarte gelöst und sei auch nicht in den Zug nach Belgard eingestiegen, sondern habe unschlüssig auf dem Bahnsteig gestanden und sei dann wieder fortgegangen. Also teilten wir die Straßen und Waldwege bis zum etwa zwanzig Kilometer entfernten Belgard unter uns auf und begannen mit der Suche. Immer wieder hielt ich im Wald an, stellte den Motor ab, um besser lauschen zu können, gab Hupsignale und rief, so laut ich konnte, nach »Mrs. Anderson«. Auch auf der einzigen Bahnstation zwischen Groß-Tychow und Belgard, der kleinen Haltestelle Kiefheide, fragte ich nach der Frau im rosa Mantel. Ohne Ergebnis. Bei Einbruch der Dunkelheit fanden wir uns alle wieder in Klein-Krössin ein. Niemand hatte eine Spur von Anastasia gefunden.

Am Sonntag früh fuhren Mutter und ich gemeinsam nach Belgard. Am Stadtrand hatten ein Wanderzirkus und ein Jahrmarkt ihre Zelte und Buden aufgeschlagen. Wir gingen von Bude zu Bude und von Zelt zu Zelt, und siehe da, wir erhielten einen Hinweis. Eine kleine Frau in rosafarbenem Mantel? Ja, die sei heute früh, kurz vor Eröffnung des Rummels, hier gewesen. Ihr Mantel sei völlig verschmutzt gewesen, in ihrem strähnigen Haar habe Laub und Moos gehangen. Sie sei von einem Stand zum anderen gegangen und habe um etwas zu essen gebettelt. Sie habe einen verwirrten Eindruck gemacht. Man habe ihr zu essen gegeben und ihr sogar etwas Geld angeboten. Doch das habe sie abgelehnt. Sie habe kein Geld und brauche auch keines, habe sie gesagt. Sie habe ein gebrochenes Deutsch gesprochen. Sie sei dann fortgegangen und nicht wieder aufgetaucht.

So verlor sich ihre Spur. Wir waren tief betroffen: die letzte Tochter des Zaren von Rußland - ein Bettlerin.

Es mögen vier oder fünf Wochen später gewesen sein, als Mutter vom Prinzen Sachsen-Altenburg angerufen wurde. Anastasia sei wieder aufgetaucht. Im Schalterraum des Hauptpostamtes in Detmold, so erzählte Prinz Friedrich, sei eine völlig verwahrloste Frau aufgefunden worden. Die Postbeamten hätten sie einige Stunden lang beobachtet. Dann aber sei die Mittagspause genaht, während der das Postamt geschlossen sei. Ein Beamter habe sie gebeten, das

Postamt zu verlassen. Sie habe seltsam reagiert und geäußert, sie wolle zu ihrer Tante, der Fürstin Lippe-Detmold, aber sie sei so müde, daß sie den Weg zum Schloß nicht gehen könne. Ihren Namen habe sie mit Mrs. Anderson angegeben.

Der Postbeamte habe das Nächstliegende getan und die Fürstin angerufen. Diese sei sofort mit dem Wagen zum Hauptpostamt gekommen. Anastasia habe Aufnahme im Schloß zu Detmold gefunden. Sie habe sich in einem mitleiderregenden Zustand befunden, sei abgemagert und verschmutzt gewesen und habe blutunterlaufene Füße gehabt. Man habe sie gepflegt und einigermaßen wieder zu Kräften gebracht. Doch bald habe sie darum gebeten, zu Frau Madsack, der Witwe des Hannoverschen Zeitungsverlegers, gebracht zu werden; dort sei sie vor einigen Jahren schon einmal gewesen. Man habe ihrem Wunsch entsprochen.

Wieder vergingen ein paar Wochen, als Mutter von Frau Madsack aus Hannover angerufen wurde. Sie bestätigte, daß sich Mrs. Anderson bei ihr befinde, und bat darum, ihr bei passender Gelegenheit deren Koffer mit der in Klein-Krössin gebliebenen Garderobe zu schicken. Mutter fragte mich, ob wir die Fahrt nach Hannover gemeinsam machen könnten. Selbstverständlich stimmte ich zu.

Frau Madsack bewohnte ein schönes altes Haus an der Eilenriede. In einem verglasten Wintergarten mit Blick in den Park war für vier Personen zum Tee gedeckt. Frau Madsack bot uns Platz, und wir begannen die Teestunde zu dritt. Anastasia war von unserem bevorstehenden Besuch informiert worden; auch hatte man ihr angekündigt, daß wir ihr Gepäck mitbringen würden. Doch wie bei solchen Anlässen häufig, ließ sie lange auf sich warten. Schließlich erschien sie, blieb jedoch in einiger Entfernung von uns stehen und sah uns mit gleichgültiger Miene an. Wie immer hielt sie ein Taschentuch vor den Mund. Frau Madsack nahm das Wort: »Nun, freuen Sie sich nicht, Frau Stahlberg und ihren Sohn wiederzusehen? Sie sind gekommen, um Sie zu besuchen. Setzen Sie sich doch zu uns.«

Anastasia sah Mutter an, dann mich, dann wieder Mutter. Ihr Blick erschien mir leer. Dann sagte sie: »Ich kenne diese Dame nicht. Diesen Herrn kenne ich auch nicht.« Frau Madsack suchte nach Worten. Aber Anastasia kam ihr zuvor: »Ich kenne diese Herrschaften nicht!« Sprach's, wandte sich um und verließ den Raum. Wir haben sie nie wieder gesehen.

Epilog auf Anastasia

Im Jahre 1933 hatten Anastasias Anwälte das Gerichtsverfahren um ihre Anerkennung als jüngste Tochter des Zaren Nikolaus II. in Gang gesetzt. Erst am 15. Mai 1961 verkündete das Landgericht Hamburg das Urteil:

> »In der Sache der Frau Anna Anderson, Klägerin ... gegen die Herzogin Christian Ludwig zu Mecklenburg, geborene Prinzessin Barbara von Preußen, Beklagte, und den Prinzen Ludwig von Hessen und bei Rhein, Nebenintervenienten ... erkennt das Landgericht Hamburg für Recht: Die Klage wird als unbegründet, die Widerklage wird als unzulässig abgewiesen ...
>
> Die Klägerin macht Erbansprüche nach dem am 16./17. Juli 1918 in Jekaterinburg erschossenen Zaren Nikolaus II. von Rußland und seiner Ehefrau Alexandra Feodorowna geb. Prinzessin von Hessen und bei Rhein geltend. Sie behauptet, die jüngste Tochter des russischen Zarenpaares Anastasia zu sein. Die Beklagte ist die Enkelin und alleinige Testamentserbin der am 11. November 1953 verstorbenen Prinzessin Heinrich von Preußen, Schwester der früheren Zarin. Der Nebenintervenient ist Sohn und alleiniger Erbe des Großherzogs Ludwig von Hessen und bei Rhein ... «

Das Gericht hatte eine große Zahl von Sachverständigen und Zeugen vernommen, unter ihnen auch meine Mutter. Als sie die Vorladung erhielt, äußerte sie sich sehr unwillig. Es gebe zwar für sie »nicht den geringsten Zweifel«, daß Mrs. Anderson die Zarentochter sei. Doch sie wolle mit »dieser unglückseligen und undankbaren Person nichts mehr zu tun haben«. Sie entschloß sich dann aber doch, nach Hamburg zu fahren und auszusagen. Im Gerichtsurteil wird sie unter dem Aktenzeichen 5/949 aufgeführt. Ihre Aussage scheint ziemlich wortkarg gewesen zu sein. Wörtlich heißt es im Urteil:

»Von fehlendem Takt spricht ferner der Bericht der Zeugin Spes Stahlberg. Sie hatte die Klägerin mit auf das Gut ihrer Familie genommen. Dort hat Frau Anderson von der Gastgeberin verlangt, sie solle dem ›Gesindel‹ kündigen. Damit meinte sie auf dem Gut angestellte Mädchen, die nicht mehr das Wasser pumpen wollten, das Frau Anderson zum Blumenbegießen benötigte. Die Zeugin hat erwähnt, die Klägerin sei so gekränkt gewesen, daß sie sich drei Tage eingeschlossen, die Nahrung verweigert habe und schließlich ohne Abschied verschwunden sei. Dieser Vorfall zeigt, daß die Klägerin ohne vernünftigen Grund die Selbstbeherrschung verlieren kann.

Auch aus Hannover verschwand die Klägerin im September 1936, so daß Frau Madsack, welche sie damals betreute, bei der Polizei eine Vermißtenanzeige erstatten und sie suchen lassen mußte ... «

Weniger als zehn Zeilen im Urteil des Hamburger Landgerichts reichten aus, um über den zweijährigen Aufenthalt Anastasias bei Mutter zu berichten.

Den Hintergrund des Gerichtsverfahrens beleuchtet die im Urteil erwähnte Bemerkung der klagenden Partei, auf der Bank von England habe der Zar während des Ersten Weltkriegs zugunsten seiner vier Töchter eine Summe von zwei Millionen Pfund deponieren lassen. Es mag reizvoll sein, einmal auszurechnen, welchen Wert dieses Depot heute besäße!

Auf Seite 61 des Hamburger Landgerichtsurteils liest man: »In einer eidesstattlichen Versicherung vom 10. August 1938 hat Frau Anderson ausgeführt: ›Meine Tanten haben mir ... über meine Cousine Xenia und Herrn Gleb Botkin angeboten, mich für Lebenszeit standesgemäß zu unterhalten, wenn ich auf Anerkennung und Erbrechte verzichten würde. Ich habe dieses Angebot abgelehnt . . .‹ Für ein derartiges Angebot hat die Klägerin jedoch keine urkundlichen Beweise vorlegen können.« Ich vermute, daß Gleb Botkin und Cousine Xenia bei Anastasia nur einmal in dieser Richtung vorgefühlt haben, mehr nicht. Und so entschied das Gericht in Hamburg, daß sowohl die Klage als auch die Gegenklage »unbegründet« sei. Schlicht gesagt: unentschieden.

Anastasia lebte zu dieser Zeit in Unterlengenhardt im Schwarzwald. Prinz Friedrich hatte sie nach Ende des Krieges dort in einer alten Wehrmachtbaracke untergebracht. Sie verkam dort in Einsamkeit. Mehr als sechzig Katzen und ein paar Hunde waren ihre einzigen Gefährten.

Prinz Friedrich war es auch, der dafür sorgte, daß die Anwälte das Hamburger Gerichtsurteil vor die höchste Instanz, vor den Bundesgerichtshof in Karlsruhe, brachten. Und Anastasias alter Jugendfreund Gleb Botkin, der jetzt in den USA lebte, brachte seinen Freund, den ehemaligen Professor für Geschichte und politische Wissenschaft John E. Manahan aus Charlottesville, dazu, ihre Übersiedlung nach Amerika zu realisieren. Im Juli 1968 traf ein Beauftragter Manahans in Unterlengenhardt ein, packte Anastasias Koffer und reiste mit ihr über Frankfurt und Washington nach Charlottesville. Im Hause Manahans fand sie eine neue Heimat.

Für das Revisionsverfahren vor dem Bundesgerichtshof gewann Prinz Friedrich Curt Freiherrn von Stackelberg als Anwalt, Abkömmling eines baltischen Adelsgeschlechts und »einer der geachtetsten juristischen Köpfe Deutschlands«, wie Peter Kurth in seinem Buch »Anastasia« schreibt. Doch weder ihm noch den Freunden Anastasias gelang es, sie dazu zu bewegen, für die Hauptverhandlung nach Karlsruhe zu kommen. Sie war noch immer von der panischen Furcht beherrscht, in Deutschland entführt oder verhaftet und an die Sowjetunion ausgeliefert zu werden.

In Charlottesville aber begann für sie zum erstenmal seit ihrer Kindheit in Zarskoje Selo »ein glückliches Leben«, wie sie gegenüber einem der zahlreichen amerikanischen Journalisten, die sich zu Interviews anmeldeten, bekannte.

Am 23. Dezember 1968 überraschte Mrs. Anderson die Weltöffentlichkeit: Sie heiratete John E. Manahan. Die Trauung wurde im Büro des Stadtdirektors von Charlottesville vollzogen. Gleb Botkin, ihr Jugendfreund aus Zarskoje Selo, dessen Vater als Leibarzt des Zaren 1918 zusammen mit der Romanow-Familie erschossen worden war, fungierte als Trauzeuge. Nach der Trauung fragte »Jack« Manahan Gleb Botkin: »Na, was würde Zar Nikolaus denken, wenn er seinen neuen Schwiegersohn sehen könnte?«

»Ich glaube, er würde dankbar sein«, erwiderte Botkin.

Am 17. Februar 1970 verkündete Bundesrichter Kurt Pagendarm in Karlsruhe das Urteil. Die Identität Mrs. Andersons mit der Zarentochter Anastasia sei »weder bewiesen noch widerlegt«.

Mrs. Anastasia Manahans fast zwanzig Jahre jüngerer Ehemann sorgte in bewundernswerter Weise für sie. Er setzte sich auch mit Mutter in Verbindung und sandte ihr Fotos seiner Frau. Da steht Anastasia vor einer Vitrine mit Bildern, Andenken und Büchern der Romanow-Familie und macht einen zufriedenen Eindruck. Ich habe sie auf diesen Fotos zum erstenmal ohne das Taschentuch gesehen, das sie sich vor die untere Gesichtshälfte zu halten pflegte. Man sieht ganz deutlich die schweren Schäden, die ihr Unterkiefer erlitten hat.

Mit Mrs. Manahan beschäftigte sich die Weltöffentlichkeit ebenso wie vordem mit »Mrs. Tschaikowski« und »Mrs. Anderson«. Schon zu der Zeit, als sie noch in Unterlengenhardt kümmerlich vegetierte, wurden zwei Filme über sie gedreht. Twentieth Century Fox nannte den ihren schlicht »Anastasia« und brachte mit Ingrid Bergman in der Hauptrolle eine phantasiereiche Story auf die Leinwand, die mit der Wirklichkeit wenig zu tun hatte.

Im zweiten Film, »Anastasia – die letzte Zarentochter«, spielte Lilli Palmer die Hauptrolle. Ich las damals ein Interview mit ihr. Im Gegensatz zu Ingrid Bergman hatte sie Mrs. Anderson in Unterlengenhardt aufgesucht und ein langes Gespräch mit ihr geführt. Ihrer Filmgesellschaft teilte sie anschließend mit, sie werde die Rolle nur

Anastasia nach ihrer Heirat mit John E. Manahan im Jahre 1969 in Charlottesville/USA. Dieses Foto schickte Mr. Manahan meiner Mutter.

übernehmen, wenn man Mrs. Anderson eine angemessene Tantieme zahle. Dies geschah. Lilli Palmer schildert die Arbeit an diesem Film in ihren Erinnerungen »Dicke Lilli - gutes Kind«. Dreimal mußte sie für die Kameraleute nachts von der Berliner Bendlerbrükke in den Landwehrkanal springen. Das Drehbuch hielt sich weitgehend an die Auskünfte, die Prinz Friedrich uneigennützig zur Verfügung stellte.

Über Anastasia wurden viele Bücher geschrieben. Peter Kurth nennt namentlich nicht weniger als siebenundachtzig Werke, daneben Manuskripte und ungezählte Zeitungs- und Illustriertenartikel. Anastasia war zum publizistischen Freiwild rund um die Welt geworden.

Am 18. Juni 1981 versammelten sich, wie Peter Kurth in seinem Buch berichtet, etwa fünfundsiebzig Menschen vor dem Haus der Manahans in Charlottesville. Sie hatte es geschafft: achtzig Jahre! »Sie aß ein wenig und trank ein Glas Bowle. Sie war sehr müde.« Ich sah sie damals im Fernsehen. Dr. Manahan trug seine kleine Frau auf beiden Armen zum Auto; ihr rechter Arm umschlang den Hals ihres Mannes.

Anastasia starb am 12. Februar 1984. Sie hatte den Wunsch geäußert, ihre Asche möge auf dem Friedhof des Schlosses von Seeon am Chiemsee beigesetzt werden. Zum letztenmal gab es Kontroversen um sie: In der Gemeinde von Seeon wurden Stimmen laut, man wolle nicht eine Schwindlerin, eine hochstapelnde Landarbeiterin auf dem Gottesacker haben. Wieder verwendeten sich ihre Vettern Prinz Friedrich von Sachsen-Altenburg und der Herzog von Leuchtenberg für ihre Cousine. An ihrem dreiundachtzigsten Geburtstag, dem 18. Juni 1984, wurde ihre Urne auf dem Friedhof von Seeon beigesetzt.

Mit dem Tod Anastasia Manahans ist der »Fall Anastasia« juristisch erledigt. Ihre vielen Verwandten in aller Welt müssen nicht mehr um ihre Anteile am Erbe der im Juli 1918 in Jekaterinburg ermordeten Zaren-Familie fürchten. Die weitaus meisten von ihnen, die während mehr als eines halben Jahrhunderts in der Öffentlichkeit oder vor Gericht gegen sie aufgetreten waren, hatten sie nie gesehen, geschweige denn persönlich erlebt. Die Juristen aber, die sich von Amts wegen oder im Auftrag ihrer Klienten mit dem »Fall Anastasia« zu befassen hatten, waren überfordert; denn die Beweise sowohl für als auch gegen die Identität von Mrs. Anderson mit der Tochter des letzten russischen Zaren waren keineswegs lückenlos.

Das meines Erachtens stärkste Argument für Anastasia war ihr eigenes Verhalten. Mutter, Großmutter und in geringerem Maße ich selbst sind ihr zwei Jahre lang nahe gewesen. Wir waren immer von neuem erschrocken über die Launen ihrer Persönlichkeit und ihres Charakters. Wir wußten aber, daß wir es mit einem physisch wie psychisch schwer geschädigten Menschen zu tun hatten. Nicht auszudenken, welches Unheil Anastasia hätte anrichten können, wenn das Landgericht in Hamburg und der Bundesgerichtshof in Karlsruhe ihre Identität mit der Zarentochter bestätigt hätten.

Unbeantwortet bleibt die Frage, wer anderes diese Frau denn hätte sein können, wenn nicht Anastasia. Die Behauptung, es habe sich um eine Hochstaplerin gehandelt, ist zu absurd, um sie ernst zu nehmen. Und die ständig wiederkehrenden Agenturmeldungen, der Tod Anastasias im Sommer 1918 sei nunmehr schlüssig bewiesen, wecken nur Kopfschütteln. Wer will schon von sich behaupten, das Chaos der bolschewistischen Revolution Generationen später durchschauen und bis in die letzten Einzelheiten analysieren zu können? Es bleiben die Erinnerung und das Gedenken an eines der Legionen von Opfern unmenschlicher Brutalität im zwanzigsten Jahrhundert.

Personenregister

Ahna, Heinrich de 106
Albert (Diener) 220, 221
Albrecht, Prinz von Preußen 73
Alvensleben, Anna von 104
Amalie, Prinzessin von Preußen 70–73
Anastasia Nikolajewna, Großfürstin (»Anna Anderson«) 187–237
Anderson, Anna (»Großfürstin Anastasia«) 190–237
Andrej Wladimirowitsch, Großfürst 195
Arenberg, Franz Ludwig Prinz von 87
Augusta, Prinzessin von Sachsen-Weimar 37, 79
Auguste Viktoria, Kaiserin 49, 55–58, 115–118

Bach, Johann Sebastian 71, 107, 108, 124, 126, 158
Bäumer, Gertrud 150
Barbara, Prinzessin von Preußen 231
Barlog, Boleslav 122
Barth, Heinrich 106
Batocki, Annemarie von 150
Beauharnais, Herzog von Leuchtenberg Romanowski de 194, 195, 202, 236
Beethoven, Ludwig van 20, 109, 111, 122, 123, 158
Behling (Kutscher) 220
Bentz, Beatrice 157–161
Bergman, Ingrid 234
Bethmann Hollweg, Felix von 74
Bircher-Pfeiffer, Charlotte 65
Bismarck, Hans Otto von 89
Bismarck, Herbert von 90
Bismarck, Johanna Fürstin von 82, 83, 149
Bismarck, Jürgen von 89
Bismarck, Klaus von 95
Bismarck, Luitgarde von 27, 30, 40, 42–44, 89, 134
Bismarck, Maria von 13, 14, 20–23, 49, 90, 138
Bismarck, Otto Fürst von 34–36, 47, 62, 81–85, 87, 114, 146
Blank, Fräulein 106, 107
Blankenburg, Martin 147, 151

Boese, Heinrich 74
Bonhoeffer, Dietrich 198
Bonhoeffer, Karl 198–200, 203
Botkin, Eugen 208, 214
Botkin, Gleb 214, 215, 233, 234
Brahms, Johannes 21, 109, 111, 122, 146, 158–161
Braun, Sophie 30, 31, 103
Bredow, Ferdinand Eduard von 182
Bruch, Max 158
Bruckner, Anton 120
Brüning, Heinrich 152
Busch, Adolf 160
Busch, Wilhelm 21, 30

Cammineci, Nora 177, 178
Cammineci, Oskar 177
Caruso, Enrico 61
Cecilie, Kronprinzessin 196
Charitomow, Iwan 208
Chopin, Frédéric 49
Chotek, Sophie Gräfin 135
Cleve (vorm. von Cleve) 50

Daske (Pastor) 16, 17, 28
Demidowna, Anna 208

Eitel, Theodor 203, 205
Ernst Ludwig, Großherzog von Hessen-Darmstadt 210
Ferdinand, Prinz 78
Fischer-Dieskau, Dietrich 21
Flesch, Carl 107, 160
Fontane, Theodor 92
Forçade, Kapitän von 68, 69
Fourier, Anne 66
Franz Ferdinand, Erzherzog von Österreich 135
Friedrich (Livreediener) 53–58, 76
Friedrich II. (der Große) 67, 70–73, 92, 93, 116, 118, 140, 141
Friedrich III. 84, 85, 114
Friedrich, Prinz von Sachsen-Altenburg 194, 195, 229, 233, 236
Friedrich Wilhelm, Kurfürst (der Große Kurfürst) 175
Friedrich Wilhelm I. 65–71, 78
Friedrich Wilhelm III. 79
Friedrich Wilhelm IV. 34, 38, 80
Furtwängler, Wilhelm 107, 120–123, 157, 160

Gershwin, George 146
Gézy, Barnabas von 147, 162–164
Goebbels, Joseph 151, 153, 156, 157, 164
Göring, Hermann 26
Goethe, Johann Wolfgang von 79
Goßler, Gustav von 85
Gribel, Rudolf Christian 49

Grimm, Hans 142

Händel, Georg Friedrich 148
Hagen, Freiherr von 71
Happe, Staatsminister von 69
Hardenberg, Karl August Fürst von 73
Hausmann, Friedrich 111, 161
Hausmann, Friedrich Bernhard 161
Hausmann, Robert 109, 110
Haydn, Joseph 107, 111
Heckscher, August 139–143
Heckscher, Johann Gustav Wilhelm Moritz 139, 155, 156
Heinitz, Eva 107
Heinrich, Prinz von Preußen 196
Hermine (zweite Frau Wilhelms II.) 31
Hindenburg, Paul von 61–63, 116, 117, 179, 183
Hitler, Adolf 61, 117, 156, 160–164, 167, 173, 179, 180, 182, 183, 199
Hubermann, Bronislav 160
Huch, Ricarda 149, 150
Hugenberg, Alfred 152

Irene, Prinzessin von Preußen 196

Jakimow 207
Joachim, Joseph 107–111, 158–160
Jurowski 206, 207

Karl August von Sachsen-Weimar-Eisenach 79
Kleist, Heinrich von 138
Kleist-Retzow, Charlotte (geb. Gräfin von Stolberg-Wernigerode) 33, 38, 53–56, 60, 61, 76, 81, 86, 103, 118
Kleist-Retzow, Ferdinande von 17, 27, 30, 40, 42–44, 74, 89, 129–131, 134
Kleist-Retzow, Hans Hugo 17, 33–38, 45, 46, 55, 64, 81, 82, 85, 115, 120, 134
Kleist-Retzow, Heinrich von 129
Kleist-Retzow, Jürgen von 45, 115
Kleist-Retzow, Konstantin von 23–27, 89, 129, 131
Kleist-Retzow, Maria von (Tante Mieze) 32, 138, 219, 221
Kleist-Retzow, Ruth von 15, 20, 24, 26, 32–34, 36, 40, 45, 47, 49, 50, 52, 78, 81, 82, 84, 89, 90, 93, 94, 131, 179–182, 218, 228, 237
Kleist-Retzow-Kieckow, Hans-Jürgen von 14, 38, 90, 97, 129, 130, 131, 138, 219, 220, 221, 223, 228

Kleist-Schmenzin, Ewald von 156
Klingler, Karl 108–110, 158, 159
Kollwitz, Käthe 117
Kreisler, Fritz 160
Kühn, Dr. 147
Kurth, Peter 209, 233, 236

Law, John 66
Lehár, Franz 212
Lenin 187
Lenski, Arno von 179
Leverkuehn, Paul 192, 194, 215
Lewatnich 208
Lewinski, Rittmeister von 168, 170, 173, 174
Liebermann, Max 62
Lindenberg, Wladimir 218
Lippe-Detmold, Fürstin 230
Liszt, Franz 47, 49
Ludendorff, Erich 117
Ludwig, Prinz von Hessen und bei Rhein 231
Luise, Königin von Preußen 49, 73
Luise, Markgräfin von Schwedt 78

Mackensen, Feldmarschall August von 179–183
Madsack, Frau 230–232
Manahan, John E. 233–236
Maria Feodorowna, Zarenmutter 206
Marschall, Kriegsminister von 69
Marwitz, Friedrich August Ludwig von der 71
Marwitz, Johann Friedrich Adolf von der 92, 93
Melnik, Tatjana 205
Mendelssohn-Bartholdy, Felix 109, 122, 158, 159
Menzel, Adolph von 55
Merton, Wilhelm 26
Metzmacher, Rudolf 161
Miesner, Hanns 104, 105, 146
Mozart, Wolfgang Amadeus 111, 146, 161
Müller, Ludwig 180

Nansen, Fridjof 113, 114
Napoleon I. Bonaparte 31
Nering, Johann Arnold 74
Niemöller, Martin 180, 182, 183
Nikisch, Arthur 120
Nikolaus II., Zar 88, 187, 189, 192, 195, 205, 206, 215, 216, 231, 232, 234
Nobel, Lothar 200, 202, 203
Nöll, Alfred 52, 53, 58–60, 64

Olga, Großfürstin von Rußland 206, 207
Oskar, Prinz von Preußen 196
Osten, Joachim Berndt von der 71

Pagendarm, Kurt 234
Palmer, Lilli 234
Papen, Franz von 160–164
Papen, Nini von 163
Peter der Große, Zar 224
Petersdorff, Hermann von 36
Pleister, Werner 126
Puccini, Giacomo 61
Puttkamer, Robert von 47

Rachel, Hugo 65
Radziwill, Anton Heinrich Fürst 78
Radziwill, Elisa von 78, 79
Rasputin 189
Rathenau, Walther 145
Rathlef-Keilmann, Harriet von 189, 195–198, 200, 202, 203, 205–209, 213
Reger, Max 157, 158
Ribbentrop, Joachim von 163
Ripke, Helmut 211
Ritter, Carl Bernhard 124, 125
Rohloff, Margarethe 107, 108, 124
Romanow, Alexej 193, 208
Romanowa, Zarin Alexandra Feodorowna 188, 193, 205, 209, 231
Romanowa, Anastasia (siehe Anastasia)
Romanowa, Maria 188, 193, 205, 208
Romanowa, Olga 188, 193, 205, 206, 208
Romanowa, Tatjana 188, 193, 205, 208
Rothkirch-Trach, Graf Karl C. von 65
Rubinstein, Arthur 106
Rudneff, Sergej Michailowitsch 197, 203, 205, 213

Saathof, Dr. 202
Salzwedel, Superintendent 52
Scandred, Miss 29, 30, 42–44
Schaljapin, Fedor 61
Schanzkowski, Franziska 210
Schiller, Friedrich 31
Schinkel, Karl Friedrich 73, 126
Schirach, Baldur von 155, 156
Schlabrendorff, Fabian von 95, 192
Schleicher, Kurt von 182
Schlubach, Arthur 91
Schubert, Franz 20, 21, 104, 105, 147, 164
Schumann, Georg 159
Schumann, Robert 21, 109
Schwedt, Markgraf von 68
Segger (Klassenlehrer) 103, 104
Shakespeare, William 122
Sievers, Johannes 65
Sokolow, Nikolai 207, 208
Spitzemberg, Baronin Hildegard von 36, 87
Stackelberg, Prinz Friedrich Curth Freiherr von 233

Stahl, Paul 51
Stahlberg, Angelica 161
Stahlberg, Hans-Conrad 20, 21, 30, 42–44, 74, 89, 107, 108, 116, 119, 123–128, 140–144, 211–213
Stahlberg, Paul-Julius 49, 50, 167
Stahlberg, Ruth-Roberta (»Raba«) 31, 42–44, 53, 54, 61, 63, 74, 89, 94, 104, 112, 125, 138, 142, 144, 149, 150, 155, 156, 211
Stahlberg, Spes 13–23, 28, 31, 46–55, 58–65, 74, 76, 90, 103, 106–108, 111–150 passim, 154, 157–160, 187–195, 211–219, 226–232
Stahlberg, Walter 48–50, 52, 90, 112, 135, 139, 167, 211
Strauss, Richard 147, 148
Stresemann, Gustav 151
Stresemann, Wolfgang 122
Szigeti, Josef 160

Tausch, Franz 73
Telemann, Georg Philipp 146, 148
Tresckow, Henning von 78, 189
Tresckow, Johanna von 187–189, 191, 192
Tresckow, Katharina von 127
Treviranus, Gottfried 152
Trupp, Alexej 208
Tschaikowski, Alexander 189, 193, 194
Tschaikowski, Nikolai Wischkewitsch 208
Tschaikowski, Peter 120
Tschaikowski, Stanislaw 208

Verdi, Guiseppe 61
Vermehren, Kurt 192, 194, 215
Vernezobre, Marie Henriette Freifrau von 67, 68, 71
Vernezobre, Salomon 66
Vernezobre de Laurieux, François Matthieu Baron 64, 66–71
Vernezobre de Laurieux, Ulrike Freiin von 20, 64 f., 78, 79, 81
Victoria, Queen 84, 85, 118
Viktoria, Kaiserin 84, 85
Vilmar, Wilhelm 147, 154

Wagner, Richard 51, 212
Wallich, Paul 65
Wedel, Valerie von 78
Wedemeyer, Alice von 91, 92, 93, 94
Wedemeyer-Paetzig, Hans von 92, 93, 94, 160
Wedemeyer, Ruth von 15, 91, 92, 94, 118
Weisert (Gefreiter) 26
Weizsäcker, Marianne von 150, 160

Weizsäcker, Richard von 160
Werner, Anton von 35
Werstler (Bankier) 71
Wilhelm, Kronprinz 26
Wilhelm I. 34, 37, 39, 78 f., 81, 84, 114
Wilhelm II. 18, 31, 54, 55, 85, 86, 90, 94 f., 114-116, 131-133, 181, 203
Wingender, Doris 210
Woedtke, Jürgen von 156
Wolf, Hugo 21
Wolkow (Kammerdiener) 209
Wolter (Hotelier) 113
Zahle, Herluf 206
Zedlitz-Trützschler, Eduard Graf von 78
Zedlitz-Trützschler, Helene Gräfin von 78
Zedlitz-Trützschler, Robert Graf von 34, 52, 76-81, 84-87, 142
Zedlitz-Trützschler, Robert Graf von (jun.) 131-135, 181, 182

Bildnachweis

Privatbesitz: 1-4, 6-8, 13, 15-20, 23-29, 39, 40
Bildarchiv Preußischer Kulturbesitz: 5, 9, 10, 14, 21, 30, 35
Ullstein Bilderdienst: 12, 22, 31-34, 38
Landesarchiv Berlin: 11
Aus dem Buch »Anastasia« von Harriet v. Rathlef-Keilmann: 36, 37

Alexander Stahlberg

Die verdammte Pflicht

Erinnerungen 1932–1945

448 Seiten, 16 Seiten Abbildungen, gebunden

»Eine spannungsgeladene Schilderung aus der unmittelbaren Umgebung des Widerstandes, wie wir sie bisher nicht besaßen ... Im Sinne einer Wiedergabe der gespenstischen Atmosphäre zwischen Nazireich und traditionsgebundener preußisch-militärischer Sphäre gehört dieses Buch zu den stärksten Eindrücken der letzten Jahre.«

Süddeutsche Zeitung

»Das ganze Buch ist für mich von unschätzbarem Wert.«

Richard von Weizsäcker

Ullstein

Bodo Scheurig

Henning von Tresckow

Ein Preuße gegen Hitler

Biographie

287 Seiten, 8 Seiten Abbildungen, gebunden

Generalmajor Henning von Tresckow war mit Stauffenberg einer der aktivsten Männer des Widerstandes gegen Hitler. Im Mittelpunkt dieser fesselnden Biographie steht der Gewissenskonflikt, in den ein Soldat gerät, wenn er sich im Krieg gegen die eigene Staatsführung stellt. Als Tresckow nach dem gescheiterten Attentat vom 20. Juli 1944 erkannte, daß er das Schicksal Deutschlands nicht wenden konnte, setzte er seinem Leben ein Ende.

»Diese Lebensgeschichte ist mitreißend erzählt und gut geschrieben.«

DIE ZEIT

Propyläen